桃园社区志

淄博市周村区青年路街道桃园社区志编纂委员会 编

方志出版社
Publishing House of Local Records

图书在版编目（CIP）数据

桃园社区志 / 淄博市周村区青年路街道桃园社区志编纂委员会编. -- 北京 ：方志出版社，2017.12
ISBN 978-7-5144-2830-8

I. ①桃… II. ①淄… III. ①社区—概况—淄博 IV. ①D669.3

中国版本图书馆CIP数据核字（2017）第325830号

桃园社区志

编　　者：淄博市周村区青年路街道桃园社区志编纂委员会
责任编辑：徐宏
出 版 人：冀祥德
出 版 者：方志出版社
地址　北京市朝阳区潘家园东里9号（国家方志馆4层）
邮编　100021
网址　http://www.fzph.org
发　　行：方志出版社图书经销中心
电话（010）67110500
经　　销：各地新华书店
印　　刷：济南黄氏印务有限公司
开　　本：787×1092　　1/16
印　　张：22.25
字　　数：400千字
版　　次：2017年12月第1版　　2017年12月第1次印刷
印　　数：0001～1500册
ISBN 978-7-5144-2830-8　　定价：167.00元

《桃园社区志》编纂委员会

主　　任　毛执民

副 主 任　吴振南

委　　员　张文革　耿庆春　张秀花

　　　　　孙淑霞　毛　兵

《桃园社区志》编纂人员

主　　编　李传章　张　群

编　　辑　王松江　黄　蒙　刘建波

　　　　　刘金燕

主要摄影　王松江　毛　兵

总序

地方志为一方之全史，横陈百科、包罗万象。绵延不断的地方志编修是中华民族特有的文化基因，作为服务当代、垂鉴后世的重要文化事业，在赓续传统、传承文明、资政育人等方面具有重要作用。近年来，在省委、省政府的正确领导和中指组的精心指导下，山东省史志事业围绕一个目标、提高两个站位、突破三个重点、落实“六全”任务，促进山东史志事业实现创新发展、持续发展、领先发展。在省市县三级志书编修走在全国前列的基础上，山东的修志工作不断拓展领域，逐步向乡镇（街道）、村（社区）等基层延伸。

齐鲁大地素有“孔孟之乡、礼仪之邦”的美誉，是中华民族古老文明的重要发祥地之一。在山东，不仅孕育了以孔子、孟子为代表对中华文明甚至是世界文明都产生深远影响的儒家文化，还形成了东夷文化、齐文化、鲁文化、莒文化以及泰山文化、黄河文化、海洋文化、运河文化等地域性特色文化。源远流长、异彩纷呈的不同文化融汇发展，熔铸形成了博大精深、独具特色的齐鲁文化。文化是支撑经济社会发展的软实力。近四十年来，改革开放的时代思想不断吸纳优秀传统文化，在山东的城镇、乡村谱写出时代华章。山东的新型城镇化建设不断取得新成绩，朝着城乡一体化发展新格局阔步迈进。深化乡镇行政管理体制改革，逐步培育新生中小城市和特色小镇；以美丽乡村标准化建设为抓手，新农村建设提档升级，出现一批宜居宜业宜游的新农村；深化城乡精神文明创建，乡村文明行动深入推进，移风易俗广泛开展，乡村特色文化呈现出勃勃生机。

齐鲁大地自古就有重视修志的传统。经济文化的繁荣昌盛，既使乡镇村志编修成为广大人民群众的精神需求，又为之奠定了坚实的物质基础。在当前全力推进新型城镇化建设的新形势下，如何做好乡镇村志编修与经济文化建设结合的文章，成为史志工作面临的一大课题。目前，乡镇村志编修在全省蓬勃开展，渐成燎原之势，累计出版 1000 多部。正确引导和规范管理乡镇村志编修工作，全省各级史志机构责无旁贷。山东的新型城镇化和新农村建设走在全国前列，史志工作走在全国前列，名镇名村志编修也理应走在全国前列。正是在这种背景下，省史志办制定印发了《齐鲁名镇名村志文化工程实施方案》，以传承和弘扬齐鲁优秀传统文化，更好地服务新型城镇化和新农村建设。齐鲁名镇名村是全省1826个乡镇（街道）、7万多个村庄（社区）的典型代表，编修齐鲁名镇名村志系列丛书，对传承乡村文脉、重塑文化特色，展示乡村发展脉络、探索乡村发展经验，丰富史志工作内容、完善史志成果体系具有重要意义。这是提升新型城镇化和新农村建设历史文化内涵的重要举措，也是促进史志事业转型升级的创新性工程。

新时代开启新征程，新气象孕育新希望，新作为遵循新思想。习近平总书记在十九大报告中强调指出：“深入挖掘中华优秀传统文化蕴含的思想观念、人文精神、道德规范，结合时代要求继承创新，让中华文化展现出永久魅力和时代风采。”十九大报告提出的“实施乡村振兴战略”，要求“加强农村基层工作，健全自治、法治、德治相结合的乡村治理体系。”齐鲁名镇名村志丛书的编纂工作，坚持深入贯彻党的十九大精神，以习近平新时代中国特色社会主义思想为指引，牢固树立“四个自信”，切实增强“四个意识”，坚持辩证唯物主义和历史唯物主义的立场、观点和方法，全面、客观、系统地记述全省新型城镇化进程和社会主义新农村建设取得的伟大成就。讲好新时代的乡村故事，传承中华优秀传统文化，弘扬社会主义核心价值观，培育群众的爱乡爱国情怀，传播干事创业的正能量，为实施乡村振兴战略作出独具特色的历史贡献，是这一系列丛书的价值所在。

“修志问道，以启未来”。编修齐鲁名镇名村志系列丛书，资政存史、泽被后世，善莫大焉、功莫大焉。

是为序。

山东省人民政府办公厅党组成员
山东省地方史志办公室主任

2017年12月

序

新中国成立以来，作为山东省淄博市周村区一个普通村庄，桃园社区经历了从站起来、富起来到强起来的转变。特别是改革开放的近40年来，桃园社区以邓小平理论、“三个代表”重要思想和科学发展观为指导，深入学习贯彻习近平总书记一系列重要讲话精神，统筹推进“五位一体”总体布局、协调推进“四个全面”战略布局，顺利实现党的十八大报告提出的建设“新四化”即新型工业化、信息化、城镇化、农业现代化的要求，提前全面建成小康社区，率先走出了一条新型城镇化建设的新路。

《桃园社区志》入选山东省名村志工程符合新农村建设示范（试点）村的要求。中国地方志指导小组办公室为全面贯彻习近平总书记、李克强总理等中央领导同志关于加强地方志工作的重要指示精神，根据国务院办公厅印发的《全国地方志事业发展规划纲要（2015—2020年）》，制定了《中国名村志文化工程实施方案》，就名村志编写工作的指导思想、背景意义、主要任务等做出安排，桃园社区入选编纂范围，完全符合“生产发展、生活宽裕、乡风文明、村容整洁、管理民主”的建设社会主义新农村的总要求。

《桃园社区志》的编写方法具有创新性。全志坚持辩证唯物主义和历史唯物主义的立场、观点和方法，全面、客观、系统记述桃园社区城镇化进程和新农村建设成果，充分利用地方志体裁的独特优势，传承乡土历史文化，激发爱国爱乡情怀，为加快地方经济文化建设提供历史智慧和现实借鉴。在编写方法上，综合运用述、记、志、传、图、表、录等各种体裁，以志为主。同时，又积极创新，对有特色的工作重点布局，体现出新农村的“新”和特色村的“特”。全面反映桃园自建村以来的历史变迁，尤其是重点记载改革开放和党的十八大以来的巨大变化。通读此书，可以看出桃园有以下几个显著特点。

一是走出了一条农村振兴和新型城镇化道路。习近平总书记在党的十九大报告第五部分“贯彻新发展理念，建设现代化经济体系”中专门就实施乡村振兴战略进行阐述，指出：“农业农村农民问题是关系国计民生的根本性问题，必须始终把解决好‘三农’问题作为全党工作重中之重。要坚持农业农村优先发展，按照产业兴旺、生态宜居、乡风文明、治理有效、生活富裕的总要求，建立健全城乡融合发展体制机制和政策体系，加快推进农业农村现代化”。要“促进农村一二三产业融合发展，支持和鼓励农民就业创业，拓宽增收渠道。加强农村基层基础工作，健全自治、法治、德治相结合的乡村治理体系。培养造就一支懂农业、爱农村、爱农民的‘三农’工作队伍”。习近平总书记对深入推进新型城镇化建设做出重要指示，强调城镇化是农村现代化的必由之路，要坚持以创新、协调、绿色、开放、共享的发展理念为引领，以人的城镇化为核心，更加注重提升人民群众的获得感和幸福感。桃园社区作为周村的城中村，在建立健全城乡融合发展体制机制和政策体系、鼓励农民就业创业、加强乡村治理体系和培养造就三农工作队伍等方面取得了经验、形成了样板。在新型城镇化道路方面，桃园新路主要表现在规划起点和建设标准较高、聚集效益较好、公共服务设施（道路、通讯、商场、供水供电供气等）和教育文化设施配套较齐全，服务保障比较到位等特点。

二是在保障和改善民生方面走在了全国前面。党的十九大报告第八部分“提高保障和改善民生水平，加强和创新社会治理”指出：“保障和改善民生要抓住人民最关心最直接最现实的利益问题，既尽力而为，又量力而行，一件事情接着一件事情办，一年接着一年干”。在“加强社会保障体系建设”中指出：“按照兜底线、织密网、建机制的要求，全面建成覆盖全民、城乡统筹、权责清晰、保障适度、可持续的多层次社会保障体系。全面实施全民参保计划。完善城镇职工基本养老保险和城乡居民基本养老保险制度”。近年来，桃园社区按照党中央和省市区委的要求，提高保障和改善民生水平，使全村老百姓的获得感、幸福感、安全感更加充实、更有保障、更可持续。社区“两委”重点把老百姓的就业以及生老病死等保障好，在学有所教、劳有所得、病有所医、老有所养、居有所乐等方面取得较大成就。突出表现在该社区在全国较早建立居民基本养老保险制度，较早开办村级明星幼儿园、敬老院等，较早建立各类公共基础设施和文化服务设施，建立和完善村级社会保障制度体系等。

三是证明了党的农村基层组织建设的重要作用。党的十九大报告第十三部分“坚定不移全面从严治党，不断提高党的执政能力和领导水平”指出：“中国特色社会主义进入新时代，我们党一定要有新气象新作为。打铁必须自身硬。党要团结带领人民进行伟大斗争、推进伟大事业、实现伟大梦想，必须毫不动摇坚持和完善党的领导，毫不动摇把党建设得更加坚强有力”。报告特别强调要加强基层组织建设，指出“党的基层组织是确保党的路线方针政策和决策部署贯彻落实的基础。要以提升组织力为重点，突出政治功能，把企业、农村、机关、学校、科研院所、街道社区、社会组织等基层党组织建设成为宣传党的主张、贯彻党的决定、领导基层治理、团结动员群众、推动改革发展的坚强战斗堡垒”。近年来，桃园社区全面建成小康社区的经验表明，农村党的基层组织建设的极端重要性和重要作用。桃园有重视基层组织建设的传统，尤其是村改居以来，社区“两委”牢固树立政治意识、大局意识、核心意识、看齐意识，因地制宜，确立“与时俱进、创新发展，着力打造和谐社区”的工作思路，为农村各项事业发展提供坚实保障。现在的桃园社区基层组织健全，管理机制有序，便民利民措施得当，服务贴近百姓，群众业余生活丰富，社会和谐稳定，居民安居乐业。

新党章把习近平新时代中国特色社会主义思想同马克思列宁主义、毛泽东思想、邓小平理论、“三个代表”重要思想、科学发展观一道确立为党的行动指南，作了历史定位，要求全党必须长期坚持并不断发展。相信桃园社区党组织和全体党员会积极学习贯彻党的十九大报告和新党章精神，不忘初心，牢记使命，继续为桃园老百姓谋幸福，带领全村人民和全国人民一起，为实现中华民族伟大复兴的中国梦而努力奋斗。

是为序。

中国地方志指导小组秘书长
中国地方志指导小组办公室党组书记、主任　冀祥德

2017年11月

桃园小区风景亭

凡例

一、本志以马克思列宁主义、毛泽东思想、邓小平理论、“三个代表”重要思想、科学发展观、习近平新时代中国特色社会主义思想为指导，坚持辩证唯物主义和历史唯物主义的立场、观点和方法，客观、系统地记述桃园社区的历史与现状，尤其突出城镇化进程和新农村建设的发展变化，传承乡土历史文化，激发爱国爱乡情怀，为加快地方经济文化建设提供历史智慧和现实借鉴。

二、记述上限追溯至事物发端，下限至2016年底。详今明古，着重反映时代特色和地方特点，重点体现社区的“名”与“特”。

三、叙事区域范围为现有行政区域，适当增加横向对比、联系等内容。

四、采用纲目体，横排门类，纵述史实，述而不论。

五、综合运用述、记、志、传、图、表、录等各种体裁，以志为主。

六、本志采用规范语体文和记述体。使用的文字、标点、数字、计量单位等，均按照国家颁布的统一规范书写，个别计量单位兼顾习惯用法。

七、各项数据一般采用国家统计部门数据。缺乏统计数据的，采用主管部门或主办单位正式提供的数据。

八、只收录具有存史价值和名村特色的图片，版面图文并茂。

九、中华民国成立前部分记述中涉及纪年的，采取中国历史纪年，括注公元纪年；中华民国成立后记述则采用公元纪年。本志未在年代前标注世纪的均指20世纪。

十、记述各个历史时期的党派、机构、职务、地名等，均以当时的名称为准。对频繁使用的名称，首次用全称，其后用简称。“新中国成立前”“新中国成立后”以中华人民共和国成立日1949年10月1日为界。

十一、人物传主按生年排序，只选录对本村发展有重大影响的历史人物。

十二、需要独自说明的事项，均在后记中记述。

2012年10月18日，淄博市委书记（时任淄博市委副书记）周连华（左二）调研社区科学发展

2017 年 10 月 28 日，周村区委书记沙向东（前排左三）、区长刘伟（前排左一）带领周村区委常委及区直机关、镇办负责人到社区专题调研“六最（最干净、最有序、最安全、最文明、最和谐、最幸福）”城市建设工作

2017 年 5 月 4 日，周村区委书记沙向东（前排中）在青年路街道党工委书记李涛（前排左）陪同下到社区调研

2017 年 4 月 7 日，周村区人民政府区长刘伟（左二）考察社区职工之家

2010 年 10 月 16 日桃园小区奠基

桃园小区实景

山东银座桃园店

桃园花卉科技园培育的蝴蝶兰

桃园花卉科技园培育的蝴蝶兰

周村区创业孵化中心

正阳幼儿园

桃园社区便民服务大厅

桃园小区航拍

目录

齐鲁名村志
QI LU MING CUN ZHI

桃园社区志

TAOYUANSHEQUZHI

丝路源头话桃园

SILUYUANTOUHUATAOYUAN

桃园村（桃园社区）隶属于山东省淄博市周村区，地处周村城区的东北部、周村区青年路街道办事处驻地东北约 2 千米处。据文献记载，桃园村在明朝立村，高姓最早定居，取名高家庄。后因毛氏在村中修建名为桃园的花园改称桃园村。

桃园村所在的周村，是一个“因商而兴、因商而城”的古城，自古为桑蚕发达之地，丝绸文化源远流长，历史上曾经“桑植满田园，户户皆养蚕，步步闻机声，家家织绸缎”，有“丝绸之乡”的美称。在商代就是重要的丝绸纺织中心；春秋战国时期就享有“冠带衣履天下”的盛誉。周边的章丘、淄川、博山、临淄、临朐、益都等县自古就有植桑养蚕的生产习惯和纺织丝绸的土法操作技术，其所产的桑茧、山茧和各种丝及丝制品，都以周村为销售市场。从西周到汉代，齐地是全国丝绸生产和贸易中心，作为经济发达的齐国大城市於陵（周村原属于陵），一直是丝绸的主要生产基地和商业中心，张骞出使西域带的就是这里的丝绸，从事丝绸贸易的西域和阿拉伯地区的客商被吸引而来。

唐时周村的丝绸，多半经过山东各州间的道路，通过山东东西大道，运往中原各地，直至丝绸之路。明末，周村已经发展成为一个“商贾辐辏”的商业贸易名城。清初，刑部尚书李化熙为家乡商民代交市税，周村成为“无税区”。清康熙年

周村地理位置、周边产业分布示意图

间已是拥有七十二条商业街，八大专业市场，“天下之货聚焉”的“三齐重镇”。虽不通水路，却聚集天下之货，素有“旱码头”“金周村”“丝绸之乡”等称誉。乾隆十五年（1750年）乾隆下江南路过周村，感慨于周村的繁华景象，赐周村为“天下第一村”。1904年周村开埠后，德、英、美、日等国先后在商埠区开设银行、公司、洋行，机器纺织业发展到鼎盛。在纺织行业，出现了恒兴德、裕厚堂、同丰、源丰四大机械缫丝厂，是周村近代工业的典型代表，是中国北方最早、也是最大的近代企业。当年周村大街上出现了永和丝店、同和丝店、复源丝店、恒和丝店、同泰丝店、同升丝店、泰来丝店、人和丝店等形成的丝市街和瑞蚨祥绸布店、裕茂公绸布店、庆和永绸布店等形成的绸市街，客商络绎不绝。20世纪30年代后，丝麻织业已广泛使用铁制织机。随着丝绸工业的发达，轧绸厂应运而生。轧绸厂为丝绸生产和贸易服务，“以代客轧绸为主”，兼做轧布生意。其中，周村东和益轧绸厂和丽新轧绸厂是山东机器轧绸厂的主力。丝纺织业的发达也带动了周村印染业的兴盛。

古代，桃园村民以农业生产为主，种植小麦、玉米等传统农作物和蔬菜。得益于毗邻周村城区的优势，近代桃园的发展始终围绕着周村城市产业发展而变化，其城镇化与经济并行发展。桃园有发展工商业的传统。清末民初，尤其是周村开埠以后，为丝织业提供服务的工商业逐渐发展起来。建有许多家庭手工丝织业、纺织机械铸造业等，新中国成立前，村中大户毛姓、吴姓在相隔不远的周村城里都有较大的产业，其土地多雇佣周边村庄的村民来耕种，全村村民大多从事丝绸纺织或为丝绸纺织服务的机械加工。电视剧《大染坊》中“陈六子”在青岛开办的印染厂的原型就是桃园人吴贯一在青岛开办的大华印染厂；桃园毛氏是周村的富绅之一，拥有雄厚的资金，在周村开有几处商号，异芝堂就是其中之一。

新中国成立后，尤其是改革开放以来，在中国共产党的领导下，桃园村在搞好农业生产的同时，发挥村民擅长机械制造的优势，大力发展集体副业和村办企业。进入21世纪，随着社区土地逐渐被政府储备，耕地面积减少，社区及时调整产业结构，积极推进农业转型，在发展新型农业、科技农业的同时，培育新兴产业、发展服务业，发展实体经济，集体经济得到快速发展。

随着生活收入的不断提高，村民对居住环境的要求越来越高。为改善村民居住环境，桃园村加快旧村改造的步伐，聘请专业部门制定高标准的村庄规划。2009

年，旧村改造正式启动，2012年村民搬入新建桃园社区居住。在实施城镇化过程中，社区“两委”确定了“以社区改造为突破，以产业发展为支撑，以人文关怀为纽带，以文明建设为保证”的工作思路，桃园工商业，尤其是服务业发展比较迅速，省内大型超市落户于此，个体工商户和民营企业150余家，居民就业得到保障，集体经济也有较大发展，短短几年，村集体收入由过去的“空壳村”变成拥有固定资产1.2亿元的富裕村。集体收入增加后，村“两委”注重民生保障，社区建起正阳幼儿园、阳光家园敬老院，吸引周村财富广场、周村企业孵化中心落户社区，在全市率先集体加入社会养老保险、城镇医疗保险，是周村区第二家成立经济股份合作社的社区，实现少有所学、劳有所得、老有所养、病有所医，使桃园社区完全融入周村城区，村民实现由农民向市民的转化。桃园社区在淄博市、周村区率先走出了一条新型城镇化发展之路，受到各级领导和社会的肯定和赞誉。

在600年的发展中，桃园百姓秉承中国传统文化重视教育和爱国的精神，重视家庭建设，形成好的家风家教家规。从流传和村民回忆的部分遗迹来看，桃园村的建筑文化、经商文化和乡村文化等较为厚重；从居民姓氏分布（89个姓氏）和变化来看，说明桃园村具有融合性较强的特点。桃园村之所以在新型城镇化和小康建设上取得良好的发展成就，与村民长期以来形成的开放、进取、实干、包容的村庄精神有很大关系，这种精神使他们人丁兴旺、薪火相传。

桃园村具有光荣的传统，产生许多历史名人和革命烈士。抗战期间，抵制日货、抗日救国；解放战争中，村中热血青年积极参军，村民组成担架队、民工队，踊跃支前。先后荣获淄博市文明社区、周村区文明村、周村区经济二十强村、青年路街道目标管理考核先进单位、青年路街道目标管理考核优秀单位、周村区模范职工之家等荣誉称号。

短短几十年，一个普通的村庄变成了美丽的新型城镇社区，街道干净整齐、绿化品位高，水、电、气、暖生活设施配套完备，居民生活保障齐全。昔日脏乱的普通村庄变成了真正的“桃花园”，昔日的农民真正过上了“和城里人一样的好日子”。桃园的发展激励一代又一代的桃园人热爱家乡，建设家园。勤劳智慧的父老乡亲一定会珍惜历史，放眼未来，把社区建设得更加美好，谱写出更加光辉灿烂的新篇章。

桃园小区西门

齐鲁名村志
QI LU MING CUN ZHI

桃园社区志

TAOYUANSHEQUZHI

基本村情

JIBENCUNQING

建置沿革

村名由来

桃园村明朝末年立村，高姓最早定居，取名高家庄。吴姓、毛姓相继迁来，改为吴家庄。清光绪六年（1880），毛世榕考取武进士，人称毛四进士，在村中修建花园，取名桃园，园中栽植许多名贵花木，周围居民以此称村子叫桃园子。新中国成立初期正式改名桃园村。1959 年，周村区人民公园初建时，将桃园的翠竹和一株清代盘龙槐，移栽在公园的荷花池附近。同时还移栽了腊梅、海棠等。

被移植到周村公园的清代盘龙槐至今仍枝繁叶茂

建制沿革

桃园原属长山县。长山县是由历史上的武强县改来，隋开皇十八年（598）改武强县为长山，隶属淄州。隋大业三年（607），再隶属齐郡。唐武德元年（618年），又隶邹州。武德八年（625）废邹州，长山县隶属淄州。元中统五年（1264），淄州升格为淄州路，长山县隶属淄州路。元至元二十四年（1287），长山县改隶属般阳路。明洪武九年（1376），长山县隶般阳府，同年般阳府降为淄川州。洪武十二年（1379），淄川州废，长山县又改属济南府。清承明制，属济南府长山县。康熙五十一年（1712）始，桃园村属长山县南路姻字约。民国初年废府存道，长山县先隶属岱北道，后隶属济南道。1918年长山县废“约”置“区”，全县共分9区、65乡镇，辖450村，桃园村属长山县三区桃园乡。1927年废道，长山县直属山东省。

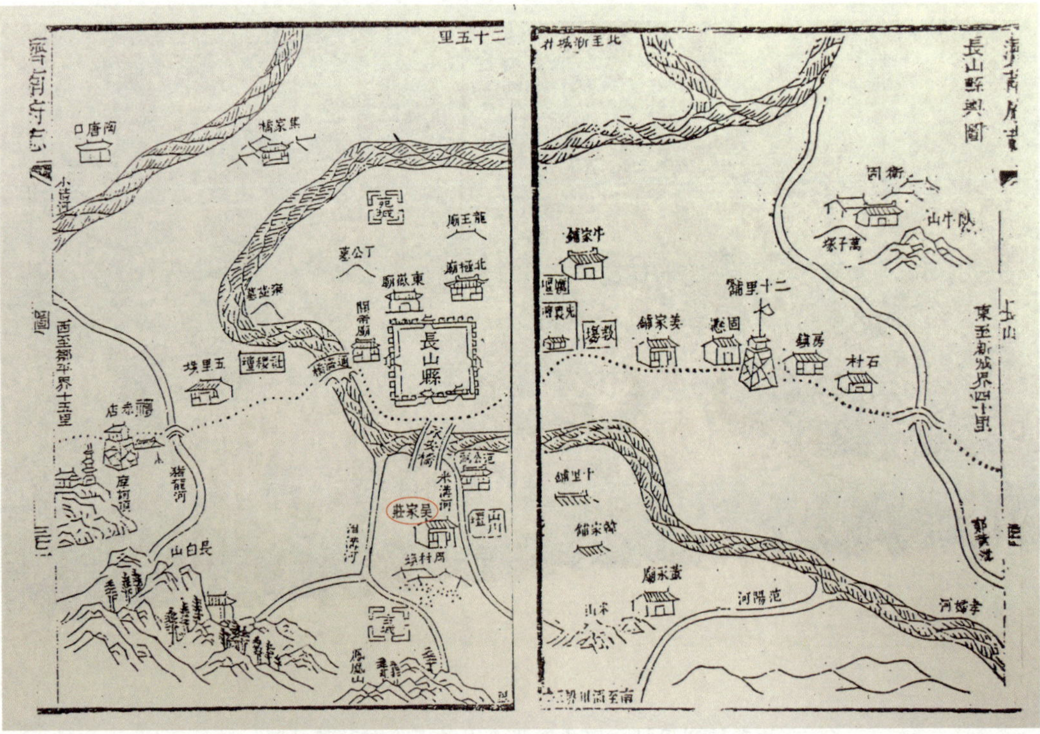

清道光年间长山县境图　（本图出自中国社会科学院图书馆馆藏图书《长山县志》，据考证，当时“桃园村”称为“吴家庄”。）

1936 年隶属山东省第五行政督察公署。1943 年 9 月为纪念抗日烈士马耀南，改长山县为耀南县，隶属清河行政区清西专署。1945—1946 年，耀南县先后隶属渤海行署第六专署、第三专署（也称清河专区）。1950 年 4 月，耀南县复名长山县，隶属淄博专区。1953 年 6 月再划归惠民专区。1956 年 3 月，长山县并入邹平县。1958 年 11 月桃园村随南阎乡由邹平县划归周村区，先后改属南阎公社、南阎乡、南阎镇管辖。1999 年 8 月，周村区划调整，桃园村由南阎镇划归青年路街道办事处。2003 年由桃园村改为桃园社区，仍隶属于青年路街道办事处。

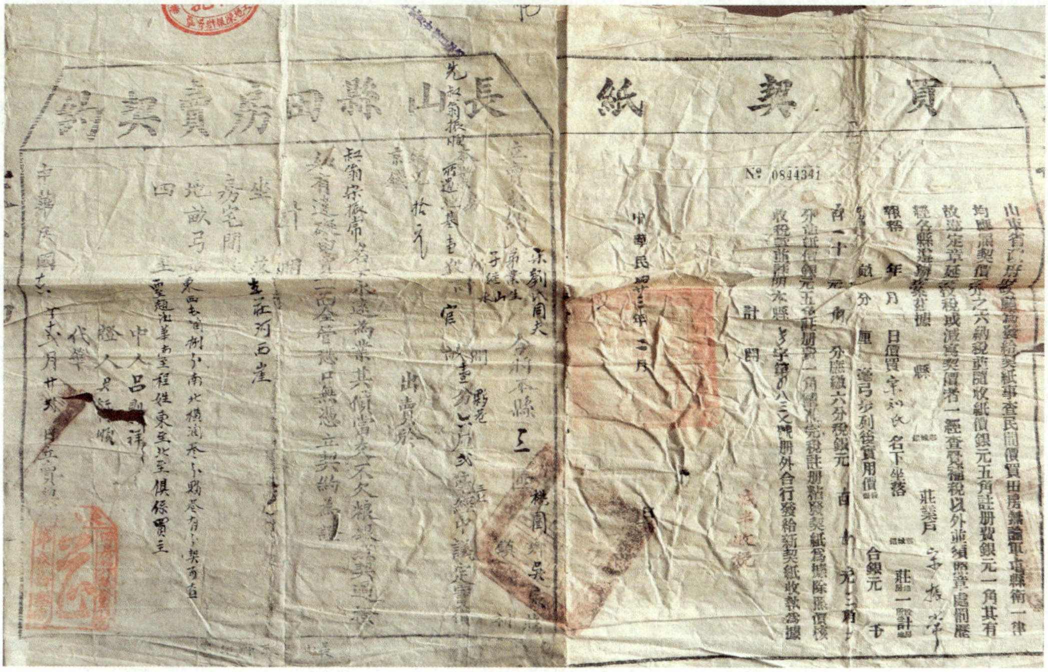

1923 年的地契上标注的村庄名称为“桃园乡吴家庄”

区位面积

区位

桃园社区位于北纬 36°48′28.875″ 至 36°49′18.5232″、东经 117°51′47.9982″ 至 117°52′49.0188″之间，地处周村城区的东北部、周村区青年路街道办事处驻地东北约

2 千米处。南与小寨社区接壤，北与西马社区相依，东与黄家营村、二十里铺村为邻，西与航东社区相连。米河从村东穿过。

桃园社区交通便利，城区主干道正阳路、省道庆淄路纵贯南北、机场路横跨东西。向南是 309 国道，向北是青银高速，向东是滨莱高速和 205 国道。周村区人民政府、周村区农机局、周村区交通运输局、淄博市公路管理局周村分局、周村区邮政局等政府机关和公共服务机构坐落其中。优越的地理位置，先进的通信设施，便利的交通条件，为桃园社区的发展奠定了有利基础。

桃源交通位置图

面积

建村初期，村庄住户较少，地广人稀，居住面积有约 2000 平方米，耕地 850 亩；新中国成立初期，居民居住面积达到 6000 平方米，耕地 830 亩；随着村庄逐步融入周村城区，社区居住面积不断扩大，耕地每年被政府储备逐渐减少。截至2016年底，社区面积73350平方米，耕地不足100亩。

自然环境

地形

桃园社区地处淄博凹陷的西北边缘，为新生代第四系地层覆盖。地形地貌基本属于平原地带，大致南高北低。最高处海拔47.05米，最低处海拔34.17米，坡度落差12.88米。

气候

桃园社区属暖温带大陆性季风型气候区，属半干旱半湿润地区，四季分明，春季回暖迅速，干旱多风，十有八年春旱；夏季湿热多雨，雨热同季，自然灾害较多；秋季雨量减少，气温下降快，秋高气爽，十有五年秋旱；冬季干冷少雨雪，多北风和西北风，十有五年暖冬。年平均日照时数2513.5小时；月平均最多日照时数在5月份，为263.8小时；月平均最少日照时数在12月份，为160小时。年平均气温13.5℃；年平均最高气温19.8℃，年平均最低气温为8.9℃。1月份最冷，平均气温−1.8℃；7月份最热，平均气温28.0℃；4月份升温较快，平均每4天升高1℃；11月份降温最快，平均每4天降低1℃。年平均降水量589.3毫米；8月份降水量最多，平均为151.0毫米；1月份降水量最小，平均为7.5毫米。汛期始于6月1日，终于9月30日；雨季开始日期平均为7月5日，结束日期平均为8月28日。主要风向为西南风（南至西南风），其次是西北风（西至西北风），年平均风速为2.2米/秒。春季风多且大，多西南风；夏季风小且少，多东南风；秋季西北风增加；冬季西北风明显加强。

水资源

米河从桃园社区东部穿过，旧时地下水源丰富，约 5 米深处即见水源。全村有水井 10 眼，井深 5 ~ 10 米不等。其中主要用于人畜饮用的 4 眼，既供饮用，又兼顾灌溉农田的 6 眼。就水质而言，靠近米河的水质较好，其他的水质较差（俗称“溇水”）。

米河，又称米沟河，起源于周村城南米山，自南而北流经周村城东建国村、桃园村至后沟，在邹平县汇入孝妇河，属季节性河流。古时，米河两岸由于泉水滋润，生长一种碧绿细长之奇草，至夏末，草花谢后结一串串硬实如珍珠，称米粒珠或金米珠，可以用作制装饰品或串帘子，光亮晶莹，玉润珠圆，成为著名的古於陵（长山）八景之一——米沟荒草。

生物资源

旧时，村域内野生动植物众多。2000 年以来，随着城市化进程的加快，有些已经不见踪迹，而有些新的物种随着城市绿化和居民观赏的需要也被引进。

野生动物

兽类有：野兔、獾、黄鼠狼、狼、皮子、老鼠、鼹鼠、野狸、刺猬、蝙蝠等。

禽类有：麻雀、喜鹊、灰喜鹊、乌鸦、啄木鸟、猫头鹰、鹌鹑、斑鸠、布谷鸟、水鸭、鸽子、燕子、老鹰等。

虫类有：土元、蝗虫（俗称大飞蝗、青头郎、蹬倒山、油蚂蚱、老勺、蹦豆子、嘎达剪子）、蝈蝈（雌性称咬拐、雄性称叫叫）、蟋蟀、天牛、蝴蝶、蜂（俗称赤眼蜂、蚜茧蜂、食蚜峰、蜜蜂、黄蜂、马蜂、土蜂）、棉铃虫、蛴螬（成虫叫金龟子、瞎撞）、蜣螂、萤火虫、蚂蚁、蜻蜓、螳螂、苍蝇、蚊子、臭虫、绿豆蝇、狗蝇、虱子、跳蚤、蜱虫、蠓虫子、鱼虫子、毛毛虫、蚰蜒（草鞋底）、湿湿虫、磕头虫等。

爬行动物有：蝎子、蛇、壁虎、蜥蜴、蚯蚓、千足虫、蜘蛛等。

水族类有：鲤鱼、白条鱼、鳝鱼、鲇鱼、鲫鱼、嘎牙、泥鳅、河虾、水蛭等。

野生植物

林木有：松树、柏树、榆树、杨树、柳树、国槐、刺槐、梧桐树、桑树、紫穗槐、枣树、柞树、桃树、梨树、杏树、山楂树、花椒树、苹果树、核桃树、石榴树、海棠树、椿树（香椿）、樗树（臭椿）、芙蓉树等。

药用植物有：益母草、白蒿（茵陈）、黄芪、青青菜（大蓟）、枸杞、地黄、酸枣、菊花、艾蒿、灰菜、蒲公英、车前子、瓜蒌、苜蓿、蚂蚱菜、紫苏、薄荷等。

野菜有：苦菜、荠菜、野蒜、地环、人性菜、菊花芽等。

观赏植物

丁香、木槿、冬青、雪松、马尾松、合欢、垂柳、龙爪槐、海棠、芍药、牡丹、杜鹃、月季、蔷薇、菊花、迎春、柳叶桃、栀子、兰花、茉莉、珊瑚珠、爬山虎、蜀葵、地瓜花、鸡冠花、樱花、百日红、夜来香、牵牛花、木瓜、金枣、佛手、橘子、花石榴、一串红、步步登高、美人蕉、朝天椒、夹竹桃、扶桑、云竹、旱莲、荷花、万年青、凤仙花、桂花、玫瑰等。

人口姓氏

人口

建村初期，高姓初次迁来时只有十几人，吴姓、毛姓加入后，村庄人口达到近百人；清末民初接近300人；抗日战争期间，村民有的躲避战乱远走他乡，有的被日军杀害，村庄人口不增反降；新中国成立初期总人口305人；新中国成立后，随着社会生活的安定，人口不断增加，合作社时期达到390人，1965年达到430人，此后，人口进入快速增长时期。到1978年底，总人口710人。改革开放后，随着国家计划生育政策的实行，人口增长速度放缓，截至2016年12月31日，桃园社区共有居民754人，其中，男性333人，女性413人。

姓氏

2016年底，桃园社区746名居民中，共有姓氏89个，其中：吴、毛、王、张、李姓人口均超过50人。

2016年底桃园社区人口按姓氏统计表

表1

序　号	姓　氏	人口数（人）	序　号	姓　氏	人口数（人）	序　号	姓　氏	人口数（人）
1	安	2	21	关	1	41	马	5
2	鲍	4	22	郭	45	42	毛	85
3	毕	2	23	国	1	43	梅	2
4	卜	1	24	韩	13	44	孟	2
5	曹	1	25	郝	1	45	苗	1
6	陈	7	26	胡	6	46	闵	1
7	成	2	27	黄	3	47	明	2
8	程	2	28	季	1	48	聂	10
9	崔	1	29	贾	1	49	牛	8
10	董	1	30	姜	1	50	欧阳	1
11	杜	5	31	靳	1	51	潘	3
12	段	1	32	景	1	52	齐	1
13	樊	2	33	李	51	53	曲	2
14	冯	3	34	梁	1	54	任	1
15	付	1	35	林	1	55	荣	5
16	甘	2	36	刘	26	56	尚	3
17	高	7	37	楼	1	57	沈	6
18	耿	18	38	路	1	58	盛	1
19	公	1	39	罗	1	59	石	6
20	宫	1	40	吕	36	60	司	1

续表

序 号	姓 氏	人口数（人）	序 号	姓 氏	人口数（人）	序 号	姓 氏	人口数（人）
61	宋	21	71	胥	1	81	禹	2
62	苏	5	72	徐	9	82	袁	3
63	孙	16	73	许	1	83	岳	1
64	唐	1	74	闫	1	84	藏	1
65	田	10	75	杨	4	85	张	59
66	汪	1	76	姚	1	86	赵	7
67	王	63	77	殷	4	87	周	13
68	魏	2	78	尹	1	88	朱	4
69	文	2	79	印	1	89	左	1
70	吴	107	80	于	1	总计		746

注：以上统计按姓氏拼音排序

经济社会发展

经济

历史上，农业是桃园村的主要产业。种植的农作物以小麦、玉米为主，高粱、谷子次之。新中国成立前，粮食亩产只有 50 余公斤。新中国成立后，粮食产量逐步提高。人民公社化后，大搞农田水利建设，实行精耕细作，推广使用新技术新品种，粮食产量大幅增加。20 世纪 50 年代平均亩产 150 多公斤，60 年代平均亩产 346 公斤，70 年代平均亩产突破 500 公斤。

桃园有发展工商业的传统。新中国成立前，村民大多从事丝绸纺织或为丝绸纺织服务的机械加工。合作化时期，不允许个人开展生产经营，依据国家相关政策，村集体开始发展副业生产，建立豆腐坊、粉坊、桃园农机厂等。改革开放初期，在发展农业生产的同时，积极发展多种经营，兴办淄博发动机厂等村办企业，组织村民勤劳致富。

进入21世纪，桃园社区完全融入周村城区，村民实现由农民向市民的转化，桃园工商业，尤其是服务业发展比较迅速，引进银座超市、齐纳国际影城，积极发展都市农业，建起桃园花卉科技园、桃园生态大酒店，吸引周村区众多服务机构落户社区，个体工商户和民营企业达140余家，居民就业得到保障，集体经济有了较大发展。从2000年到2016年，村集体收入由过去的“空壳村”变成拥有固定资产1.2亿元的富裕村，并于2016年12月成立桃园经济股份合作社。

政治

1947年成立桃园村妇救会。1950年，桃园成立村级政权组织。1956年，成立中国共产主义青年团桃园支部。1960年，成立桃园村党支部，2005年改建为桃园村党总支。2015年，成立桃园社区工会委员会。

桃园社区“两委”坚持“依靠群众”基本原则，积极落实居民的知晓权、参与权、管理权和受益权，逐步形成居民自我管理、自我教育和自我约束的民主格局，最大限度地满足广大居民物质文明、政治文明和精神文明的需要，逐步打造“经济繁荣发展，居民安居乐业，社会稳定和谐”的新桃园。

桃园党支部、党总支积极发挥党的基层组织整体功能和战斗堡垒作用。尤其是村改居以来，社区“两委”牢固树立政治意识、大局意识、核心意识、看齐意识，在社区工作中，坚定不移地维护党中央的权威和党中央的集中统一领导，积极抓住发展机遇，确立“与时俱进、创新发展，着力打造和谐社区”的工作思路，实现基层组织建设与管理的创新，突出服务型、创新型等特点；制定和建立居民事务代办站等相关服务保障制度和机制，关注民生；建立党员积分制管理办法，无职务党员设岗定责，发挥每个党员的带头作用；运用信息化、网络化手段管理村居，实施科学管理，提高效率。

推行阳光作业，做好居务、财务公开，保证居民对集体重大事项的知晓权。成立居务、财务公开领导小组，每月定期在居务及财务公开栏中将社区的各项收支情况量化后予以公示、公开，做到居务、财务公开内容、形式、程序的三个到位；成立居务、财务公开监督小组，监督居务、财务的公开情况；推进居务、财务公开制度的建设和和创新，进一步加快居务、财务公开规范建设。为保证旧村改造重点项目建设过程中的公开、公平、公正，社区根据需要制定数块公示牌，对群众关注的规划、搬迁、安置等都进行公示，使广大居民能及时了解情况，监督社区的建设，体现社区“两委”对“阳光”作业的重视。

健全组织机构，完善制度机制，保证居民对社区集体重大事项的参与权。在社区集体政治生活中，居民参政议政的热情和需求越来越高。在换届选举中充分尊重居民的意愿和选举权表决权，通过“公推直选”“居民直选”，加强班子建设，选出令群众满意的两委班子。在社区“两委”的领导下，成立居民会议、居民代表会议、居民协商议事会、居务监督委员会等。每逢重大事务，社区“两委”都会组织召开居民代表大会或居民大会，民主议事，投票表决，提高居民的决策化水平，建立有效的利益协调机制、矛盾处理机制和居务管理机制，引导居民规范有序地参与居务的决策和管理，以理性合法的形式表达自己的利益要求，保证居民在经济发展中受益。在旧村改造选房过程中，社区大力发扬民主，处处坚持民主决策，事事由群众讨论决定。在全体居民中广泛开展讨论活动，讲清算明经济账、住房帐、当前账和长远账。在广泛征求意见的基础上，通过发放民意调查表、召开各类座谈会、入户走访等形式，做好充分的思想准备。选房工作中坚持民主决策，与居民利益密切相关的重大事项，全都通过党员会、居民代表会和居民大会表决，并将决议形成明白纸，由居民代表审议后，再分步实施，保证居民受益的最大化。通过民主参与，拆迁户根据各自家庭的情况基本上都选到了自己称心如意的房子。针对旧村改造后居住方式的转换，以村改居为契机，推进社区集体资产管理体制的改革，多次召开居民大会集体研讨，探索出一条符合桃园实际的集体资产量化新路子，逐步实现集体资产股份化、居民股民化的村改居工作目标，让居民拥有更多的财产性收入。

加强民主管理，强化监督意识，保证居民当家做主的管理权。进一步建立健全民主管理的各项制度，制定和改善《居务管理制度》《居民自治章程》《居民代表议事会制度》等，规范社区事务民主管理的事项、形式和程序，形成以制度管人，以制度管事的工作方式，克服随意性，好做法好经验及时上升为制度，使民主管理工作有法可依、有章可循。成立居民监督委员会，凡与居民群众切身利益密切相关的重要事项，除召开居民大会表决外，在实施过程中都要接受监督委员会的全程监督。全面加强对社区干部（骨干）作风建设重要性的认识，增强社区骨干人员的民主意识和责任意识，夯实社区上下共谋发展的思想基础，形成一心为民、不断创新、追求高效，坚持民主的良好工作氛围。

2012 年，社区成为周村区二十强村（居），2016 年被评为淄博市文明社区。至 2016 年底，桃园社区基层组织健全，管理机制有序，便民利民措施得当，服务贴近百姓，群众业余生活丰富，社会和谐稳定，居民安居乐业。

2012 年 10 月 18 日，淄博市委书记周清利（前排左二）、市长徐景颜（前排左三）带领全市区县域科学发展现场观摩点评会与会人员到社区观摩点评

文化

自立村以来，桃园村逐步形成一些民间风俗和信仰，村民逐代相传。传统的信仰习俗反映了人们追求吉利平安、幸福美满的心态，但或多或少带有封建迷信色彩。20 世纪 80 年代后，市场经济深入发展，多元文化思潮碰撞交融，社区文化从

形式到内容发生很多变化。传统的戏曲等文化活动方式因年轻人不感兴趣，学习的人逐渐减少，文化活动乡土气息减少，许多传统的婚礼、葬礼、节日、庆典等逐渐淡化，新一代人对老一辈传承下来的各种礼仪逐渐生疏。2000 年以来，社区以创建全国文明城市为切入点，大力培育和践行社会主义核心价值观，通过强化社区文化建设促进社区文明提升，不断提升社区居民思想道德水平，增强社区的向心力和亲和力。针对社区青少年和老年人开展大量的弘扬传统文化的活动，多层次、全方位满足社区居民的需求，社区以传统文化为旗帜，全面引领社区文化发展。以社区青少年和老年人为核心，以重要的节日为节点，以社区“五老”志愿者为重要力量，开展“清明纪念”“端午寄托”等活动，至 2016 年底，累计开展群众喜闻乐见的文化活动 200 多次，服务社区群众 5000 多人次。积极组织社区志愿者开展“向小广告宣战”“向垃圾死角宣战”“看望社区空巢老人”等志愿活动，以“志愿文化”为旗帜，孕育社区互助文化。通过这些活动开展，美化环境、关心空巢老人、维护安全和解决社区部分难题，增加社区志愿者的力量，为社区文明创建工作提供人力保障。积极开展“孝道”和“助老护老”活动，以“孝道文化”为切入点，创建社区品牌文化。以社区志愿者、社区党员和社区网格长为主要力量，全面开展孝道文化主题活动，开展探望老党员、关怀社区困难老人和组织社区儿童为社区空巢老人做公益等活动，通过活动的开展和广泛的社区宣传，烘托社区敬老助老氛围，营造社区护老助老新格局。在文化建设中，社区从构建社会主义和谐社会的角度出发，组建演出队、合唱团、广场舞队等，始终将推行日常文体活动作为社区文化建设的强劲动力，做到环境感化与理念灌输相结合、创造文化与享受文化相结合、先进文化与特色文化相结合，注重文化队伍建设，积极开展广场文化、学习文化、邻里文化等“特色文化”活动，将社会主义核心价值观融入到各项文化活动中，努力提升社区人居生活质量，社区居民精神面貌有了较大提升。

社会事业

随着经济的发展，桃园人的物质生活也有很大提高。1978 年起，按照上级要求对村庄进行整体规划，并于 1985 年和 1993 年对规划进行修订，按照规划，在机场路以南建设二层楼房 68 幢。2005 年开始谋划旧村改造，2009 年旧村改造一期建设项目获周村区政府批准，2012 年 6 月，336 户居民迁入新居，村民们住上宽敞明亮、设施配套的楼房。在实施旧村改造同时，开发商品房和沿街商住楼，供有能力的村民开展多种经营，繁荣经济，方便群众。

为了解决村民因病致贫，缓解村民看病难看病贵的问题，社区建立两个卫生室，并被批准为淄博市和周村区医保定点单位，为居民提供公共卫生服务及一般疾病的初级诊治，实现小病在社区、大病住医院。

富裕后桃园人不忘办教育。20 世纪 70 年代末，投资修建村小学教学楼，保证全村适龄儿童都能入学接受教育；80 年代末，村小学合并到西马小学后，将小学改建为村幼儿园和敬老院，安排专人照看幼儿和老人；2006 年，投资 715 万元建设高标准、现代化的正阳幼儿园，2007 年建成后委托淄博市市直机关第二幼儿园代管，使社区幼儿不出社区就能享受高质量的保教资源。

在爱幼的同时也不忘尊老，社区始终关注着老人生活，定期为老年人发放补助。为保证老人们老有所乐，社区先后成立老年健身队、舞蹈队、合唱团、老年志

2013 年 10 月 28 日，周村区委书记韩昆山（前排左二）、区长陈思林（前排右二）带领参加周村区委理论学习中心组读书会暨全区科学发展现场观摩点评会的领导考察社区旧村改造暨阳光家园老年公寓

愿服务队，开展适合老年人特点的娱乐活动，舞蹈队、合唱团多次参加区、街道组织的竞赛活动并获奖。重大节日，村里组织文艺演唱会，文化生活丰富多彩。2014年投资1100万元建成集文化、娱乐、休闲疗养于一体的桃园阳光家园老年公寓，真正实现老有所养。为丰富社区居民的业余生活，社区还成立工会，建起职工之家、社区图书馆、道德讲堂、四点半学校（四点半学校是指社区出于下午4：30放学的小学生的安全和健康考虑，为那些过早放学但家长因工作无法照顾的孩子而提供的免费学习场所）等。采取举办学习班、看录像、以会代训等形式，对干部和村民进行文化技术、人口理论、民主法制、市场经济等方面的教育，提高村民整体素质。

舞狮表演

齐鲁名村志
QI LU MING CUN ZHI

桃园社区志

TAOYUANSHEQUZHI

新型城镇化

XINXINGCHENGZHENHUA

2005年，社区“两委”为提高居民的生活水平，改善居民的住房条件，抓住周村东部新区建设机遇，大力推进社区城镇化建设，短短几年时间，社区面貌焕然一新，新型城镇化建设走在全区前列，周村区委在全区干部会议上提出“城区学桃园”的号召。桃园新型城镇化既凝结着桃园群众的智慧和创造力，也铭刻着各级领导的指导和鼓劲，使桃园之路成为中国东部地区村居新型城镇化建设的模式之一。

在新型城镇化建设中，社区按照规划先行的原则，立足长远、科学规划，自觉把社区建设纳入周村城市建设总体规划统筹考虑，从旧村改造起步就融入到整个城市的发展体系，用规划指导拆迁、促进改造。整个规划按照“节约用地、规模开发、社区管理”的原则，突出“功能配套、生态宜居”特色，与周村城市建设相结合，实现配套设施资源共享。

在城镇化开发模式上，社区坚持从实际出发，确立“政府主导为主、社区自主开发为辅”的城镇化建设模式。社区周边土地除留少部分外全部由政府收回，由政府与办事处、社区协商土地价格，政府提供补偿资金，社区在规定时间内交由政府统一招拍挂，对外开发。原社区居民居住地，走统一规划、自我拆迁、自主开发的路子，进行旧村改造，政府通过政策、规划，对改造工程进行合理引导和规范。

在城镇化建设中，遵循“城社一体、统筹发展”的原则，坚持一手抓城镇化建设，一手抓民生事业，每年都精心确定实施一批实事工程和民心工程，真正让居民享受到城镇化发展成果。按照城市社区的标准，同步配套建设社区内路网，完善供水、燃气、热力、污水等地下管网，铺设排水管线，配套适用的污水处理设施和垃圾收集转运系统。始终把节能环保贯穿社区建设全过程，积极推广使用先进适用的技术和产品，采用新型墙材，建设舒适、节能型建筑。

为实现真正意义上的村民向市民转变，保障失地居民“不失居、不失收、不失业、不失保”，社区将解决群众后顾之优、做好就业技能培训、岗位安置和配套机制完善等工作，作为城镇化建设的重要内容，全力做好社区改造工作。按照不但要宜居，而且要宜业的目标，坚持把发展工业、现代农业、商业、打工经济结合起来，宜工则工、宜商则商、宜农则农，大做产业文章。通过招商引资、自主开发等多种模式，在腾空土地上建起山东银座桃园店、桃园花卉科技园、桃园生态大酒店，正阳路机场路沿街商业店铺、特色餐饮等商贸开发项目，实现安置劳动力就业与推动城市经济发展的双赢。加快完善保障体系，社区出资为符合条件的居民加入城镇养老保险和医疗保险，超龄不能参加养老保险的社区每月给予生活补助，新建幼儿园、敬老院，设立便民服务大厅，全力做好社区的治安工作，及时将村居困难群体纳入最低生活保障范围，让居民安居乐业，真正享受到与城市居民同等的待遇。通过城镇化建设，群众的满意度和幸福感年年攀升。

旧村建设

旧村房屋布局

在封建土地所有制以及土改后农民个体土地所有制状况下，村庄无规划可循，村民在自己宅院空地或良田内建房不需履行任何手续。随着村民增加及人口繁衍生息，各家均依约定俗成的传统习俗建设住宅，形成宅院相邻、屋宇成片的格局。清朝，村人王锡侯任河南鄢陵县知县后，回村修建王家大院。吴姓在村西居住，吴姓富户建有砖木结构二层小楼；毛姓在村东居住，清光绪时期，毛世榕考取武进士，

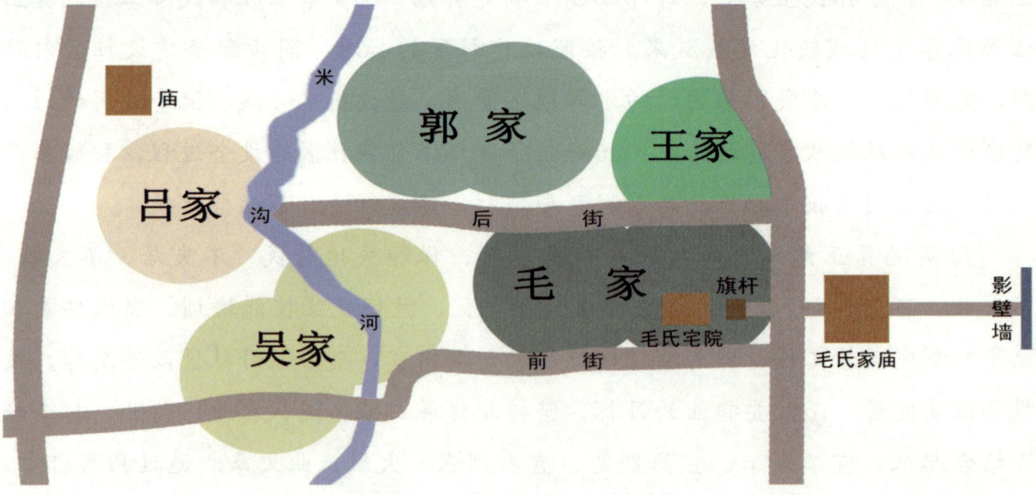

新中国成立前村庄布局示意图

后在村中修建宅院，前院后园，人称毛氏宅院（民间俗称“状元府”），院前立有旗杆，村外建有毛氏家庙。至新中国成立前，除少数富裕户外，多为草房。饮水靠土井，照明为油灯，交通为土路小道，遇风尘扬，逢雨泥泞。新中国成立后，农村经济条件逐步改善，各项建设相继发展，但缺乏统一规划，土地利用不合理，公共建筑零乱，村民院落大小不一。人民公社化后，土地归集体所有，村民在自己宅基地内建房不必审批；占用集体耕地者，须提出申请，经生产队讨论，大队同意后报公社批准。20世纪70年代前，桃园村无规划资料可考，村民沿袭传统观念和约定俗成的自律章则建房。70年代，大部分社员家庭尚不富裕，无能力建新房，有少数建房者为了节省资金，多为原拆原建。

20世纪70年代前无章建设的房屋

桃园村民住房多为一户一院。新中国成立前，地主等富裕人家房屋多为砖石木瓦结构的四合院或一门数院，大门和正房均系五脊六兽（哈巴狗）装饰。大门内为影壁墙，周边装饰麒麟兽，中间镶有砖刻的“福”字（现在有的是烤制在瓷砖上），正房前多有“月台”，长辈住正房，晚辈住厢房；屋顶先铺苇箔，再抹“万年灰”，然后用小黑瓦覆盖。普通村民一般为独居小院，正房坐北朝南，东西两边是烧火做饭的“饭屋、柴房”，南面是饲养家禽的“猪圈、鸡窝”等。贫穷人家只有一正房，既无院门也无院墙。房屋多为土坯房，用石头做地基，四角砌砖或石头，中间垒自制的土坯，房顶铺用秸秆（一般是高粱秸）做的“箔”，抹黄泥再覆麦秸，屋顶用瓦或石压牢，俗称“海青式”。门都是门板，不透光；窗户多为窗棂子，用“毛头纸”或白纸遮糊。房间内为了不抬头就看见房顶，条件稍好的就请人或自己动手用苇杆或高粱秆扎糊“虚棚”。扎糊时先在合适的高度扎制框架，绑好合适的小方框，用报纸粘糊；讲究的最后糊一层白纸，若是结婚的一般在报纸上面再糊一层花纸。

成排连片瓦房

1978年起，根据南阎乡（公社）要求，统一编制总体建设规划，按照二图一书（现状图、规划图和说明书）要求，进行全面规划。因地制宜，分别按棋盘方格式布局进行建设，逐步将村区建设纳入规范化管理轨道。1985年，村“两委”提

20世纪80年代后成排连片的瓦房

出分期分批规划建设居民区的设想，对居民区各项建设作出科学规划。20 世纪 80 年代末，铝合金门窗、水泥地面、釉面砖、涂料、红瓦开始用于村民建房。1993 年，按照区、镇要求，对村庄规划进行修订，规划住宅新区，在机场路以南为 68 户建设楼房。1999 年划归城区管理后，村庄建设纳入周村城市管理总体规划。

桃园小区建设

规划

2005 年后，社区土地被区政府储备 400 余亩，道路占用 80 余亩，土地急剧减少。社区居民居住集中，土地利用率高，但住房条件、生活环境差，房屋质量较

桃园小区一期工程鸟瞰图

差，旧村改造成为居委会及全体居民的头等大事。为提高居民生活水平，改善居民居住条件，结合周村东部新区的建设，加快城市化进程，2009年，旧村改造（桃园小区）一期建设项目获政府批准，被列入青年路街道办事处的8个“两区三村（棚户区、老旧工矿居住区和城中村、城郊农村住房和农村危房建设改造）”改造项目之一，并被列为周村区旧村改造重点工程。项目规划占地145亩，计划总投资4.3亿元，建筑面积14.5万平方米。

桃园小区一期工程规划占地面积20730平方米，建筑面积49000平方米，其中公建10000平方米，主要用于社区办公和物业公司；住宅39000平方米，住宅套数360套，居住人口1080人，主要用于原桃园村老居民的拆迁安置。住宅工程有3种户型，有11层小高层4幢和18层高层2幢组成，其中A户型住宅建筑面积4000平方米，B户型住宅建筑面积17500平方米，C户型住宅建筑面积17550平方米，平均每户建筑面积108.30平方米左右。

社区坚持高标准规划、高标准建设、高规格绿化和物业管理，小区建设强调功能布局、住宅分布、道路系统、绿化系统与市政基础设施的整体性。小区主要以住宅为主，北部规划布置1所幼儿园、1处老年公寓，方便居民上下班接送孩子及老人活动。住宅布局充分考虑对日照、通风的要求，规划设计住宅全部为南北朝向。

桃园小区机场路出入口

在紧密结合现状的基础上，充分考虑现状道路的有效利用，力求均好的效果。居住组团规划有 3 个车行出入口，其中位于正阳路东入口为主入口，位于机场路的南入口为次入口，有效解决组团的人车分流，为居民营造一个良好的生活、休闲空间。

小区内车行道路分 3 级，即小区路：道路红线 12 米，路面宽 7 米；组团路：路面宽 6 米；宅间路：路面宽 2.5 ~ 3.5 米。为适应小汽车的家庭化，充分考虑社区居民的经济情况及停车场地安排。设置地面停车场和地下停车场，在生活区出入口利用部分空间设置草坪停车，尽量不让机动车进入小区内部，保证生活区的环境安静。为方便小区居民购物、休闲，在小区沿机场路和正阳路布置商业中心和办公物业建筑。小区绿化分为楼前、楼后和道路绿化三种形式，绿化率达到 35.5%。各类市政设施严格执行规范配置要求，管线全部采用地下敷设，综合考虑有线电视、电信、电力、热力、天然气、给水、污水、雨水等的位置走向，并分别与城市现有规划管线衔接。结合公建按照人防办及消防队的要求做好人防消防设计。水、电、暖、天然气、通信、有线电视、宽带齐备，实行物业管理。在住宅建筑设计上，外墙用煤矸石砌块和多空模数砖，保温防水采用新材料，达到节能 50% 的技能型住宅标准。外墙面根据环境，选择不同色彩的外墙立面乳胶漆；外窗采用塑钢带纱

桃园小区实景

窗，设楼宇防盗门、分户防盗门；屋面炉渣保温，防水采用新型屋面防水材料；给水采用 PPR 管，排水采用 PVC 管；结构采用框架结构，基础为条形砼基础，按地震强度 7 度设防。

拆迁

为做好旧村改造拆迁安置工作，先后两次召开动员大会，积极向群众宣传旧村改造的意义以及规划设计。

为进一步提高旧村改造拆迁安置群众满意度，在广泛宣传动员基础上，社区“两委”通过多种形式征求群众意见的，就规划设计、拆迁安置补偿等问题与广大居民达成共识，2009 年 6 月 10 日，社区居委会制定的《桃园社区旧村改造拆迁安置方案》(以下简称《方案》) 正式公布。

《方案》规定拆迁安置及补偿分为两种方式，拆迁户任选其中一种：一是实物

2009 年 5 月 11 日，社区党总支书记、主任毛执民会同办事处包村干部召开旧村改造第二次动员会

安置。用还迁房安置补偿，还迁安置面积按拆迁房屋宅基地面积（具有合法批复手续的）乘以0.85的系数进行计算。砖房（指主房有房产证）按照所拆迁房屋宅基地面积乘以0.88的系数进行计算。当拆迁户宅基地总面积超过225平方米时，其超出部分按乘以0.5的系数来计算还迁安置面积。拆迁户系二层楼房的，如果二层楼房的建设手续不合法，没有相应的批文证件，属于违章建筑，按照违章建筑处理，不予补偿；如果二层楼房的建设手续齐全，有相应的批文证件，且二楼建筑面积超过土地批文面积60%以上的，按两倍宅基地面积乘以0.88的系数来折算换房面积，不足60%的按前述办法的相应比例来折算。二是货币安置。由合法的评估机构根据省市区拆迁办法对村民的住宅进行专业评估，合理确认拆迁补偿额，按评估价予以全额货币补偿及房屋补偿。被拆迁房及院子外面的附属建筑、院内的临时设施、树木等由被拆迁户自行拆除，不予补偿。

广泛征求意见

为保证拆迁顺利且不影响拆迁户的生活，还制定相关拆迁补助及奖励办法：一是过渡性安置补助。拆迁户如需先拆迁后安置的，发放过渡安置补助作为租房费用，按100平方米安置房每月200元，先按6个月发放。过渡安置最长不超过24个月，如超过24个月还未安置，则上调20%过渡安置补助费。二是搬家补助费。每户按户口本记载人数3人以内（含3人）每户300元，5人以内（含5人）每户400元，5人以上每户500元。三是提前搬家奖励。按照拆迁协议规定的时间，在2009年5月底以前提前搬迁并经验收合格交拆迁人统一拆迁的，按每院落1000元进行奖励。四是除拆迁户转让出去的房屋及出租的房屋外用于电梯方面的管理费及电费全免。

属于社区居委会的居民，安置换房价格按四楼均价 1280 元标准执行。车库、储藏室价格另行商定。当换房面积超出应换房实际面积部分 10 平方米以内的，享受楼房还建价格；超出 10 平方米部分的，由被拆迁人按市场价格标准执行。不足应安置面积部分，可以通过车库、储藏室进行还迁安置，其价格另行商定。通过车库、储藏室安置还不足应安置面积及不需要还迁安置的部分，按还迁安置价格四楼均价 1280 元的价格给予拆迁户货币补偿，交房时一并结算，多退少补，不再另行安置。

具体楼层价格在四楼均价 1280 元的基础上，标准六层楼执行一楼上浮 15%，二楼、三楼上浮 20%，五楼下浮 20%；标准五层楼执行一楼上浮 15%，二楼、三楼上浮 20%，五楼下浮 20% 执行；小高层及高层楼房执行一至四楼按均价，五楼以上（含五楼）每层上浮 30 元 / 平方米。选房顺序根据具备拆迁条件及报名先后确定。

《方案》得到绝大多数居民的拥护，为了集体利益，广大居民舍小家顾大家，积极配合拆迁，有的自己主动拆除居住多年的老屋，在规定的时间内顺利完成拆迁任务，保证了桃园小区顺利开工建设。

居民拆迁

乔迁

按照旧村拆迁安置方案规定的选房顺序和房屋价格，2011 年 12 月 5 日居民回迁楼选房工作顺利结束。2012 年 6 月后，居民陆续入住小区，共安置居民 336 户，村民从低矮的平房住上宽敞明亮的高楼，人均居住面积比以前翻了一番，居住环境发生质的转变。

居民选房

棚户区改造

2016 年，为改善桃园社区南片区的人居环境，提高居民生活质量，对机场路以南，正阳路以西、米河以东棚户区，根据居民要求，经社区两委多次开会研究决定，以居民自治自改为原则，在南片区棚户区居民多方参与下，按照区委、区政府要求着手对该片区实施棚户区改造。改造过程中社区坚持科学规划、合理安排改造次序、统筹规划、分步实施和合理补偿，公开、公正、公开透明的原则，实行分组团征收拆迁。在广泛宣传征询拆迁户意见的基础上，2016 年 5 月 31 日，在社区工会之家召开有关拆迁户大会，征求在南片区棚户区居住的居民意见，确定安置补偿方案。规定棚户区拆迁按以下两种办法补偿：一是房屋产权调换。有房屋所有权证的按照房屋所有权证所载明的建筑面积，一平方米换一平方米房子；无房屋所有权证的按照所建房屋（正规房屋）面积，一平方米换一平方米房子；院子按照“169”

平方米除去有证、无证、有顶子的大门过道、有顶子的卫生间、伙房，正规有顶子的楼梯，但无证可以计算单层面积，单层换房面积后，以净院落土地使用面积，按每平方米院子换 0.8 平方米房子的标准计算，拆迁户在规定时间内交房，则作为社区居委会对其的补偿奖励。院子得到补偿奖励后，拆迁户院内的所有附属物不再补偿。拆迁户未在规定时间内交房，则社区居委会不对其院子进行奖励补偿。二是货币补偿。有房屋所有权证按照房产证所标面积，无证房屋面积按社区公开公正实际测量结果结合实际评估价格补偿；院子按照“169”平方米除去单层有证、无证的补偿后按净院落土地使用权面积后按照每平方米 2300 元的 80% 给予补偿，即实际补偿价格按照每平方米 1840 元标准补偿。拆迁户在规定的时间内交房作为社区居委会对其的奖励补偿。院子得到补偿奖励后，拆迁户院内的所有附属物不再补偿。拆迁户未在规定时间内交房，则社区居委会不对其院子进行奖励补偿。

对于所谓加层，无证临建棚子及其他附属物，按照该附属物成本评估后给予货币补偿，拆迁户建房有选择平顶房屋或尖顶房屋，不管选哪一种方式，在房屋内所做的各种形式的吊顶，在房屋内做的先有平屋后有尖顶屋的各种形式，只要无房屋所有权证的一律不补偿。院子补偿后，所有附属物价格在拆迁补偿安置协议内已明确规定不再补偿，根据拆迁户要求并经两委研究，根据实际情况可按下述标准给予适当额外奖励补偿：①院子用现烧砼的按每平方米院子给予 0.2 平方米房子作为奖励补偿 ；②院子采用各种瓦的不管是在一层处，还是在二层处统一按每平方米 0.1 平方米房子作为奖励补偿 ；③在平屋顶等建的各种棚子一律找有资质的评估机构进行评估，以评估价为标准给拆迁户补偿。院墙以外的违章建筑不予补偿。

拆迁户按照棚户区居民自治、自改、多方参与原则，与开发商合作可以得到如下各种奖励补偿面积：拆迁户按社区居委会及开发商规定时间内交房，可得到补偿面积为 25.35 平方米房屋，作为此次拆迁社区居委会奖励补偿支付给拆迁户的搬家费、房屋租赁费、各种所有一切的损失费等；拆迁户按社区居委会及开发商规定时间内交房，拆迁户可得送公摊面积；货币补偿的拆迁户不参与开发商合作，不享以上所列奖励补偿。

住宅楼按每平方米 3980 元标准执行。商业公建 1 ～ 2 层按每平方 4780 元标准执行；3 层按每平方米 3800 元标准执行；4 层按每平方米 3500 元标准执行；储藏室及地下停车位由社区居委会对应相关住宅楼配置，价格由房地产价格机构评估确定。商业写字楼为国有出让土地，选开发商商业写字楼的按开发商价格执行，按市场价每平方米优惠300元。

拆迁户选房在超出换房面积10平方米以内，房价按安置拆迁户价格执行，超出10平方米以上的超出部分按开发商市场价格优惠300元执行。

除以上补偿费外，还规定，根据社区“两委”人员调查的实际情况，按照拆迁户实际换房面积，采取租居民房子给拆迁户奖励补偿。单层房及内二层楼按拆迁户所应换面积，按每百平方米每月400元的标准补偿。沿街三层商业楼及正阳路边的酒店按每百平方米每月800元标准补偿。

2016年底，改造设计方案已报周村区政府，审批通过后将开始进行改造。

商品房开发

20世纪90年代，根据周村城区逐渐向东扩张的实际以及村区规划和经济发展的需要，周村区政府开始征用村土地建设住宅楼。1992年，周村区检察院征用桃园村土地建5层住宅楼1幢共40户；周村区司法局征用桃园村土地建6层住宅楼1幢共48户，5层附属楼1座共10户。2000年，周村区农机局征用桃园村土地建5层住宅楼2幢、4层住宅楼1幢，均为2个单元，共56户。

2005年后，社区土地400余亩被周村区政府储备，由政府拍卖给房地产开发公司建设商品房，相继开发朝阳花苑、桃源居、德馨苑、兰馨书院等住宅小区。

朝阳花苑

位于正阳路与机场路交叉口的东北侧，北接电厂路，东至广电西路。由淄博康信房地产开发有限公司于2005年开始开发建设。规划总用地23.59公顷，总建筑面积26.59万平方米，其中住宅面积23.79万平方米，由11层高层9幢，多层20幢，户型面积均在100平方米以上，主力户型包括110平方米的简约两房、125平方米的温馨三房、155平方米的阔绰三房和165平方米的豪华三房。规划建设1816

户，其中公共建筑面积 2.77 万平方米，有 6000 平方米的风情商业街、12 班制的双语幼儿园和网球场等健身场所；地下人防、停车场面积 2.1 万平方米，建筑密度 21.36%，容积率 1.13%，绿地率 45%。项目总投资 3.8 亿元。小区由青岛市建筑设计研究院规划设计，融青岛开放的海派文化与淄博齐文化于一体，坚持“以人为本”的设计思想和“庭院共享”的设计理念，着眼于人类住宅、环境的融合与共生，力求对现代居住环境空间进行全面深入的诠释，使居民产生强烈的归属感和舒适感。在外观设计上聘请了比较知名的环境专家指导，采用外飘式的落地窗，舒适的大阳台，明快的横竖线条勾勒出较为流畅的后现代主义法式风格，对外观的视觉，环境和每一个环节都严格把关，空气清新、环境幽雅。小区建设推崇节能、环保、科技的先进理念，项目建设中积极引用和采用新型环保节能材料、新科技、新工艺；实行中水回收利用，推广使用太阳能、风能等新能源，是周村环保节能及科技示范小区。

朝阳花苑

桃源居

位于机场路与正阳路交叉口的东北，北靠朝阳花苑，东临兰馨书院。由淄博恒丰房地产开发有限公司于2009年开始开发建设。建有楼房11幢，均为6层，其中3个单元7幢、4个单元4幢。

桃源居

德馨苑

位于机场路与航东中心路交叉口东南，南与周村区司法局宿舍相邻，东靠桃园社区平房。系中和街小学建设的教师公寓，2007年开工建设，2009年竣工，建有11层4个单元住宅楼1幢。

兰馨书院

位于机场路和正阳路交叉口西北，由淄博恒丰房地产开发有限公司于 2009 年开始开发建设，总建筑面积近 8.3 万平方米，共规划有 20 栋多层 630 户。多层为框架结构，均带电梯，电梯布置在建筑北侧，为三面透明的景观电梯。社区从南侧主入口处整体抬高，实现人车分流。户型面积区间为 95 ～ 250 平方米，其中 200 平方米以上的为复式，部分带有花园和露台。兰馨书院整体规划属于周村地区品质较高的楼盘。

德馨苑

兰馨书院

公用设施

旧村改造前，社区基础薄弱、设施陈旧，水电路等基础设施建设缺项甩项，水、电、气、暖等设施未接入市政管道，没有实现终端服务、终端收费。旧村改造开始后，社区“两委”解放思想，抢抓新机遇，以科学灵活机制加快推进改造工作，在旧村改造“攻坚战”中打了一场漂亮仗，绘就美丽幸福桃园新蓝图，完成“旧村”到“新城”的华丽蜕变。

办公用房

新中国成立之初，桃园村行政机构为村公所，无固定办公场所，如需开会即随机在村长家里或临时找一场所议事。成立高级社后，在村中心3间面积约有40平方米的平房中办公。1985年村小学撤并后村“两委”搬迁到原村小学办公楼，面积有100余平方米。

2001年，村“两委”换届后，租用正阳路西桃园社区1—17号为办公场所，为砖混结构二层楼房，建筑面积300平方米，除“两委”及职能机构办公外，还设有党员活动室、村民事务代办站、社区居委会调委会、便民利民志愿者服务站、社区志愿者工作站、人口学校、农家书屋等。

2014年，旧村改造基本完工，社区原计划在银座商城桃园店楼上设办公用房，由于出入不方便，加之安全、消防等特殊要求，未能留下办公用房。2014年3月2日，经居民代表大会表决同意，将圣海开发的桃园小区23号楼一楼西单元2套网店400余平方米作为社区办公用房。7月12日，社区办公机构迁入。办公条件大为改善，除用于办公和保留原来的服务机构外，还设置便民服务大厅，开放便民服

2001—2014年办公地址

务窗口。实行“居民事务干部代办”，让群众少跑腿快办事。

社区服务中心

道路

新中国成立初期，村内只有前街、后街两条主要道路，村民大多沿街建房居住。道路为土路，晴天尘土飞扬，雨天泥泞难行。1993 年，对村内道路进行重新规划，后又进行水泥硬化，但都比较窄、乱、脏，给居民生活带来很大不便。随着城区的扩大，区政府投资修建正阳路，延长机场路，两条主干道穿村而过，方便社区居民出行。

正阳路　故为驿道，是古代重要交通要道；现为省道 S246 线（庆淄路）一部分。是周村城区南北主干道，北起济青高速公路，南至文昌湖旅游度假区胶王路。经过桃园社区路段路宽 40 米，双向 8 车道，附设非机动车道和人行道，为沥青路面。因此路正南正北，正指中午，有象征周村经济繁荣之意，又代表白天最好时节，故命名为正阳路。

机场路　原名北郊路。西起周长路，东至飞机场，路面宽 20 米，双向 4 车道，附设人行道，为沥青路面。城区扩建后，此路在城区范围内且通往飞机场，故更名为机场路。

旧村改造前道路

正阳路

机场路

供电

1964年全村通电，自此结束用豆油和煤油灯照明的历史。但村民收入低且电力供应不足，多数户安装低瓦数灯泡，以15瓦、25瓦为最多，40瓦以上者很少。随着经济发展和人民生活水平提高，生活用电除用于照明外，先后用于收音机、录音机、电视机、洗衣机、电风扇、冰箱、冰柜、空调、电脑等，居民生活逐步实现电气化。随着周村城区的不断向东扩展和城市道路建设，原有的配电室处于机场路与正阳路交叉路口西南侧，并占用绿化带，严重影响路口交通视线，存在较大交通安全隐患；且由于该配电室建成时间较早，年久失修，存在严重的安全问题，也影响城市整体形象。2011年，社区根据旧村改造规划要求，在机场路以北新装箱变一个，专供机场路以北的住户，将旧配电室拆除南移，更换箱变，专供机场路以南的住户。2014年，桃园小区一期工程建成后，电力供应一步到位，每户安装智能电表，室外全部铺设地下电缆，供电设施更加完善。

供水

20世纪70年代前，生活用水主要靠土井，有水井10余眼，井深5～10米不等。水井为人工开挖，井壁有的是石砌、有的是土壁。村民家中均备有水缸，靠肩挑手提取水，有的为手压井、有的井上安有辘轳。辘轳、水桶、担杖都是汲水的主要工具。夏季雨水较多，水位上升，只用水桶和担杖也可把水提到地面。井水有甜水和溇水两类，饮用甜水，洗衣、洗涮、洗澡用溇水。米河穿村而过，水位较浅，遇到丰水期，常年有水，因周边无污染，水质清澈良好，有些村民晨起于米河汲水饮用。1986年4月，村里自行安装自来水管道，6月全村用上自来水，结束了用水桶挑水吃的历史。90年代后期，接通周村区自来水公司的自来水，并直接供水到户，村民根据水表读数缴费用水。旧村改造后，自来水直接通到居民厨房、洗刷间，用水更加方便。近年来，随着人们生活水平的提高，居民生活饮用水已经改用水质较好的桶装水、纯净水、山泉水。

供暖

村民冬季取暖，初为点燃柴草，方法简单。新中国成立前后一段较长时期，于室内置一炉灶，安接通往室外的烟筒，以煤炭为燃料，生火取暖，烧水做饭。炉灶有铁制和砖砌两种，铁制灶需到市场上购置，用户较少，居民称它为“洋炉子”。

进入20世纪80年代，经过改进的多种炉灶上市，其发热量、防尘、节煤、防煤气散发均有较大改善。一般采用一间房内置放炉灶，将烟囱穿过墙壁通向其他房间取暖，做饭取暖两不误，有部分村民一直沿用。90年代始，部分村民在室内安装水暖炉，也称之为“土暖气”，它由带水囊的暖气炉、暖气片、输水管和烟囱4部分组成。该炉灶比传统煤炉外形美观，供热面积大、均匀、清洁，还可兼顾做饭，但耗煤相对较多，进入21世纪后，由于煤炭价格大幅上升，燃料费用随之增高，部分村民已弃之不用。

2012年旧村改造一期竣工，居民全部搬进住宅小区，住上楼房，入住小区的居民全部实行集中供暖，供热时间为每年的11月15日至次年的3月15日。2016年，周村区集中供热办公室核定的供热价格为住房套内建筑面积每平方米21.6元，安装换热器者每台加收200元。

供气

20世纪80年代始，少数村民烧水做饭使用钢瓶装的液化石油气，有计划内、计划外两种供应方式。计划内的由淄博市煤气公司周村供应站凭票供应，部分村民家庭成员有在机关、事业、企业单位工作人员的可得到计划内供应票证，每户每季供应1瓶，额定容量为每瓶12公斤，定价5元。计划外的由企业自行定价。90年代，逐渐开放市场，供应渠道实行多元化，多数村民开始使用方便、价廉、清洁的瓶装液化石油气烧水做饭，并学习安全用气知识。液化气销售价格一般随石油市场价格浮动，由90年代的每瓶10元左右，逐步上升到每瓶50元左右。进入21世纪，国际石油价格大幅波动，同时波及并影响国内液化石油气销售价格。2008年，曾暴涨到每瓶近百元。2013年后，维持在每瓶80元左右天然气是继液化石油气之后又一价廉、热效能高、清洁无污染的新型能源。2009年开始旧村改造时，小区全部规划天然气管道。小区建设由淄博绿能燃气周村分公司负责施工，分别采用较大直径无缝钢管埋入地下，用小口径镀锌管引入住户厨房，并分别安装气表。小区天然气开户费按建筑面积28元/平方米，2012年12月，入住桃园小区的居民家庭除2户因家庭困难无能力支付开户费没有安装天然气外，已全部供气。供气安全及管路维护等事宜由淄博绿能燃气周村分公司负责。天然气价格每立方米2元。2014年11月，调整为每立方米2.7元，并实行阶梯用气价格。

通讯

1958年，桃园大队安装全村第一部手摇磁石式电话机，安装在大队部。20世纪80年代初，磁石式电话机改为供电式电话机。80年代末，又改为程控电话机。程控电话刚刚兴起时，由于资源有限，需要交纳初装费，最初高达近5000元，以后逐渐减低，90年代末，程控电话不断增容，逐渐取消初装费，以后座机费也逐渐取消，电话安装越来越方便，费用也越来越低。随着桃园村经济的发展，机械加工企业的不断增加，村民富裕，除村民委员会和村属企业、私人企业皆配有电话外，村民住宅电话也发展迅速。90年代中后期，部分村民配有移动电话和寻呼机（BP机）。到2005年村民住宅程控电话普及率达95%以上，多数村民家庭同时拥有固定电话和移动电话两种通信工具。

移动电话，或称为无线电话，通常称为手机。20世纪90年代初，模拟移动电话开始兴起，一度风行“大哥大”手机（人们戏称“半头砖”）。此种通信工具不仅体积较大，且价格不菲，每部手机售价高达一两万元，村内只有个别企业负责人使用，拿在手里就像身份标志一样。随着传呼机发展及手机的更新换代，“大哥大”退出市场。90年代中期后逐渐由模拟移动通信转换到数字移动全球通讯。

手机分为智能手机和非智能手机。随着科技的发展，手机的类型越来越多，从外观上常用的有直板式、折叠式（单屏、双屏）、滑盖式、旋转式、侧滑式等几类；从操作方式上有按键式、触屏式；从用途上有商务、影像、学习、老人、儿童、炒股、音乐、电视、游戏、高清电影、平板电脑、智能刷卡等多种。

进入 21 世纪，移动通信实现全数字化，无缝隙覆盖，物美价廉的手机功能齐全、外观时尚。2009 年，3G 手机时兴，部分居民争相购买，全村大多数公职人员、商业、农业、运输业、教育、卫生工作人员、在外大中专学生甚至老人均持有档次不同、型号各异的手机。2013 年，4G 手机开始推行，它以更好的兼容性、更高的数据速率、更宽的网络频谱、自治的网络结构、更低的无线网络时延获得社区居民的喜欢，得到快速的普及。

互联网

20 世纪 90 年代中后期，互联网逐渐进入中国企业和家庭。在旧村改造规划过程中，小区建筑规划设计了互联网，社区 70% 的居民家庭逐步接入互联网，人们在网上学习、购物、聊天、欣赏节目等，极大地方便了居民的生活。随着互联网网速的提高、资费的下降，以及“互联网 +”时代的到来，互联网不仅是居民学习、娱乐的工具，更成为办公、创业、创新的新平台，一个集管理、服务于一体的“智慧桃园”正在逐步形成。

桃园小区居民住宅

齐鲁名村志
QI LU MING CUN ZHI

桃园社区志

TAOYUANSHEQUZHI

社区文化

SHEQUWENHUA

桃园村文化底蕴深厚，文化资源丰富。自古流传下来的传统锣鼓、舞龙灯、耍狮子、踩高跷、划旱船、抬芯子等深受群众喜爱。新中国成立后，在继承传统的基础上，社区“两委”围绕“发扬社区文化、构建和谐社区、营造良好氛围”的发展目标，强力推进文化工程和文化基础设施建设，设立农家书屋、图书馆、桃园职工之家（文化中心）、职工会堂、文化展室、四点半学校、公共健身活动场等，为居民提供集强身健体、休闲娱乐、信息传递、科技普及、思想教育为一体的综合性文化服务平台。结合社区居民爱好，组建社区戏剧团、老年合唱团、老年舞蹈队、广场舞队、扮玩队等文体队伍。结合季节特点，利用双休日和节庆长假，组织开展丰富多彩的群众性文体活动，成为“和谐社区”的亮点。

文化设施

公共体育健身活动场

2011年，在旧村改造的同时，为方便社区居民的健身活动，改善居民生产生活条件，按照量力而行的原则，采取居民自愿以资代劳和筹资筹劳的方式，共投入资金420万元（其中，村民筹资筹劳104.72万元，村集体积累出资252.456万元，上级财政补助62.829万元），在新建桃园小区内建设桃园社区公共体育健身活动场所，项目包括：米河两岸活动场所面积6000平方米，羽毛球、乒乓球场地及乒乓

公共体育健身活动场

球台，健身活动场所及健身器材，景观绿化面积 1.7 万平方米，道路及场地硬化面积 8000 平方米。

农家书屋

为推进新型城镇化建设，提升居民科学文化素质，丰富广大居民精神文化生活，切实保障居民群众的基本文化权益，2007 年，社区在上级政府的关怀和大力支持下建立农家书屋。至 2014 年 7 月，书屋面积 20 平方米，配有书柜（架）4 个，标准化书桌 3 张，椅子 14 把。有政治、历史、科普、法律、文学、教育、医学等图书余种 500 余册，报刊 20 种，电子音像制品 100 多张，并不断补充、完善。社区将农家书屋开放和党建活动、科普活动及文化下乡活动结合起来，收到良好效果。社区党总支将每月 5 号的远程教育定期播放日、党建活动日同时定为图书开放借阅活动日，由田辉任图书管理员，使农家书屋开放在时间、组织、人员上都得到保证。

“农家书屋”成为居民吸取知识、传送信息、科学致富的桥梁，促进了社区经济和社会文明的发展。

农家书屋

图书馆

2015 年，在农家书屋的基础上建起社区图书馆。图书馆内设有阅览区、图书区、书画室、电子阅览室、自习室。阅览区内订阅各类报纸 15 种，杂志 22 种，内容覆盖老年、少儿、健康、新闻、体育、农业等，能满足 30 多名各年龄段居民阅览；图书区内 10 个书架藏书 5000 余册，音像制品 100 余套，内容涉及政治、军事、文化、社科、文学、婴幼儿等 20 余种类型。电子预览室内设有 8 台电脑，免费为居民提供阅览、查询资料。

图书馆设有 2 名专职图书管理员，自建馆之日起，坚持每天 11 小时开放，全年开放 4015 小时，真正实现无假日图书馆。

社区图书馆始终坚持以促进和谐社区发展，丰富居民文化生活为宗旨，以图书馆为平台，在提供图书借阅服务的基础上，举办多项利民、亲民的图书、文化活动。通过活动丰富读者的知识，愉悦性情、陶冶情操、扩大视野、提升居民的精神境界与文化修养，同时也促进了社区居民间的和谐。在文化大发展的背景下，图书馆努力开拓思维，在做好图书馆工作的同时，更好地为居民服务，打造周村区基层图书馆文化品牌，为构建和谐型社区贡献力量。

社区图书馆

职工之家

2015年，投资400余万元建造近500平方米具有书院性质的文化中心——职工之家。设有文化展室：供职工品鉴、学习、交流；职工会堂：共72座，用于职工学习和培训；职工书屋：装配各类图书五千册；电子阅览处：有电脑8台，供职工网络阅读、查阅资料；茗醴斋：以茶艺休闲为服务形式，供职工商讨工作及客商洽谈业务。

职工之家

文化展室

职工书屋

茗醴斋

电子阅览处

职工会堂

职工会堂

2015年建成。位于职工之家内，建筑面积（含内部办公室）100平方米，座位72座，配有大电子显示屏，能满足社区职工阶段学习、培训，或分批学习培训。会堂东西两面悬挂传统文化名言、激励奋进格言。会堂以践行社会主义核心价值观为主导思想，努力创办儒学讲堂、道德讲堂、法律讲堂、科技讲堂。

职工文化展室

2015年建成。位于职工之家内，建筑面积80平方米，定期举办不同内容的文化展览，职工可自愿参展、品鉴、学习、交流。

职工文化展室

四点半学校

为解决社区孩子放学早，家长因工作无法照看的困难，2015年起，社区在职工之家设立“四点半学校”，“学校”硬件设施完善，办公用品配备齐全，青少年活动场地宽敞、固定、安全；配备2名专业社工、5名社会工作者，并联合社区志愿者、五老志愿者、大学生志愿者等30余人，根据青少年需求开展个性化、专业化、持续化的服务。“四点半学校”进驻社区以来，社区组织人员及时了解辖区内青少年总人数、青少年各年龄段人数分布情况、外来务工人员子女所占比重及人数、社区青少年服务开展等具体情况，有针对性地为青少年提供服务。针对青少年好奇心强、学习性较高的特点，开设“心连心，快乐旅程”手工制作等各种兴趣小组；组织青少年进行特长培训、拓展视野，促进青少年的全面发展；组织开展的“心有慈孝，学会感恩”活动，让青少年学会感恩，感恩他人并敢于表达自己的内心的感情；开设“走近你，靠近TA”人际交往能力提升小组，通过游戏、情景剧模拟等形式帮助青少年学习人际交往技巧，促进青少年之间的互动，克服交往障碍、自闭等心理问题，提高青少年人际交往的能力；开展“为爱护航、陪伴成长”青少年成长小组活动，围绕心智成长、学

四点半学校

能成长、素质提升三个方面，帮助外来务工人员子女增强自觉，认识自己、了解自己，自我接纳、自我尊重，建立自信。针对外来务工人员常常忙于生计，子女放学后家长缺乏精力和时间对孩子学业进行辅导的情况，开设常态化服务，对青少年进行“一对一”辅导，督促他们认真学习，为青少年提供一个学习娱乐的安全场所，缓解外来务工人员家庭的压力，分担外来务工人员家庭对子女进行教育的责任与义务，增强外来务工人员家庭对社区的认可，促进外来务工人员家庭的社区融入，增强他们对社区的归属感、认同感。

九龙壁

位于桃园小区23号楼、24号楼北面、农机局车库南面的社区走廊西首，长13.9米、高3.2米，2016年7月开始规划设计。主题浮雕由9块天然石材草白玉拼接而成，九在《周易》中表示“阳”，因为古人把数字分为阳数和阴数，奇数为阳，偶数为阴，九为阳数中最高最大的一个。正中的为正龙，两侧的分别为升龙和降龙。九龙腾飞，神态各异。正龙威严、尊贵，升龙刚猛而充满力量，降龙则温文尔雅。寓意桃园社区群贤共济、圆满如意、蒸蒸日上的盛世景象。正脊和戗脊上也装饰龙的图案，为琉璃瓦制作。背面是由28块石材拼接成的刻有99个“福”的福字

九龙壁

墙，寓意社区居民吉祥幸福长久。

国旗旗杆

位于九龙壁东面，社区服务中心前面，2016 年 7 月开始规划设计。旗杆高 18 米，象征社区在中共十八大精神指引下发生的翻天覆地变化；底座长 2.8 米、宽 1.6 米、高 0.5 米，有二级台阶，四周围有九块 0.5 米高的草白玉栏板；旗杆选用进口 304 不锈钢，材质强度高，可承受十级大风，旗杆锥度上升，挺拔壮观，杆外无绳索，杆体鲜明顺畅，免去旗杆与旗绳碰撞产生的噪音。每月 1 日和逢重大节日社区组织党员群众开展升国旗仪式，弘扬正气，传播正能量，激发党员群众的爱国热情。

国旗旗杆

毛氏家庙

位于村东，是毛氏家族祭祀祖先的地方，内设祖先牌位，每年在祖先生辰、祭日及大的节日，进行拜祭。家庙为砖木结构，有正房三间，建筑面积 100 余平方米。前有檐廊，木雕窗户，有花牙、吊挂、额楣等雕饰，前后房檐四角镶嵌刻有牡丹、荷花、麒麟、凤凰的砖雕四块，牡丹代表富贵、荷花代表和美、麒麟代表长寿多子、凤凰代表腾飞发达，寓意毛氏家族富贵吉祥、和顺长寿，建筑古朴典雅。2009 年旧村改造时被拆除。

毛氏家庙复原图

毛氏家庙墙上的砖雕（依次为凤凰、荷花、牡丹、麒麟）

文体队伍

舞狮队

社区舞狮队成立于2002年，由社区10余名中青年人组成。自成立以来，社区投入资金从北京等地定做狮头、狮衣等专用道具，聘请专业教师进行指导。舞狮以双人狮为主，舞狮者狮身披金黄、橙、红色毛，表演时由两人前后配合，前者双手执道具戴在头上扮演狮头，后者俯身双手抓住前者腰部，披上用牛毛缀成的狮皮饰盖扮演狮身，两人合作扮成一只大狮子，能模仿真狮子的看、站、走、扑、跌、跑、跳、滚、睡、擦痒、抖毛等动作，形态逼真，惟妙惟肖，引人入胜，让观看者深受感染。队员业余时间练习，主要在春节期间表演，遇有重大活动也前往助兴。舞狮表演，极大地丰富和繁荣了社区居民的文化生活。

舞狮队表演

老年健身舞蹈队

社区老年健身舞蹈队成立于2005年，有骨干队员30余人，平均年龄56岁，由张美云任队长。社区老年健身舞蹈队充分体现老有所为、老有所乐的理念，由起初的健身舞，发展到太极拳、体育舞蹈、健身球舞蹈、扇子歌舞表演等多项舞蹈项目，常年活跃在社区大街小巷，积极参加重大节日和地方重要活动的演出，先后参演100多场次，多次受到市区有关部门的表彰，在市、区、街道老年健身舞比赛中获多项奖励。

社区老年健身舞蹈队

老年合唱团

社区老年合唱团成立于2006年，是自发性群众组织，主要开展以歌颂共产党好、中国特色社会主义好、改革开放好等主题的歌唱表演活动。合唱团由20多位中老年社区居民组成，他们中既有年过七旬的老人，也有刚刚退休的新生力量。它的成立满足了老年声乐爱好者的需要。

老年合唱团

戏曲艺术剧团

2014年，成立桃园社区戏曲艺术剧团。常年为社区举办戏曲演唱会等文艺活动，艺术团侧重于红色经典京剧、红色革命歌曲，并适当灵活的演出京剧、五音戏等戏曲，在通过动态的文化形式弘扬传统文化、传播正能量的同时，丰富社区职工生活、陶冶情操、凝聚民心，促进和谐社区建设。

社区戏曲团表演

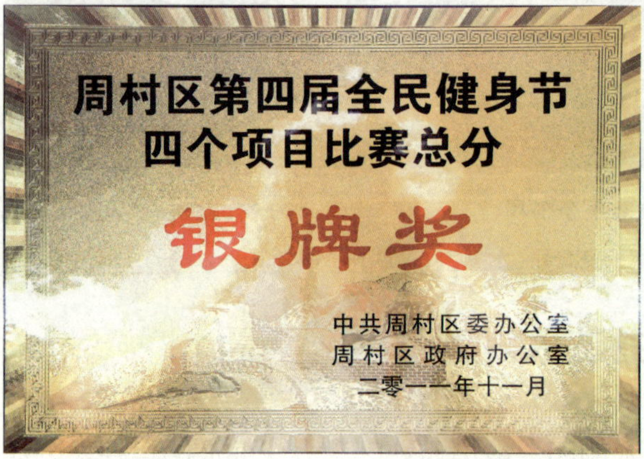

文体活动奖牌

广场文化

扮玩

春节元宵节扮玩是社区100多年来延续的民俗传统，也是一种群众性的文化活动。每年元宵节，社区均会组织群众文化队伍欢庆元宵。作为元宵节民俗展演品牌节目的周村芯子，和震天的锣鼓、欢快的秧歌、威武的狮子、飞舞的长龙以及划旱船、跑竹马等众多民间艺术形式精彩纷呈，既展示民间文化的魅力，活跃节日期间群众文化生活，也为居民带来一场精彩的视觉文化盛宴。

春节扮玩

全民健身运动

进入 21 世纪，社区高度重视全民健身事业发展，在健身场地、健身组织、健身活动这三个重要环节开展工作，完善“15 分钟健身圈”，促进全民健身体系建

社区居民参加周村区全民健身日活动

设，形成“政府主导、社会举办、全民参与”的体育事业发展格局。特别是周村区每年一届的健身节，已成为社区居民全民健身运动的航标，社区每年以周村区全民健身节和健身运动会的举办为契机，推动社区全民健身运动和群众性体育活动的深入开展，增强群众积极参与体育锻炼，全面提高身体素质的自觉性，形成全民健身的热潮。

广场舞

广场舞健身项目，融体操、舞蹈、音乐于一体，可增进身体健康、培养正确体态、塑造完美形体、陶冶美好情操，具有浓厚的群众性和普及性，是丰富居民业余文体生活的重要文体项目，在桃园社区有广泛的群众基础。特别是旧村改造以来，社区“两委”积极倾听、落实群众呼声，结合自身实际，以提高社区居民的身体素质和生活质量为出发点，配合公共体育设施建设，开辟了三个业余广场，为广大社区居民提供业余广场舞活动场地，把广场舞作为最具代表性的特色健身项目在社区大力推广，着力打造以“广场舞”为特色的健身活动品牌，丰富社区职工的文化生活，取得明显的社会效益，并以此推动社区全民健身运动蓬勃发展。

社区广场舞队参加街道广场舞大赛

齐鲁名村志

QI LU MING CUN ZHI

桃园社区志

TAOYUANSHEQUZHI

产业支撑

CHANYEZHICHENG

古代，桃园村民以农业生产为主，种植小麦、玉米等传统农作物和蔬菜。清末民初，尤其是周村开埠以后，为丝织业提供服务的工商业逐渐发展起来。新中国成立后，响应国家号召，在搞好农业生产的同时，发挥村民擅长机械制造的优势，大力发展集体副业和村办企业。进入21世纪，随着社区土地逐渐被政府储备，耕地面积减少，社区及时调整产业结构，积极推进农业转型，在发展新型农业、科技农业的同时，培育新兴产业、发展服务业，发展实体经济，集体经济得到快速发展，并于2016年12月成立桃园社区经济股份合作社。

农业

传统农业

新中国成立初期，桃园村耕地面积830余亩，农业以种植业为主，主要种植小麦、玉米、谷子、大豆、高粱、地瓜等粮食作物，其中小麦单产46.5公斤、玉米单产80.5公斤。1950年后，相继建立互助组、初级社、高级社、生产大队，生产关系发生变革。1962年开始注重科学种田及机械化耕作，购买全区第一台12马力手扶拖拉机，用于农田耕作和运输。1966年，掀起农业学大寨高潮，组织社员平整土地，兴修水利，水浇地面积进一步扩大。20世纪70年代，添置脱粒机、播种机、收割机、扬场机等，农业生产实现半机械化，粮食产量大大提高。1982年，推行联产承包责任制，土地按等级分地块落实到人，农民生产积极性空前高涨。1995年有粮田290亩，单产1052公斤，总产量205吨，人均收入2866元。

新型农业

20世纪90年代末，随着社区逐渐融入周村城市建设，社区土地逐渐被政府储备，居民基本不再依靠农业种植为生。建设新型社区，群众就业是根本。2000年开始，社区确定“加快现代农业化步伐，产业适度集中，通过集聚出效益，结合产业发展，拓宽渠道促就业”的工作思路，转向发展效益农业、特色农业、生态农业，为社区富余劳动力的就地转移积极创造条件。建设桃园科技花卉生态园，利用高科技养殖技术培育适合北方生长的蝴蝶兰新品种，原本只适宜南方气候的蝴蝶兰经过培育后深受北方城市消费者喜爱，每亩地创造的价值从传统种植时的千元增至近万元，以科技示范带动助推农业产业化发展，做活“小农业、大文章”，以往的上访落后村变成新型农业、科技农业、都市农业试点社区，社区集体经济不断加强，走上集体共同致富的高速路。

桃园科技花卉生态园

是一家主要以研发生产蝴蝶兰新种类为主的花卉企业，是周村区张周路园林文化服务带重点建设项目。该项目由上海、台湾的客商与桃园社区合作建设、管理，采用先进的生物克隆繁殖技术，培育种植以蝴蝶兰为主的各类高档名贵花卉。项目总投资500万元，占地22亩，建设高档花卉克隆实验室800平方米，生态大棚30000平方米，于2008年12月12日开业。项目分两期工程建设，第一期工程于2008年11月份完工，建有5个膜构造大棚，棚内有恒温、照明、通风、花卉克隆等配套设施，面积达1.7万平方米，年培育70余万株改进蝴蝶兰。第二期工程于2010年完工，建有1.8万平方米的生态兰花大棚和占地7800平方米的生态餐厅——桃花源生态大酒店，总投资1500万元。项目共安排就业人员近200余人，年上缴税金50余万元。

与传统露天和大棚栽培蝴蝶兰不同的是，桃园科技花卉生态园通过与国内很多高校和科研机构合作，采用先进的克隆技术——兰花无性繁殖技术和一整套复杂的程序来实现蝴蝶兰品种的改良。改良后的蝴蝶兰不仅品种多，色彩艳丽，花期更是延长到4至6个月，各项指标也都大大优于传统品种，非常适合北方种养。近年来，先后与台湾鼎汉公司合作研发蝴蝶兰品种20余种，年产4万余株，获得山东省第七届花卉博览会二等奖；与荷兰德鲁士公司合作研发凤梨，年产3万余株；为山东省第二十二届运动会培植草花50余万株。通过10年的发展，生态园已经逐渐成为江北最专业的兰花消费基地。

桃园花卉生态园

工商服务业

传统工商业

得益于毗邻周村城区的优势，桃园村的工商业一直受周村丝织业的影响，新中国成立前村中开有杂货铺，主要经营杂货、副食、烟酒糖茶等；建有许多家庭手工丝织业、纺织机械铸造业等，一直持续到 1956 年社会主义改造。吴氏、毛氏在青岛、济南、周村都建有丝织厂、染坊、商号、药店等。电视剧《大染坊》中“陈六子”在青岛开办的印染厂的原型就是桃园人吴贯一在青岛开办的大华印染厂；桃园毛氏是周村的富绅之一，拥有雄厚的资金，在周村开有几处商号，异芝堂就是其中之一。

集体副业

新中国成立后，建立乡供销社桃园营业点，经营业务主要是日常生活资料和农业生产资料的供应以及农副产品的收购；实行统一政策、统一计划、统一流动资金管理、包财政任务的“三统一包”政策。1961 年始，贯彻中共八届九中全会“调整、巩固、充实、提高”的方针，实行“人民公社三级所有、队为基础、以生产队为基本核算单位的集体所有制”，一切经济活动由生产队集体管理，所有收入纳入年终收益分配。所有副业实行大队统管，1970 年 3 月，整合各种资源，成立村办集体副业——桃园农机厂。

村办企业

1978 年，中共十一届三中全会制定改革开放政策，桃园村开始大力发展集体经济，先后建立淄博发动机厂等 10 余家村办企业，企业人数达到 300 多人，形成以机械加工、纺织印染印刷、家具、食品加工为主的工业企业和以交通运输、商业、服务业为主的第三产业。

民营企业

1992 年以后，随着党的富民政策的逐步实施，个体民营商业企业在村内兴起，个体私营经济迅速发展，村民利用自己的沿街房设立代销点，主要经营日用副食百货，集体企业也逐渐改制为私人企业。2003 年村改居后，社区进一步融入城市，为社区居民发展工商业创造了更便利条件，居民利用自己的沿街房或租赁别人的房屋发展多种经营。2009 年桃园社区的机械加工户曾达到 80 户，从业人员达到

500 人，年加工能力达到 1200 吨，年实现销售收入 3500 万元，利税 600 万元，成为远近闻名的机械加工村。旧村改造过程中，社区充分考虑居民发展机械加工和多种经营的传统习惯，在小区规划时，沿机场路正阳路等城市主干道规划建设沿街营业房，并协调相关部门在政策上给予优惠，为居民发展工商业从事多种经营提供方便。同时，社区领导着眼长远，几经努力，成功引进全省商业领军企业——山东银座商城入驻桃园小区，更为社区工商企业的发展注入活力。截至 2016 年 12 月，全村共有个体民营工商企业 69 家，从业人员 300 余人。社区有劳动能力的人全部实现就业，并吸引安置周边社区部分居民。

在发展工商业的同时，村民借助社区地理优势，兴办服务业、饮食业。进入 21 世纪后，随着周村城区政治、经济中心的东移，桃园社区的区位优势更加明显，吸引着中国农业发展银行周村区支行、中国移动通讯集团有限公司周村分公司、淄博绿能燃气工程公司周村分公司、淄博国鑫税务师事务所有限责任公司、淄博国盛财税咨询公司、周村财富广场、周村区创业孵化中心、周村齐纳国际影城等越来越的服务行业入驻。截至 2016 年 12 月底，桃园社区共有服务业 75 家。

根据 2016 年底社区个体工商服务业统计资料，从居民职业构成看，有 241 人从事机械加工，占总人口的 31%；119 人从事餐饮服务，占总人口的 16%；103 人从事超市、百货等，占总人口的 13.8%；有 46 人从事美容美发医疗等，占总人口的 6.2%；还有从事布艺、家政、洗车等服务行业。

截至 2016 年底桃园社区个体民营工商业统计表

表 2

序号	生产经营单位名称	地址	主要负责人	主要生产经营行为或产品
1	上海豪庭门窗	航东中心路	张建华	门窗加工
2	周村银河不锈钢加工部	机场路 1670 号	高新志	门窗加工
3	周村忠诚模具机械制造厂	桃园村 1—50 号	吴　忠	机械加工
4	周村华龙家用电器厂	桃园村 1—63 号	高　琴	电器
5	周村永福机械厂	桃园村 1—59 号	刘永福	机械加工
6	周村军鑫机械加工	桃园村 1—69 号	吕厥斌	机械加工

续表

序号	生产经营单位名称	地址	主要负责人	主要生产经营行为或产品
7	淄博昆石金属制品有限公司	桃园村 2—16 号	石晓燕	机械加工
8	周村正圆机械加工厂	桃园村 2—14 号	毛玉柯	机械加工
9	孙拥军机械加工	机场路平房	孙拥军	机械加工
10	周村瑞涛木门经营部	机场路 1678 号	张瑞涛	木门
11	皇家瓷砖	机场路以北	赵德生	瓷砖
12	周村恒九钢构建材厂	桃园养殖基地	仇学刚	彩钢瓦
13	周村桥友机械厂	桃园养殖基地	韩　笑	加工非标配件
14	印刷加工厂	桃园养殖基地	戚明远	加工报纸
15	周村汇持电器厂	桃园养殖基地	孙金利	加工电源线
16	绍国纸制品厂	桃园养殖基地	高绍国	加工
17	伊点家居装饰部	桃园花卉科技园内	马小飞	木器加工
18	周村凯信机械厂	桃园花卉科技园内	吕玲霞	机械加工
19	淄博腾安机械厂	桃园花卉科技园内	翟清立	机械加工
20	淄博中越工贸有限公司	桃园花卉科技园内	孙义武	机械加工
21	绮玉纺织品加工	桃园花卉科技园内	贺兴明	加工
22	周村汇鑫机械加工厂	桃园花卉科技园内	陈　新	机械加工
23	淄博厨君电器	桃园花卉科技园内	郭振明	电热锅组装
24	顺民家具	桃园花卉科技园内	赵六民	家具
25	顺源纸管厂	桃园花卉科技园内	王　艳	生产纸管
26	同创木业	桃园花卉科技园内	张凯新	家居
27	鱼缸加工	桃园花卉科技园内	崔晓龙	鱼缸加工
28	周村博锦布艺销售部	桃园花卉科技园内	姜兆华	布艺
29	周村瑞宏纺织品加工厂	桃园花卉科技园内	张瑞红	毛巾加工销售
30	周村彩成电器厂	桃园花卉科技园内	李　强	电热锅组装
31	周村岳望卷帘门加工部	桃园花卉科技园内	岳海望	卷帘门加工
32	才子男装	机场路 20 号	朱　华	服装
33	山丹羊绒	机场路 21 号	刘　静	服装

续表

序号	生产经营单位名称	地址	主要负责人	主要生产经营行为或产品
34	长江装饰	机场路 21 号	孙永立	服装
35	膜力小铺	机场路	张　慧	化妆品
36	淑琴制衣	机场路以北	张淑琴	服装
37	周村老牛百货	机场路以北	徐纪军	百货
38	仁和堂桃园店	机场路以北	孙媛媛	医药
39	周村建锋粮油店	机场路以北	吕治国	粮油
40	王小虎口腔诊所	机场路以北	王小虎	口腔
41	辉煌照明	机场路以北	毛　雷	灯具
42	淄博银座桃园店	机场路 26 号	丁　凯	超市
43	桃园社区卫生室	机场路 1676 号	张立民	医疗
44	宏仁堂桃园店	机场路 1680 号	李会萍	医药
45	周村乐喜厨具经营部	机场路以北	朱秀清	厨具
46	桃园社区程和卫生室	机场路以北	程　和	卫生
47	得益乳业	机场路 1719 号	王男男	得益乳业
48	子弹头智能照明	机场路 1679 号	高东升	灯具
49	淑勤制衣	机场路北	张印美	服装
50	乐视	机场路北	陈　杰	电视
51	特百惠	机场路北	闫　娇	家居用品
52	金锣阳光店	农机局车库	韩凌云	肉类
53	星源文玩店	农机局车库	宋莹莹	手串
54	M 衣橱	农机局车库	伊　苗	服装
55	新生活化妆品（雅琳化妆品）	农机局车库	孔　兵	化妆品
56	金汇野猪肉	农机局车库	张　静	食品
57	奢莲化妆品	农机局车库	韩爱平	美容化妆品
58	誉淳酒水	农机局沿街	安　廷	酒水
59	桃园百货店	机场路南	田　辉	百货
60	振福建材门市部	机场路南	吴振福	销售

续表

序号	生产经营单位名称	地址	主要负责人	主要生产经营行为或产品
61	周村润邦服装经营部	高昌商务楼	王　彬	服装
62	香佳超市	高昌商务楼	周卫娟	百货
63	周村完美	朝阳花园南门	马登旭	保健品
64	淄博周泰经营有限公司	朝阳花园南门	董淑丽	机电五金
65	鼎好超市（周村特好商行）	朝阳花园	张　梅	百货
66	建华棉被	朝阳花园	王建华	加工
67	慕名生活馆	朝阳花苑	李　君	服装
68	澳洲温莎公爵酒店	机场路 1805 号	尚　玉	红酒
69	宏仁堂桃园店	朝阳花园 a2 楼 1 层	冯梦莹	医药

截至 2016 年底桃园社区服务行业统计表

表 3

序号	生产经营单位名称	地址	主要负责人	主要生产经营行为或产品
1	顶吉馅饼店	机场路北 20 号	徐　增	食品
2	魔豆城堡	机场路 1743 号	刘　奇	摄影
3	周村东尚名梵美发店	机场路 20 号	姚　霄	美发
4	周村小不凡餐厅	机场路 20 号	韩　丽	食品
5	馥蕊养生馆	机场路 21 号	马燕平	美容
6	周村魏记京味火锅	机场路北	魏传清	餐饮
7	羊尚虾主题餐厅	机场路北	袁秋叶	餐饮
8	周村崔记羊汤	机场路以北	崔爱华	餐饮
9	中国体彩	机场路以北	段　鹏	彩票
10	炫彩美甲	机场路以北	韩亚文	美甲
11	伊点装饰	机场路以北	毛　雷	装饰
12	一清风味楼	航东中心路	魏红星 刘春艳	餐饮

续表

序号	生产经营单位名称	地址	主要负责人	主要生产经营行为或产品
13	周村建亭汽车美容服务部	机场路 1686 号	李建亭	汽车美容
14	琪雅美容养生馆（幸福门口美容）	机场路 1 号	刘　辉	美容
15	周村麦琪烘焙房	机场路以北	张丽颖	食品
16	金紫雨植物养发馆	机场路以北	李玉枝	养发
17	淄博元通国际旅游公司	机场路以北	张晓龙	旅游
18	张媛杰理发店	航东中心路	张媛杰	理发
19	桃园菜馆	机场路南	孙承辉	餐饮
20	张家肴鸡	机场路南	张　昆	肴鸡小作坊
21	蹄花大王（周村李晓熟食店）	机场路北	李　晓	熟食
22	乾诚金服	机场路北	曹红霞	金融理财
23	乾红足浴	农机局沿街	卫红洁	足疗
24	海韵现代音乐学校	农机局沿街	李　龙	教育培训
25	周村蓝风车西餐厅	农机局沿街	李毅哲	餐饮
26	周村德奈福洗衣店	农机局沿街	翟淑真	洗衣
27	周村正阳汽修装具	农机局沿街	李艳青	汽车美容
28	周村惠丰快餐店	农机局沿街	王　艳	餐饮
29	周村老刘野生大鱼坊	农机局沿街	苏风贺	餐饮
30	周村正阳幼儿园	正阳路	王玉凤	教育
31	金川秀养生馆	农机局车库	董连芳	美容
32	御房堂养生馆	农机局车库	于秀芹	养生
33	IN 美丽工作室	农机局车库	周　丽	美容
34	盛宏育发黑发	农机局车库	吕学英	美发
35	依怡衣坊	农机局车库	赵　萍	服装
36	舒苑推拿	农机局车库	冯汝森	推拿
37	中国福利彩票	农机局车库	孙　凯	彩票
38	周村痘域美容店（专业祛痘）	农机局车库	宋晓颖	美容

续表

序号	生产经营单位名称	地址	主要负责人	主要生产经营行为或产品
39	酷狗宠物	农机局宿舍	刘建龙	宠物
40	鱼王山寨	机场路南	刘　涛	餐饮
41	重庆川菜馆	桃园村 1—13 号	董天友	餐饮
42	周村建亭汽车美容服务部	机场路 1686 号	李建亭	汽车美容
43	周村嘉诺汽车服务部	机场路南	高　山	汽车美容
44	周村瑞祥居烤鱼堂	机场路南	董风梅	餐饮
45	硅藻泥体验馆	机场路南	徐　冉	装饰
46	根据地烧烤	机场路南	丁文杰	餐饮
47	春林洗车	机场路南	吕春林	洗车
48	周村味真羊肉店	机场路南	皇传浩	餐饮
49	福源快餐	机场路南	聂振幅	餐饮
50	东北翟记	机场路南	翟仕茹	餐饮
50	小博山菜馆	机场路南	皇传浩 李　芸	餐饮
52	聂记厨房	机场路南	聂　强	餐饮
53	周村晟轩私房菜馆	桃园村 1—11 号	曹汝洲	餐饮
54	周村驿马福记小馆	机场路南	付晓勇	餐饮
55	誉隆私房菜	机场路南	杨　冰	餐饮
56	中国农业发展银行周村支行	正阳路 3290 号	李瑞东	银行
57	淄博绿能燃气工程有限公司周村分公司	正阳路 3290 号	崔海鹰	燃气供应
58	中国联通正阳路营业厅	正阳路 3290 号	王新生	通讯
59	桃园社区交通管理服务站	机场路以北	陈建祥	服务
60	中国移动正阳路营业厅	机场路 1799 号	魏光明	通讯
61	淄博国鑫税务师事务所	正阳路 3288 号	李秀荣	服务
62	宏振琴行	正阳路 3290 号	刘老师	教育培训
63	海鲜王兄弟水饺馆	朝阳花园南门	迟爱彤	餐饮
64	周村洗车人家	朝阳花园南门	王　亮	洗车

续表

序号	生产经营单位名称	地址	主要负责人	主要生产经营行为或产品
65	家感觉酒店	朝阳花园南门	巩世会	餐饮
66	朝阳花苑幼儿园	朝阳花园	孙　慧	幼教
67	天润食府	朝阳花园南	孟昭波	餐饮
68	舜意家政	朝阳花苑	阮丽荣	家政
69	泰山花椒鸡（清北炒鸡店）	朝阳花苑	李本强	餐饮
70	周村海美美容院	朝阳花苑	韦树荣	美容
71	金川秀（周村金格格美容）	桃源居 11 号楼 2 单元	王　芳	美容
72	朝阳保健	朝阳花苑西门	孙　涛	保健
73	聚味苑海鲜小镇	朝阳花园南门	吕　彬	餐饮
74	洁通汽车俱乐部	桃园科技花卉园内	宋吉宙	汽修
75	桃花源大酒店	桃园科技花卉园内	李　柯	餐饮

企业选介

老字号——异芝堂

桃园毛氏开办于清中叶，位于周村丝市街东首路北。异芝堂临街门市为二层六间古典式建筑。专以经营各种中医药材和南北成药为主，高、中、低档货色齐全，建筑富丽堂皇，后院有接待室和诊疗室、库房、加工车间等几个套院。库存丰富，聘有名医坐堂，是周村有名的大药店。民国初年停业，房屋出卖。后为新世界照相馆。

异芝堂旧址

桃园农机厂

桃园村开办的集体副业，成立于1970年3月，厂长吴振南。位于桃园村东，成立初期主要以模型制作为主，后转为机械制造与加工。从业人员45人，年产值约100余万元。

淄博发动机厂

桃园村开办的村办企业，成立于1990年，位于桃园村东北，负责人毛执平，主要生产发动机缸体，从业人员80人，年产值约200万元。

淄博桃花源餐饮有限公司（桃花源大酒店）

位于周村区广电路中段，是周村区首批“文明餐桌行动”示范单位。创建于2009年4月3日，注册资金200万元，总投资790余万元，总占地面积6000余平方米，于2009年9月28日正式营业，共安排就业人员115人。

桃花源大酒店

银座购物广场桃园店

位于周村区正阳路与机场路交界处，东临朝阳花苑，西有周村交警大队车辆管理所宿舍，南靠凤鸣生活区，北接旺龙花园，是银座集团在全国开设的第 100 家、在淄博区域开设的第 9 家门店。项目总投资 5500 万元，其中固定资产 4500 万元，流动资金 1000 万元。建筑面积 12259 平方米，经营面积达 1.2 万平方米，其中，

地下一层 4780 余平方米，地上四层 7350 余平方米。地下一层主要经营生鲜日配、水产、粮油副食、面点、休闲食品、水奶饮料、名烟名酒、茶叶、营养保健、百货针织、洗涤化妆、办公文体、图书音像、小家电等；一层经营黄金珠宝、钟表、手机、数码、餐饮等；二层经营运动休闲、户外运动等；三层是美食广场，设特色快餐铺位 12 个，小型特色酒店 1 个；四层为影院；是集购物、娱乐、休闲为一体的大型综合商场。于 2013 年 1 月 27 日正式营业，年销售收入 3 亿元，年利税 2250 万元。

周村齐纳国际影城

是淄博齐纳影业投资有限公司投资 1000 多万元兴建的五星级现代化影城，也是齐纳、全球通系列连锁影城旗下第 9 家影城，于 2013 年 7 月 14 日开业。影城位于周村银座桃园店四楼，营业面积 2000 平方米，设有 5 个豪华影厅，其中 4 个 3D 电影厅，可容纳 478 人同时观影。影城由国内一流设计师按照国家五星级电影城标准精心设计，五个影厅全部配备最先进的电影设备：美国科视 2K 数字放映机，英国杜比 CP750 解码器，美国皇冠还音设备，法国 volfoni 被动式 3D 眼镜，高坡度阶梯式设计、宽座椅排距、国际一流的建声标准。与其他电影城不同，周村齐纳影城还设有 8 个多功能私人电影包间，具备电影自选和 KTV 点歌等多种功能，并配有独立卫生间，每个包间可容纳三五人到 20 人不等。影迷可自主选择观看经典电影，也可一展歌喉，尽享尊贵与私密空间。影城内部还设有环境优雅的休闲区，并

特设 VIP 会员专区，卖品部提供独有的美国风味爆米花、哈根达斯冰激凌、星巴克瓶装咖啡等国际美食、饮品，并为观众提供最体贴周到的服务。影城还提供各类精美电影后产品，为观众的观影过程增加更多美妙的体验。

齐纳国际影城

中国移动通信集团山东有限公司周村分公司

成立于 1999 年 7 月，坐落于周村区青年路街道桃园社区机场路 1799 号，主要经营移动话音、数据、IP 电话和多媒体业务。现有员工 105 人，辖 4 个职能部室，10 个城区及乡镇营业厅。

中国联通公司周村正阳路营业厅

成立于 2006 年，位于桃园社区东邻，紧邻绿能燃气公司。主要业务经营范围包括：GSM 移动通信业务、宽带业务办理、手机卡办理。批准范围的本地电话业务、数据通信业务、互联网业务。服务手机网号为 130、131、132、155、156、185、186、175。

淄博绿能燃气工程有限公司周村分公司

成立于 2007 年。前身为淄博市煤气公司周村供应站。现任经理史建，从业人员 50 人。2008 年 9 月，迁入正阳路 3290 号的新址，办公楼建设面积 600 平方米，一层为营业厅，二层为办公场所，内设工程办、运行办、客服办、营业厅、值班室等机构，人员设置经理 1 名，副经理 4 名，主任 2 名，职工 50 名。具体负责周村城区及开发区工、商、民管道天然气开发协调、手续办理、组织工程安装、供气管理等工作。截至 2016 年底，在周村城区铺设天然气中压管线 362.54 千米，低压管线 164.25 千米，二级调压系统 449 套，供应民用户 59147 余户，工商用户 93 户，日供气量达到 9.5 万立方米。

中国移动周村分公司

中国联通正阳路营业厅

淄博绿能燃气工程有限公司周村分公司

周村区创业孵化中心

位于财富广场 C 座，建筑面积 9698 平方米，包括地上 6 层和地下 1 层。是 2016 年市区两级服务业重点项目，周村区政府确定的“大众创业，万众创新”首席示范基地，周村首个科技创新创业平台。中心以国内外高端科技项目、技术成果、科研资源和人才资源为支撑，面向社会提供大学生创业办公空间、项目推介、创业辅导、创业秘书、科技成果转化、企业创新资源对接、投融资等服务。设有大学生创业孵化平台、科技成果转移转化平台、中小企业服务平台和科技金融服务平台，由亚洲产业科技创新联盟、北京高校联盟、北京学宏创新科技有限公司和淄博豆苗创加创业管理有限公司共同合作运营。大学生创业孵化平台立足于服务本地高校大学毕业生和周村籍大学生，通过提供良好的创业空间、完善的创业服务、科技项目对接和创业基金支持，积极引导大学生自主创业；高新技术成果转移转化平台则依托亚洲产业科技创新联盟、北京高校联盟等合作方强大的科技和人才资源优势，以引进国内外高端科技项目、科研成果、高新技术和人才为着力点，为大学生创业提供优质项目，为传统企业转型升级提供科技创新资源；科技金融服务平台设立孵化基金，为入驻的大学生创业企业提供资金支持，同时以北京大学科技金融联盟为基础，联合有实力的投资基金共同为周村企业提供金融服务。各大平台相辅相成、联动发力，为大学生创业、企业跨越发展和产业转型升级提供服务。孵化中心申请入驻需要四个条件：公司注册不满三年的初创企业；尚未工商注册但创业项目成熟且具有典型示范带动作用；申请项目必须符合国家产业、技术政策，符合周村区支持的产业方向，具有一定的技术含量和创新性，市场前景好，有望形成新兴产业，具有较好的潜在经济社会效益；申请入孵的项目须产权（含知识产权）明晰。入驻报名成功，将享受免费办公场所，免费书吧、休闲区、会议室、路演活动场地，免费展示创新成果，免费注册一条龙服务，免费咨询，免费创业培训，免费提供创业项目，协助申领一次性创业补贴和岗位补贴，协助申请创业担保贷款，协助申请政策扶持，孵化成功企业可继续享受房租补贴等。计划每年辅导创业大学生 1500 人，创业项目 60 个以上，2 ～ 3 年后孵化毕业项目不低于 10%。

经济股份合作社

2016 年 5 月，社区启动集体资产股改工作，规范社区集体资产管理、资产经营、资产积累和收益分配，维护社区集体经济组织成员的合法权益，构建现代社区集体经济经营主体，促进社区集体经济组织和谐健康发展。其后，数次召开社区两委会议、全体党员会议酝酿推动，组织公开监督小组成员、党员代表、居民代表外出参观学习并召开座谈会就是否在桃园社区推行农村集体资产股份制改革展开讨论，发放《致广大村民的一封信》，广泛征求意见，经户代表签字同意，在社区推行农村集体资产股份制改革。2016 年 12 月 7 日，召开居民代表会议，表决通过《桃园社区开展农村集体资产股份制改革实施方案》《桃园社区享受股权人员资格认定办法》和《淄博市周村区桃园社区经济股份合作社章程》，正式成立桃园社区经济股份合作社（简称“合作社”）。

确定两个基准日

2016 年 12 月 7 日，召开居民代表会议表决通过社区推行农村集体资产股份制改革的决议、成立桃园社区农村集体资产股份制改革组织机构，确定 2016 年 12 月 31 日为集体资产清产核资基准日、2016 年 12 月 31 日 24 时为享受股权人员资格认定基准日。

界定享受股权人员

享受股权人员以社区居民（以下称为原本村村民）为基础，按以下条款进行人员调整，最终确定享受股权人员名单。

享有股权的条件 本村老村民男 1947 年 12 月 31 日以前出生的及女 1951 年 12 月 31 日以前出生的老村民每人享受 1.4 股；出生于 1948 年 1 月 1 日至 1956 年 12 月 31 日的前款以外的老村民每人享受 1.2 股；出生于 1957 年 1 月 1 日至 1982 年 10 月 31 日全村分地时的老村民每人享受 1 股；出生于 1982 年 11 月 1 日至 2016 年 12 月 31 日的村民每人享受 0.7 股；现没有被机关事业单位或国有大型企业等录用的，股权人员资格认定基准日户口现在在本村的大中专毕业生，因当时户口管理规定要求上学迁出户口，毕业后在企业等地方落户又迁回本社区的，且出生时是本村农业户口的大中专毕业生视为本村村民，本人享受股权；原系本村村民的现役军人中的义务兵享受股权，已转为士官的不再享受股权；原系本村村民因拘役或犯罪服刑的人员享受股权，但拘役或服刑期间不享受分红和社区的其他福利待遇。

不享有股权条件　原为本村村民，已被机关事业单位录用为公务员、事业单位正式在编人员或者国有大型企业等录用享有“五险一金”的，不享受股权；原为本村村民，享受股权人员资格认定基准日前已经被机关事业单位录用为公务员、事业单位正式在编人员或者国有大型企业等正式录用享有“五险一金”的大中专毕业生，不享受股权；本村村民户口非上学原因已迁出又迁回本社区的，不享受股权；出生时是非农业户口的大中专毕业生及居民，不享受股权；户口已迁出的大中专毕业生，不享受股权；已婚生育的，参照前述规定执行；享受股权人员资格认定基准日前由外村迁入本村且符合享受股权条件第二至第五款规定的人员，需提供户口迁入前的家庭户口本及原户口所在村（居）出具的证明，证明上要写明原户口性质、现是否享有土地承包经营权、现是否享受村民福利待遇。在原村（居）享有土地承包经营权或现享受村民福利待遇的，即使户口合户已迁入本社区的，也不享受股权；享受股权人员资格认定基准日后出生和迁入人员不享受股权；违反《山东省人口与计划生育条例》(2016 年 1 月 22 日经山东省第十二届人民代表大会常务委员会第十八次会议通过并施行）规定生育的子女不享受股权；已农转非的原本村村民，不管户口所在地是否在桃园辖区，都不享受股权；户口迁到其他村居及周村区外的原本村村民不享受股权；享受股权人员资格认定基准日前已去世村民不享受股权；户口所在地在桃园辖区或现居住在桃园辖区的非本村村民不享受股权。

股权证

因婚姻关系享有股权的条件　本村男性村民与农业户口女性登记结婚后，改革基准日前女方已将户口迁入的，享受股权；改革基准日前女方未将户口迁入的，不享受股权；夫妻所生育子女户口在桃园的享受股权。本村男性村民与非农业户口女性登记结婚后，女方不享受股权；夫妻所生子女若随父落户，子女享受股权；若子女随母落户，子女不享受股权，即使后来夫妻及子女又合户的，女方及其子女也不享受股权。本村女性村民与非农业户口男性登记结婚后，男方不享受股权；夫妻所生子女若随母落户，子女享受股权；若子女随父落户，子女不享受股权，即使后来夫妻及子女又合户的，男方及其子女也不享受股权。

因婚嫁关系享有股权的条件 本村女性村民与非本村男性村民登记结婚后未将户口迁出，婚后所生子女若随母落户，本人及子女享受股权；婚后所生子女若随父落户，其丈夫及子女不享受股权，即使后来夫妻及子女又合户的，男方及其子女也不享受股权。本村女性村民与非本村男性村民登记结婚后将户口迁出，女方及其所生育子女均不享受股权，如女方因离婚又将户口迁回的，女方及其女方与前夫所生子女也不享受股权。

因婚姻离异关系享有股权的条件 本村村民与非本村村民结婚后所生育子女随本村村民方落户，后因夫妻离婚将子女户口由本村村民方户口所在地迁出的，子女不享受股权；子女户口迁出后又迁回的也不享受股权。外村农业户口女性因婚姻将户口迁入，婚后离婚未再婚户口仍在本村及居住的（有房产的），享受股权；外村农业户口女性因婚姻将户口迁入，婚后离婚又与本村村民再婚，户口仍在本村的，享受股权；外村农业户口女性因婚姻将户口迁入，婚后离婚又与非本村村民再婚，户口仍在本村的，不享受股权。外村农业户口女性因婚姻将户口迁入，婚后离婚或者女方死亡，子女随母迁入的单方子女户口仍在本村，但不在本村居住又无房产的，不享受股权。

其他迁入户籍人员享有股权的条件 不享受粮食补助费因非婚姻关系迁入的村民（此人群现有选举权、被选举权，但不享受村里任何福利待遇），户口迁入时已向村交纳户口迁入费的，提供户口迁入费交费单据、提供原户口所在村（居）出具的无口粮田种植地及不享受村民福利待遇证明后，每人享受 0.7 股，只限本人享受。迁入时未交纳户口迁入费的不享受股权。

股东权利

年满 18 周岁的股东享有选举权和被选举权；享有对合作社资产状况、资产运营、资产处置、收益分配方案的知情权和监督权和表决权；享有对合作社理事会、监事会和其他管理人员提出质询、批评和建议的权利；享有本社收益分配的权利。

股东义务

遵守合作社章程、执行股东代表大会及理事会的各项决议；自觉遵守法律法规和党的各项方针政策，做到依法行事；关心合作社的生产、经营和管理活动，维护合作社的合法权益；按其所持有股份份额为限，依法承担相应的经营风险。

设置股权

集体股归全体股东共同所有，其管理权、表决权由理事会行使，其他权利、义务及经营风险由全体股东共同行使与承担；个人股由具有股东资格的750名股东，其中（1）本村老村民男1947年12月31日以前出生的及女1951年12月31日以前出生的，现在本村发养老金的股东91名，每人享有146905.35股，合计13368386.85股，（2）1948年1月1日至1956年12月31日的老村民股东81名，每人享有125918.86股，合计10199427.66股，（3）1957年1月1日至1982年10月31日全村分地时的老村民股东287名，每人享有104932.39股，合计30115595.93股。（4）1982年10月31日至2016年12月31日的村民股东291名，每人享有73452.67股，合计21374726.97股。个人共计75058137.41股，占总股本的62%。集体共计46003373.59股，占总股本的38%。（因其中5人未联系到本人，其所持股份461702.51暂放入集体股中，目前个人股所持有人数为745人，合计74596434.90股，集体股合计46465076.10）。

股份量化

截至社区集体资产清产核资基准日2016年12月31日，社区集体资产评估情况如下：全部资产总额为121061511元，无负债；净资产为121061511元。按照上级要求，折股量化的资产是集体经营性净资产，根据资产评估报告，桃园社区经营性净资产为121061511元，将其作为总股本进行量化，每股1元，共121061511

股，股金总额为121061511元。其中集体股46003373.59股（含发展股占5%），股金总额46003373.59元（含发展股股金2300168.68元），集体股占可量化资产38%；个人股75058137.41股，股金总额 75058137.41元，个人股占可量化资产的62%。

股权管理

股权管理实行“两不增、两不减”（即生不增、死不减，进不增、出不减）的静态管理。享受股权人员界定基准日即2016年12月31日24时后新出生婴儿和婚迁等各种原因迁入户籍人口不再分配股权，并且对尚未量化的集体资产和集体股也不享有权利。对隐瞒实情骗取股权的股东，收回股东原量化股份归集体所有，取消股东资格，并追回已享受分红，对拒不交回的，全家停发分红和享受股东权利。

有下列特殊情况之一的，暂停股东股份分红和其他福利待遇：因犯罪服刑的股东，在拘役或服刑期间保留股权，不享受股份分红和其他福利待遇。拘役或服刑期满后，方可享受股份分红和其他福利待遇。服义务兵转为士官或考取士官学校转为士官的股东，士官期间保留股权，不享受股份分红和其他福利待遇。退役后不符合国家政策而不分配工作的，享受股份分红和其他福利待遇。拖欠集体资金达到2个月的股东，暂停股份分红和其他福利待遇。还清拖欠集体资金后，自还清之日起享受股份分红和其他福利待遇。

股东的股权不允许抵押、退股提现。股东的股权可以依法继承，继承依照法律规定。股东死亡后，暂停其股份分红，股权变更手续办理完毕后，按照继承人所继承的股权份额比例补发分红。因特殊情况股东需转让股权的，仅限于本集体经济组织成员之间，转让人必须年满35周岁后方可转让股权，禁止本集体经济组织以外的单位和个人高价收购本经济组织成员股权。转让时，转让人、受让人持相关材料到合作社办理股权变更申请手续。凡股权转让，合作社集体均有优先购买权。

合作社向股东发放股权证书，作为股东身份证明。股东凭股权证书领取股份分红。股权证书不得转借他人，如有遗失或损毁，应及时向合作社申请补办。合作社只承认登记在册的股东为合作社股份持有人。

资产经营与管理

合作社设理事会负责资产（包括资源性资产，如土地等）的经营与管理。理事会应以效益为中心，以资产的保值增值为目标，加强对资产的经营管理。理事会可依照国家有关法律、法规、政策以及合作社章程规定的职权和程序，采取独资经营、股份合作、房屋及其他资产租赁、拍卖、兼并等办法，进行资产经营活动，确保资产保值增值。理事会对有关工程项目的建设和资产的承包、出租应严格按照有关规定执行。重大建设项目、一次性超过 3 万元以上的大额借款、重要资产的承包、出租应召开股东代表会议广泛征求股东意见，并进行公示，涉及数额较大的，应实行招投标。在资产发包、租赁时，应依法签订承包、租赁合同，按合同约定及时向承包人、承租人收取承包（租）金。理事会对资产负有资产保值增值的责任，要加强集体资金管理，禁止将集体资金出借给任何单位和个人，严禁以合作社名义和资产对外提供抵押或担保。合作社须建立集体资产登记制度，每年清查盘点一次，做好登记造册与归档工作。

财务管理与收益分配

合作社严格按照财政部《农村集体经济组织会计制度》以及省市区的有关规定，切实加强财务管理和会计核算，每半年公布一次财务收支情况，并接受上级业务部门财务监督、股东监督，并进行年终审计。建立健全财务管理制度，严格控制非生产性开支。财务预决算、重大开支项目、大额借款，须经股东代表大会审议通过。坚持勤俭办社的方针，反对铺张浪费，非生产性开支实行预算制度和总额控制制度。会计年度终了必须及时编制资产负债表及补充资料、财务收支明细表、收益及收益分配表、按照规定足额提取折旧费等财务会计报表。

合作社按照盈利共享、风险共担的原则，实行按股分红制度。当年可分配收益按弥补上年度亏损；提取公积金、公益金各 10%，用于发展生产、转增资本、公益设施建设等；其余部分按股分红顺序，集体股分红划拨给社区居委会，个人股分红发给股东个人。

分配方案不得违背有关法律法规政策及合作社章程规定，须报经上级主管部门审核，股东代表大会审议并表决通过后执行。依照章程被停发的分红，一律不再补发，划入合作社的公益公积金。

附：

桃园社区经济股份合作社全体股民名单

（排名不分先后）

程保华	郭桐越	王　业	吕厥俭	李汉芬
宋玉玲	马文芝	郭逸晨	毛立英	李成修
程孝兰	郭　勇	耿　萍	吕玲玲	周玉兰
李庆学	林　杰	李　超	陈钰杰	李　志
李潇悦	郭法营	徐　惠	吕春桐	沈纪群
韩祥岭	董京平	李云学	耿秀芝	李　雪
朱训兰	郭立平	耿　永	吕春林	李芸芸
韩　松	郭　良	郝　帅	吕乾坤	李骁芮
韩紫陌	刘淑英	刘玉英	吕厥功	李　霞
韩紫宸	郭　超	耿　凡	任晓东	吴娅琼
胡玉珍	王　霞	耿　燕	吕治国	李春梅
明　君	郭珞妤	毛梦迪	梁淑霞	黄炜坤
明松林	郭小慧	耿庆春	吕志良	黄桂清
胡立业	郭子菡	安坤英	王　瑾	李克信
甘秀娟	郭　庆	耿　琦	吕建峰	李　虎
胡玉琴	王玉凤	耿佃兴	吕柏涵	李海艳
胡晓云	郭　宇	胡文贞	吕厥文	李孝义
郭玉美	郭弋豪	耿　军	李　慧	朱由红
郭保三	郭　震	苏玉荣	吕莎莎	李　宁
甘文清	毛立琴	耿　爽	吕丹丹	李旭晨
郭法勤	郭法信	耿庆华	冯长坤	李红霞
王凤芸	郭传福	罗　菊	冯羽晨	石金珂
郭跃华	刘桂清	耿　金	吕厥让	李执美

郭红燕	郭林林	韩 瑶	鲍秀霞	宋 建
郭传祥	郭玉珍	耿 心	高秀清	杨 钰
刘 军	吕甲季	马运花	吕厥平	宋明哲
郭敬菊	郭法增	耿 峰	毛秀英	宋莹莹
郭斯厚	安秀英	耿玉和	吕桂花	李嘉偌
王翠芝	郭振刚	周素芹	吕厥云	李昊霖
郭 娟	郭振星	高秀文	王玉芹	李 琴
杜墨农	郭旭东	韩桂清	吕志宝	宋苗苗
杜苇杭	郭俊华	刘 阳	姚 文	王锶涵
郭法亮	高淑琴	李泽慧	吕锦奥	王瑞彦
郭思芳	郭茜茜	韩 勇	吕厥斌	李克义
孙丽娜	郭鑫钰	关庆芳	耿爱清	高桂兰
孙 振	王韵祺	韩依峻	吕媛媛	李 勇
周昶宏	郭玉华	毛淑英	吕文鑫	刘永福
郭 熙	韩桂云	景玉珍	吕成芳	吴丽云
郭进燕	郭新颖	杜秀芹	李 红	刘棕林
郭鑫港	郭 冲	袁 娜	杨 硕	刘 辉
郭 栋	张皓炎	袁铭旸	李 辉	刘雨芳萱
毛其城	聂树君	王 华	刘玉芳	王小兰
路秀云	毛薪瑜	吴 凯	田茂桂	李梅华
毛佳佳	毛执安	孙美仁	田 勇	王 麟
毛海龙	成素梅	孙洪滨	吕玲云	沈砚兵
周慧捷	毛 栋	孙拥军	田 辉	王 锋
毛其明	孙萍萍	王永平	朱梓丞	李宝霞
梅永莲	毛颢雯	孙 静	田 刚	王世豪
毛仲魁	毛忠麟	孙 鑫	李 霞	王 飞
毛丽娜	毛执平	聂铄鸥	田 亮	闵靖格
毛浩宇	吕玉凤	孙秋英	田茂胜	王 涛
毛其和	毛 健	盛志扬	吕秀红	孙 丽
刘凤英	毛忠庭	尚振芳	田宁宁	胥 钰

毛　娟	马永福	宋玉水	李梦瑶	王嘉鹏
吕侗霖	牛如水	宋兆贵	田茂成	王秀玲
吕京泽	陈莉萍	刘元英	毛　玲	毕　燕
毛其辛	曲福英	宋　梅	田林林	毕　童
毛媛媛	牛　刚	宋　丽	唐素贞	王美玲
殷志航	徐纪军	冯雨琪	张孝英	吴桂芳
殷曰帅	牛慧颖	王德龙	王立平	王　波
毛秀清	牛义栋	王　超	吴淑萍	宫翠红
王保华	牛爱云	宋兆荣	王　震	王子彦
周　静	聂振庆	宋兆祥	王若溪	吴振南
毛　明	孙淑霞	王　玲	王艺潼	李执凤
毛　凯	聂玉金	宋　腾	王永新	吴国良
靳立红	聂启荣	吕金凤	杜叶平	韩　丽
毛　军	李宗莲	宋鑫洋	王　培	吴语晗
毛玉柯	聂红玲	宋欣彤	王梓宇	吴成强
王金凤	聂振梅	宋雪东	印怡溪	姜生兰
毛　飞	黄　岳	公茂花	王永祥	吴　群
毛海柠	聂振奎	宋雨轩	李　爱	吴红霞
毛执瑞	李　艳	宋世豪	王　娇	张涵宸
毛执全	聂玉法	石佃花	王秀贞	张舒然
毛　兵	宋道芬	张媛春	王　胜	吴振卫
王　静	荣　刚	石玉来	王秋荣	杨爱香
毛馨辉	陈　梅	刘素红	王燕茹	吴　沛
毛玉营	荣嘉颖	石广连	王海红	吴兴钧
郭淑珍	荣　民	成桂荣	宋聆汐	吴　忠
毛　超	曲红云	石宸瑜	王淑贞	李　静
吴春磊	荣　灿	苏红丽	吴科新	吴　琼
崔　波	荣　波	聂玉菡	张　娟	吴振忠
吴怡葶	吴成新	田茂利	吴兴宸	曹　玲
吴　硕	文思琪	张　焕	卜先芝	王海波

吴聿双	文彦超	王鑫茹	张 军	于从从
吴振强	吴成厚	张 昆	孟 英	王丹玺越
马立琴	张玲琴	沈 迎	张 勇	王 兵
吴金涛	吴振鑫	张巍巍	张智涵	王艺晓
吴 辉	吴春花	王 东	张鸿正	胡莉莉
付囡囡	吴明俊	王子煜	张 民	吴振茂
吴禹瑶	吴振美	王羽萱	国秀荣	张凤娇
吴贯信	李 霖	张秀花	张 琳	苗 宇
毛玉芝	吴振俭	张文祯	张 瑜	刘永德
吴成慧	梅立芹	张亚男	高兰君	王桂兰
陈 新	吴兴峰	孙美丽	张 全	刘 刚
吴 波	吴丹阳	张元涛	徐爱华	张传华
吴嘉妮	鲍玉金	杜秋颖	张思雨	刘金超
李素贞	吴昌远	张烜睿	鲍桂清	刘树平
吴成华	吴成桐	张文英	赵 兵	孙爱芳
马凤基	毛玉恒	张仲贵	陈晓岩	刘 保
吴心喜	张立民	张爱莲	赵文昊	张 玲
赵迎霞	张殿铭	张文禄	赵卫东	刘鑫宇
吴嘉庆	张秀兰	张桂英	杨秀芬	刘鑫苗
吴嘉祥	徐 峥	张 雪	赵迎雪	刘淑华
吴成水	殷浩然	周睿扬	赵昕明	李秀华
孟庆梅	殷钰利	欧阳睿琦	赵建国	吴 伟
吴心齐	徐维善	张新城	郭秀清	吴 琼
吴旭泽	徐继美	李德英	周爱华	毛玉芬
吴星辰	牛 锋	张凤云	李志亮	刘建平
吴成春	王 坤	周睿堃	李逸群	毛玉珍
段爱玲	牛艺颖	张东明	李思涵	毛玉成
吴 昊	牛艺霏	吕新玲	张桂荣	刘淑兰
吴心阳	张菊兰	张媛丽	宋 挺	毛洪亮
耿伟涵	禹春慧	张媛一	贾 翠	王 娟

耿樱菡	刘萧笛	孙海刚	宋鑫烨	毛学铭
吴成胜	禹春莲	孙建营	周生福	毛执民
李　霞	张瑞红	岳柽宏	樊永霜	王会清
吴萌萌	张馨露	张爱华	周　新	毛　敏
吴婷婷	张　平	张东太	周　毅	尚立香
吴成凤	吴丽丽	周元忠	王珑斐	毛晓悦
徐志猛	张　群	张元海	韩　笑	毛忠源
徐翊宸	张　超	王文华	孙冬青	毛执辛
吴振英	张文福	张昕琰	韩晴筱	吕玉兰
司学云	苏凤英	张新添	韩晴奕	毛欣悦
吴　珊	李　锋	王韵清	沈艳俊	毛其华
吴振千	周苏苏	吴慧环	吴亚飞	尚立珍
吴裕翔	李炫诺	张宗耀	李志英	毛　振
王淑欣	季　华	张宗琳	吴振江	毛晨语
吴成泉	刘芳菲	吴慧莲	李丽燕	毛晨萱
王德芬	刘建国	鲍　坤	吴　迪	樊素贞
吴振元	吴成勇	苏文娟	尹志芳	毛启春
石广华	袁学军	闫凯睿	吴成刚	毛　农
吴海峰	吴建博	吴成芬	吴成功	吴　磊
吴振兴	吴成起	吴兴华	徐嗣英	吴文喆
王玉华	吕则洁	苏云清	吴玉洁	张兰英
吴振福	吴振乾	吴天姿	吴　琼	吴立新
李爱娟	汪　萍	吴天一	吴振荣	吴　暄
吴海岳	吴兴文	吴金花	王桂兰	吴成利
吴海涛	吴兴仪	吕晓敏	吴振业	高　琴
齐韵然	吴振宇	吕嘉儒	吴振声	潘淑媛
吴丽华	朱玉荣	吴振海	潘爱清	毛　雷
毛长青	毛　晋	高　慧	毛其武	潘　霞
吕玲霞	毛振儒	毛仲生	毛　帅	毛旭东
毛　哲	毛建国	魏玉华	毛梦瑶	毛姿珺

魏秋红	娄 花	毛翠翠	毛其瑞	吴兴旺
毛鑫淼	毛 卫	毛雪梅	许建华	吴炳易
毛鑫垚	毛翠珠	毛丽荣	毛 娜	左桂英
毛其顺	毛凡硕	张 瑶	沈鑫阳	吴慧娟
毛凤兰	毛仲立	张胜源	沈昊喆	陈金晓
毛仲强	毛莺洁	毛其文	吴惠惠	陈金堃
臧 茜				

桃园花卉科技园苗圃

齐鲁名村志

QI LU MING CUN ZHI

桃园社区志

TAOYUANSHEQUZHI

社会事业

SHEHUISHIYE

新中国成立前，村中就建有私塾，向村民传授文化知识。新中国成立后，建立村小学，以后适应生产生活的需要又建起“育红班”、幼儿园。2007年，投资建成高标准的正阳幼儿园。村集体出资为社区适龄人员加入城镇医疗保险和养老保险，对不具备加入社会保险条件的老年居民，社区每年根据收入情况发放补贴；关注社会困难群体，积极开展扶危济困；广开就业门路，增加居民收入，小康路上不让一个人掉队，真正实现了学有所教、劳有所得、病有所医、老有所养、居有所乐。

教育

幼儿教育

1964年前后，为让更多家庭妇女参加农业生产，大队开办季节性托儿所，托

2011年1月13日，淄博市委副书记陈家金（左二）在周村区委书记韩昆山（左三）陪同下到正阳幼儿园调研

儿所没有固定的教材，也没有专门教师，家庭妇女轮流担任教师，上课多为讲故事、做游戏和教孩子唱歌，主要以照看好孩子为目的，教师没有工资，跟社员一样记工分。

1980 年，开始建幼儿园，园舍条件有了很大变化，制定幼儿园卫生制度等相关管理制度，卫生条件大为改观，幼儿一人一杯子一毛巾。以后，随着村集体经济的发展，幼儿园的办园条件逐步改善，添置幼儿玩具和室外活动工具。1991 年后，幼儿教育管理由妇联部门转归教育部门，幼儿教育开始纳入全区教育事业范围，幼儿教育进入健康发展的新阶段。1992 年，周村区教育局对全区幼儿园进行登记、注册，对幼儿教师进行资格审定和职业培训，幼儿教育开始步入专业化发展轨道。进入 21 世纪之后，随着时代发展，简陋的教学设施已经不能满足幼儿园发展的需要，2006 年，结合社区旧村改造，社区投资新建正阳幼儿园。

正阳幼儿园

由桃园社区投资，2006 年 5 月开工建设，2007 年 5 月竣工。该园坐落于桃园社区正阳路路西，建设面积 5100 平方米，总投资 715 万元，占地 5650 平方米。幼儿园建成后由淄博市市直机关第二幼儿园负责管理。现有大、中、小、托 14 个教学班，在园幼儿 400 余人，教职工 59 人，是一所高起点、高标准的现代化幼儿园。

幼儿园环境优美，设施齐全，每个班级活动室面积达 100 多平方米，儿童桌椅及桌面玩具充满童趣；户外有 1000 多平方米的塑胶场地，200 多平方米的大型多功能玩具；600 多平方米的沙坑里配有进口木制玩具；还有戏水池、草坪、鹅卵石小路等。

开园后，幼儿园依托淄博市市直机关第二幼儿园 30 多年的办园历史和深厚的文化底蕴，坚持“发展幼儿、服务家长、成就教师”的办园宗旨，以“健康、快乐、创造，文明、睿智、自信”为培养目标，以科学的态度和精细化的管理，精心创设独具特色的园所环境，彰显正阳温馨、和谐、平等、尊重的园所文化；幼儿园拥有一支专业素质高、业务能力强的教师团队，10 余名教师先后获得淄博市教学能手、优秀教师、教学标兵、幼教新秀等荣誉称号，多名教师在淄博市幼儿教师综合素质大赛、优质课评选中获得一等奖。以主题和区域活动为基础课程，以早期阅

正阳幼儿园

2007 年 5 月 26 日，淄博市人大常委会副主任尚秋云（右二），市关工委原副主任、市人大常委会原副主任关玛莉（右一）考察正阳幼儿园

读和膳食营养为办园特色，开展家长助教、家长义工、体验式家长会等丰富多彩的家园活动。专业的教师团队，高水平的保教质量，赢得家长和社会的广泛认可，先后被评为山东省示范幼儿园、淄博市十佳幼儿园、淄博市学前教育先进单位、周村区安保工作先进单位、周村区卫生工作先进单位，并获餐饮服务安全等级 A 级称号，2013 年 1 月被评为山东省十佳幼儿园。幼儿园先后接待 2000 余人次参观学习，充分发挥了优质园的示范带动作用。

小学教育

原桃园村小学

尊师重教、崇文尚学是桃园村的优良传统。新中国成立前，村中建有私塾，先有梅姓、唐姓两位先生，后有郭勤义担任教师。抗日战争爆发后，社会处于战乱状态，教学秩序受到严重干扰，教学时断时续，后来被迫关闭。新中国成立后在村私塾原址建立桃园小学，吸收桃园村和小寨村学龄儿童，1985 年，桃园小学有教学班 3 个，在校学生 54 人，教师 6 人。1985 年暑假后，学校布局调整，村小学合并到西马小学。

成人教育

1949 年，桃园村青壮年农民文盲占同龄人口 50% 以上。1950 年，国家发出在全国农村开展农民业余教育的号召。1952 年，中央人民政府扫除文盲工作委员会号召全国农村利用冬季农闲季节组织男女青壮年成立速成识字班，要求每人认识 2000 字为摘掉文盲帽子。桃园村在区、乡扫盲干部指导下，本着自愿原则组建扫盲识字班。人民公社成立后，村内开办农民文化夜校，开展扫盲运动，主要动员

18 ~ 25 岁不识字或识 500 字以下青壮年文盲，采用速成识字法，从学习人、手、口、土、地等笔画较少和日常生产生活结合密切的简单汉字学起，兼学初级算术和珠算。采用汽灯照明，每天晚上学习 2 ~ 3 小时，坚持常年学习者 40 ~ 60 人，划分高、中、低 3 个班，采取复式教学法，由村小学教师轮流授课。实行弹性学习时间，农闲季节和雨雪天气学习课时增多，麦、秋农忙季节及春节放假，每年学习 9 个月左右。多数人经过近三年扫盲学习，凡坚持不中断学习的农民能认识 1000 ~ 1500 个常用字，少数达到 2000 字，能阅读通俗书报，写常用便条、收据等，有 53 人脱盲达到扫盲标准，接近或达到小学三、四年级语文水平。20 世纪 60 年代至 70 年代，没有参加正规学校教育的社员，随着区、公社组织的各类成人教育继续学习文化和专业知识。

1985 年，建立桃园村农民业余学校，继续进行扫盲和专业知识教育，期间有 35 名村民和村办企业职工依托成人学校、远程教育、中央农业广播学校周村分校，学习财务会计、企业管理、电工机械、纺织、服装缝纫和电脑知识等实用技术。村"两委"倡导多种途径进行农村实用技术培训，注重成功教育、养成教育和就业预备教育，涌现出一批有实践经验的实用技术人才。至 1988 年，桃园村提前达到扫除青壮年文盲评估标准，为社会和村办企业提供了后备力量。2007 年，在农家书屋安装远程教育设备 1 套，每月定期播放科普知识和实用技术。2015 年，为提升居民科学文化素质，投资 5 万元购置 8 台计算机，安装于职工文化中心，并全部接入互联网，供居民查阅资料，进行网上学习。

医疗卫生

合作医疗

新中国成立前，村庄医疗多以中医为主，西医很少，村民有大病需要到周村城里医院或教会医院治疗，小病多在村内由中医治疗。其中，毛文英的中医针灸小有名气。

20世纪70年代，实行合作医疗制度。合作医疗资金由生产大队和社员公共承担，社员交纳的合作医疗基金，可交现金，也可在年终生产收益分配时统一代扣。大队建立保健站，配备李宗莲、韩华2名赤脚医生，主要设备有听诊器、血压计、针管、诊断床等简单诊疗器械，并备有常用西药，后增加中医中药。医生劳动报酬由大队记工分，同工同酬。80年代，农村医疗形式发生变化，大队将保健站承包给村医，合作医疗实际停止。

卫生镇村一体化管理

1981年，淄博市统一将赤脚医生改为乡村医生，并由市卫生局组织统一考试，合格者颁发乡村医生合格证书，李宗莲、韩华均取得合格证书。1993年，按照全市统一部署，村保健站改称卫生室，实行镇村一体化管理，村办镇管，根据镇卫生院分工和要求，协助区、镇医疗卫生单位按规定完成各项卫生防疫任务，为广大居民提供医疗、康复、保健、预防和健康教育等服务，方便居民就医，满足社区居民就近看病的需求。初步实现居民小病不出社区、大病就近治疗的目标。

新型农村合作医疗

2003年起，淄博市开展新型农村合作医疗（简称“新农合”）试点工作，周村区被确定为淄博市的试点区县之一。新农合是适合中国国情和农村群众需要的新型农村合作医疗制度，它是由政府组织、引导、支持，农民自愿参加，个人、集体和政府各方筹资，以大病统筹为主的农民医疗互助共济制度。2004年，社区居民参加新农合实行个人自愿，个人、集体、政府三方出资，有部分居民参加。2007年起，全体居民全部参加新农合，按上级规定，当年人均筹资标准为60元，村民每年每人按20元标准，以户为单位筹集资金。经居委会研究，所需费用全部由社区承担。

桃园社区卫生室

桃园社区卫生室位于机场路1676号，社区卫生室功能定位是为辖区村民提供公共卫生服务及一般疾病的初级诊治等工作，是周村区卫生局批准的合法医疗机构、周村区人民医院社区医疗共建工程示范站、周村区村改居城镇居民医保定点门诊、儿童预防保健定点医疗机构，工作中坚持“安全、有效、便民”的服务理念，设有门诊室、治疗处置室、心电图室、输液室和药房，实用面积126平方米，布局合理；配有6511型心电图机、氧气瓶、雾化吸入器、TDP烤灯、身高体重计、高压消毒器、紫外线消毒器，基本医疗设备齐全，各项制度健全；现有执业医师、执业护士各1名，能够开展社区居民常见病、多发病的预防与诊治。

2012年开始，桃园社区卫生室实行国家基本药物制度、零差率销售，进一步减轻广大社区居民的看病费用负担。医护人员每年都参加周村区卫生局统一组织的常见病和多发病诊治、急诊急救、传染病监测与报告、公共卫生知识、中医药适宜技术推广、卫生相关法律法规等培训，其理论知识水平和服务能力得到了有效提高。

桃园社区卫生室按照要求认真开展国家基本公共卫生服务项目工作，为辖区常

桃园社区卫生室

住人口建立统一、规范的居民健康档案，对重要病人实行登记管理和定期随访，及时登记并报告辖区内发现的传染病病例和疑似病例。卫生室还设立健康知识教育宣传栏，并做到每2个月更新一次宣传内容，定期为辖区居民开展健康知识讲座；为适龄儿童接种国家免疫规划疫苗。社区卫生室发挥三级医疗网络网底作用，为社区医疗卫生事业做出了积极贡献。

桃园社区第二卫生室

桃园社区第二卫生室前身是1970年建立的桃园大队卫生室，是在原有10余平方米简陋平房，几乎没有医疗设备的基础上重建而成的。第二卫生室坚持为民服务、救死扶伤、实行人道主义宗旨，以病人为中心，强化内部管理，严格规章制度，在卫生、药检、物价、质检、民政、医保等部门的指导下，创新工作思路，认真探索为病人解除、减少痛苦的最佳方案。科学设计治疗计划，突出传统中医药、针灸、特医特色，努力减轻病人经济负担，取得了一定成绩，赢得社会和村民的广泛认可和良好口碑。

第二卫生室历经发展，现有床位5张，建筑面积88平方米，注册资金11万元。有副主任中医师1名，主管药师1名（特聘），主管护师1名（特聘）。配有德国产微波治疗机核心机件、美国产血糖监测仪、“神灯”、超声雾化器、针灸治疗仪、氧气瓶、柱式血压计、针灸针、针灸拔罐、温灸器、熏艾灸条盒、无烟艾柱等多种医疗器械、器材。2006年11月，经市区医保部门考察、审核，批准为全市医保刷卡定点门诊。2012年又被市医保部门审定为

桃园社区第二卫生室

全市慢性病联网报销定点单位，至2016年底，已签约慢性病人100余人，极大地方便了村民及周边人群及时就医。

第二卫生室有副主任中医师韩华坐诊。韩华毕业于山东中医药大学，曾就职于山东中医药大学附属医院、淄博市中医医院、雄鹰集团医院，任副主任中医师、副教授、健康养生保健专家、老年康复医学专家。参编中医著作2部，发表国家级医学论文10余篇，曾获“杏林杯”中华中老年优秀医学奖。2013年，经山东省卫生厅、省中医学管理局考察审核，批准韩华为山东省五级中医学师承教育项目第二批指导老师；2015年8月，淄博市卫生和计划生育委员会、淄博市人力资源和社会保障局、淄博市中医药管理局授予“淄博市基层名中医”称号。2017年5月山东省卫生计生委会、山东省人力资源和社会保障厅、山东省中医药管理局授予“山东省基层名中医”称号，是周村区唯一入选人选。

劳动就业

农业劳动

从建村到清朝末期，村民以从事农业劳动为主。自1904年周村开埠后，随着周村经济的繁荣，有部分村民开始从事工商业，但60%的村民还是从事农业劳动。新中国成立初期，实行土地改革，村民从事农业生产的积极性高涨，全村有农业劳动力120人。1956年社会主义改造基本完成，年老体弱的小摊贩歇业，其他工商业全部实行公私合营，除少部分人继续参加企业生产管理外，村民全都回村从事农业生产，有农业劳动力150人，约占全村劳动力的90%。人民公社建立以后，从事农业生产的劳动力达到170人。以后随着国家政策的逐渐放开，有部分村民开始从事村里的副业生产，但随着人口出生率的提高，农业劳动力还是在逐步增加，到1980年改革开放初期，达到285人，占全村总劳力的65%左右，是村庄历史上从事农业生产人数最多的时期，其他人员分别在村办、乡办企业从事生产劳动或个体经营。以后，随着国家政策的调整和工商服务业的发展，以及社区耕地逐年被政府储备，从事农业生产的人逐渐减少，到2016年底，还有50余人从事农业劳动。

新型就业

随着村改居，社区的土地逐步被政府收储，原来人少地多的情况逐步转化为人多地少，直至土地全部被政府储备，社区全部融入周村城区，居民完全失去土地。部分失去土地的居民没有生活来源，而且，由于商品房开发，许多不是社区的人也前来社区居住。随着改革开放和市场经济的发展，下岗职工和失业人员大量增加，给社区工作带来很大压力。另一方面，社区融入城市也提供了非常丰富的就业资源。社区治安、公共管理、环境管理与物业管理等，不但包含着管理性就业岗位，还可提供保安、保洁、绿化、保养等公益服务性岗位。此外，社区服务还包含政府导向的民政优抚、社会福利、社会救助和社会保险部门的延伸服务。像社区建立的老年公寓和幼儿园，托老、托幼、托病“三托”让不少下岗职工和失业人员有了新的工作。而且随着家庭小型化、住房单元化及生活节奏的加快，居民在吃、穿、住、行、娱乐、健身等方面的需求日益增长，也提供了送水、送报、家电维修、快餐、理发、家政等很多便民利民服务类岗位。面对压力和机遇，社区“两委”坚持实施扩大就业的发展战略，千方百计为劳动者创造就业机会、提供就业岗位，及时帮助零就业家庭解决就业困难，使所有有劳动能力和就业愿望的劳动者都能实现就业，使更多劳动者成为创业者，都能按照他们的贡献获得合理的劳动报酬。社区工作人员一户一户走访与回访，对失业人员的自然情况、从业经历、技能情况、就业

就业保障

愿望及家庭情况进行详细登记，创办社区创业就业服务站、巾帼再就业服务中心等服务平台，积极开展就业培训，提供就业信息。积极与驻地企业、单位等联系，牵线搭桥；通过发展壮大桃园花卉生态园等居委会自身企业；引入银座商城、齐纳国际影城等外来企业；通过与工商、税务部门协调，联系经营等形式，对失业人员进行多渠道、多形式安置，使社区有劳动能力的失业人员全部实现再就业。截至2016年底，社区居民除从事社区管理服务工作的人员外，有613人从事着机械加工、餐饮、美容、家政等工作。

社会保障

医疗保险

从2007年起，社区全面推进城镇医保工作，积极宣传城镇居民基本医疗保险政策，年满18周岁以上的社区居民每年由社区出资，全部加入城镇居民医疗保险。按照淄博市人民政府印发的《淄博市城镇居民基本医疗保险办法（试行）》规定：老年城镇居民按每人每年220元的标准筹集，其中，个人缴纳120元，政府补助100元；一般城镇居民按每人每年220元的标准筹集，其中，个人缴纳160元，政府补助60元。2014年1月，淄博市城镇居民基本医疗保险和新型农村合作医疗完成整合，社区居民全部参加城乡居民基本医疗保险制度。城镇居民缴费执行一类标准每人每年200元，基本医疗保险基金最高支付限额由18万元提高到20万元。在本年度首次住院的，按照一类标准缴费的，医疗费用起付标准分别为：一级医院100元、二级医院300元、三级医院700元。在一个年度内第二次住院的，起付标准减半，第三次住院的，取消起付线。起付标准以上至最高支付限额之间符合政策规定的住院医疗费用，实行基本药物制度的一级医院（社区卫生服务中心、镇卫生院）报销比例为85%，其他一级医院报销比例为75%，二级医院报销比例为70%，三级医院报销比例为55%；在一个年度内，门诊医疗费用起付标准为50元，参保人本年度内门诊统筹基金最高支付限额为900元，起付标准以上至最高支付限额之间符合政策规定的普通门诊统筹医疗费用，初次报销比例为 30%。以后缴费标准和最高支付限额逐年提高。

养老保障

20 世纪 90 年代，村小学搬迁后，在原来小学的基础上改建村敬老院，村“五保户”、孤寡老人入住。条件简陋，只能进行简单的饮食起居照顾。进入 21 世纪，社区“两委”大力倡导并千方百计提高居民福利待遇，全心全意为居民造福，逐步实现强居富民的目标。为提高老年人生活质量，社区组织老年人成立健身队、舞蹈队、“五老”志愿者活动队等，每年老人节召开座谈会、联欢会，丰富老年人的文

庆祝老人节座谈会

化生活；定期组织 60 周岁以上的老年人免费健康体检，让老年人及时了解自己的健康状况，同时也普及老年健康知识，做到无病早预防，有病早发现、早干预、早治疗；帮助部分老年人参加银铃安康工程，减轻子女负担；过生日的老人，社区给予每人 100 元的补助，“两委”成员不定期走访慰问，让老年人真切感受到社区对他们的关心和重视。

2011 年，社区利用区委、区政府给予的土地储备政策扶持，为全社区 1949 年以后出生的男性居民，1952 年以后出生的女性居民适龄的中年人共 370 人全部加入社会养老保险。社区按照每人 25100 元一次性为他们缴纳 10 年的养老保险金，由个人自交 5 年。是年，有 70 多人开始领取养老金。2012 年，达到退休年龄的居民每月领取 788 元的养老金，部分早退休的居民每月领到的退休金能达到 1000 元左右，每年领取取暖费 1100 元。截至 2016 年底，已有 80 余名居民开始领取职工养老金。2011 年始，社区对超龄不能加入社保的居民按每人每月 380 元标准发放养老金。2012 年共有老年人 111 名，60 岁以上 80 岁以下的每人每月养老金 400 元，80 周岁以上的每人每月发 450 元，共计 50 多万元。2013 年有老年人 109 名，60 岁以上 80 岁以下的老人每人每月养老金由 400 元涨至 500 元，80 周岁以上老人每人每月的发放标准由 450 元涨至 600 元，支付养老金 66 万多元。从 2014 年开始，统一发放标准。2014 年、2015 年有 60 岁以上老人 95 人，每人每月 800 元，每年发放养老金 91.2 万元；2016 年有 60 岁以上老人 93 人，每人每月 900 元，共发放养老金 100.44 万元。2014 年，投资 1100 万元建设的集文化、娱乐、休闲疗养于一体，特邀营养师、护理师、心理辅导师、医师作为老年人营养饮食和医疗保健顾问的“医护型”专业养老护理机构——桃园阳光家园老年公寓正式投入使用，真正实现老有所养。

领取福利、养老金

桃园阳光家园老年公寓

桃园阳光家园老年公寓是桃园社区居委会投资 1100 万元建成的高规格、高水准、现代化、绿色生态，集休闲疗养、文化娱乐于一体的专业养老生活园区，为不以盈利为目的的公益性养老服务机构。坐落于周村区机场路桃园小区，整栋公寓建筑面积达 8000 平方米，园内绿化面积达到 40% 以上，风景秀丽、环境优美，硬件设施按照星级宾馆标准建设而成，上下 7 层设计格局，共建高档套间、单人间、双人间、夫妻套间和多人间共 100 多个房间，不同标准的住宿条件为不同需求的老人提供了差异化选择和针对性服务，可同时容纳 300 余名老人居住，可入住自理、半自理及不能自理老人。

公寓配有康复中心、医疗服务中心、文化娱乐中心、健身房和餐饮服务中心、小型超市等完善的配套设施，开通医疗救护绿色通道，每周有呼吸、心血管、内分泌、糖尿病等老年病专家查房，专业的营养师和烹饪师根据老人的需求搭配饮食。专门聘请 20 多名有着多年丰富护理经验的护理工，由他们负责照顾老人们的饮食起居和日常生活，为老人提供贴心、及时、周到的服务，是颐养天年、休闲养老的

阳光家园老年公寓内景

理想胜地。在高标准配好硬件的同时，公寓更加注重的是“家风”的浓郁和良好的文化底蕴。为让老人住得放心、住得舒心，公寓从老年人的年龄、身体和生活特点进行精心规划设计，从无甲醛内饰涂料的选用到纯实木家具的选购，从大型医疗室可刷医保卡到邀请全国知名理疗按摩师、心理咨询师等等，公寓处处彰显着浓郁的人性关怀和人文情怀。此外，公寓还下大力气打造主题文化，一楼是臻善至诚的企业使命和愿景；二楼是“二十四孝”的布置设计，让人深深浸润在“孝”的浓郁文化氛围中；三楼突出“德”文化，重点弘扬中华民族的传统美德与懿行；四楼展现“义”；五楼六楼着重宣传健康常识。为丰富和满足老年人的精神文化生活，公寓组织成立了多种兴趣小组，让每位老人根据自己的爱好、兴趣参与文化学习、健身、唱歌、跳舞、书法等各种有益身心件看的活动，配备了 2 个健身娱乐室，内设麻将桌、各种棋类、按摩椅、按摩床、运动单车等娱乐设施，让老人们能够老有所居、居有所乐，使老人真正体会到家的温暖和温馨。2014 年 2 月，85 岁的张秀英老人第一个报名入住公寓。2014 年 4 月 1 日开始试营业，6 月 18 日正式营业。截至 2016 年底已入住老人 68 人。

9·9
金色老人节

周村区文化惠民敬老月活动慰问

热烈祝贺阳光家园
典仪式

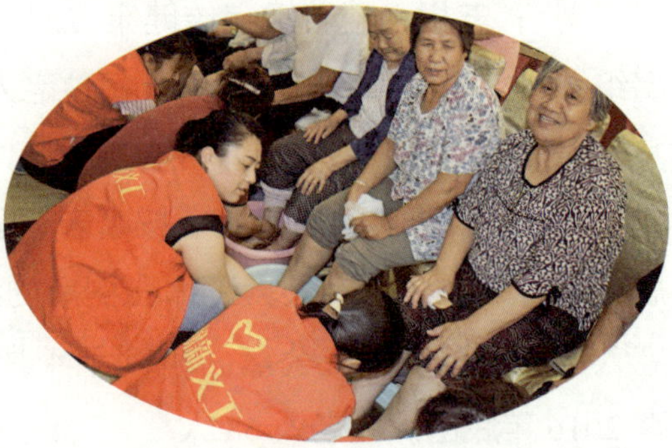

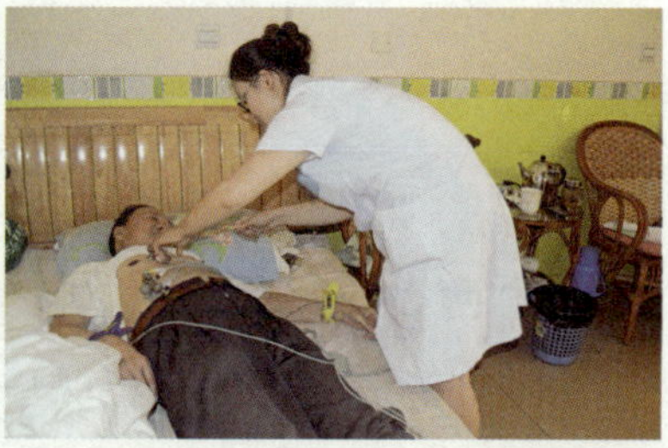

居民福利

改革开放前，实行集体经济，收入统一分配，除少数在集体副业和村办企业工作的人员发放劳保护品之外，村民没有其他福利待遇。改革开放后，村办企业由于效益差，村集体几乎没有收入，也无法给村民发放福利。2000 年后，政府在收储社区土地时返还部分出让金，村集体积累的逐渐增加，社区“两委”开始考虑为居民发放福利，起初仅限于春节，每家每户发米、面、油，数量也有限，以后逐年增加。2010 年后，每年三八妇女节、五一劳动节、中秋节、国庆节、重阳节、春节等重要节日都会为居民发钱分物，并在 60 岁以上老人生日时送去蛋糕和 100 元现金，老干部也根据不同程度从 2011 年开始每月发放 380 元老干部补助金，以后逐年提高。社区所发的福利待遇费从 2012 年的 90 多万元逐渐增加到 2016 年的 180 余万元。

扶危济困

社区“两委”关注五保户（五保即保吃、保穿、保住、保医、保葬）、残疾人、生活困难等弱势群体。五保户免费入住阳光家园老年公寓；残疾人根据残疾程度不同从2011年开始每月发给60元补助金，以后逐年提高，有劳动能力的社区出面协调就近安排适当的工作。春节期间上门慰问社区困难党员、困难群众，平时对生活困难、年老及体弱多病的党员进行慰问，春节、七一等节日送去慰问金。做好精准扶贫工作，配合帮扶单位——周村区人民法院对社区内3户低保户进行有效帮扶，2016年均实现脱贫。对低保户实行动态管理，2016年认定城市低保户5户、农村低保户3户，为新增的2户困难居民分别申请了城市低保和农村低保，确保实现动态管理下的“应保尽保，应退即退”。

优抚安置

新中国成立后至互助组、高级社时期，对烈军属采取帮工、派人上门做家务的方式进行照顾。人民公社化时期，春秋两季对烈军属补贴工日、粮食，每逢春节，大队干部带上春联、1～1.5公斤猪肉上门慰问。20世纪80年代中期，对烈军属采取给予适当补助金的方式予以照顾。对于退伍军人，在能力范围内，积极安置，村办企业及社区内的单位优先接收，保证其生活不低于一般居民水平。每年“八一”前夕都召开烈军属、退伍军人座谈会，并发放纪念品表示慰问。

爱心互助

2007年，为构建“大家庭式”的爱心互助模式，社区“两委”倡议并成立社区爱心互助协会，协会以“友爱、互助、自愿、无偿、奉献”为宗旨，对身患重病、残疾孤寡等生活困难群众给予帮助。2008年为汶川地震灾区捐款11万元。10年来，先后组织95人次义务献血20000毫升，“慈心一日捐”捐款73万余元.做好特困户重大疾病医疗救助工作，通过各种渠道宣传国家大病救助政策，及时掌握低保对象和医疗救助对象的信息，2016 年，为长期生病的 3 户居民申请大病救助金，解决他们生活中的实际困难。认真执行城市低收入家庭廉租住房补贴制度，对社区内申请保障性住房户入户调查，建立廉租住房台账，为 1 户符合申请廉租住房的家庭办理廉租房补助。

阳光家园老年公寓

桃园社区志

TAOYUANSHEQUZHI

党群组织

DANGQUNZUZHI

解放战争中，村民组织妇救会开展支前。新中国成立后，在中国共产党和人民政府的领导下，成立党支部、共青团组织和妇女组织，带领村民开展生产和思想教育活动。中共十八大后，桃园社区“两委”以习近平系列讲话为指导，在上级党委的领导下，贯彻落实“五位一体”总体布局（经济建设、政治建设、文化建设、社会建设、生态文明建设）和“创新、协调、绿色、开放、共享”发展理念，以发展社区服务为龙头，健全管理体制，完善工作机制，积极开展文明创建活动，开设道德讲堂，实施四德工程，培育和践行社会主义核心价值观，开展生态文明建设，倡导志愿服务，发挥社区“五老”志愿者的作用，关心下一代的成长，积极帮扶困难家庭和流动人口未成年子女，社区精神风貌焕然一新，2016年度被表彰为淄博市文明社区。

2015年11月社区两委成员及工作人员合影
前排左起：耿庆春　吴振南　毛执民　张文革　毛　兵
后排左起：张凤云　刘　辉　张秀花　孙淑霞　王　瑾

中共社区组织

组织沿革

新中国成立初期，桃园村隶属长山县三区，1956 年长山县撤销，桃园村划归邹平县，由于村庄只有 2 名党员，一直没有建立党组织。1958 年，随南阎公社划归周村区。随着党员人数逐步增加，1960 年桃园村建立党支部，称中共周村区南阎公社桃园村支部委员会。以后又改称桃园大队革命委员会、桃园大队党支部委员会。1984 年 5 月，政社分开，改称中共南阎乡桃园村支部委员会。1989 年 9 月，改称中共南阎镇桃园村支部委员会。1999 年 8 月，桃园村由南阎镇划归周村镇，随后又划归为青年路街道办事处，党组织改称中共青年路街道办事处桃园村支部委员会。2003 年，实行村改居，党组织改称中共青年路街道办事处桃园社区支部委员会。2005 年改建为桃园社区党总支委员会，下设 3 个党支部。2009 年，党支部调整为 5 个。

桃园历任党组织负责人

1960 年至 1970 年	党支部书记	张安义
1973 年至 1977 年 11 月	党支部书记	张安义
	党支部书记 副书记	王贻水
1977 年 11 月至 1979 年 3 月	党支部书记	张文禄
1981 年 12 月至 1982 年 8 月	党支部书记	韩福祥
1982 年 8 月至 1987 年 8 月	党支部书记	王贻水
1987 年 8 月至 2000 年 12 月	党支部书记	毛执平
2001 年 1 月至 2003 年 12 月	党支部副书记	毛执民
2005 年 4 月起	党总支书记	毛执民

注：由于桃园村1958年前先后隶属长山县、邹平县，档案资料已无从考察；1958年至改革开放前，因“文化大革命”等历史原因，村党组织处于瘫痪或半瘫痪状态，相关负责人任职情况根据有关人员回忆和周村区档案局相关资料整理；其他间断阶段因各种原因，党组织负责人由公社、乡（镇）、办事处委派干部代理。

2014年10月29日，社区党总支换届选举

2012年，为拓展区直机关在职党员服务群众、服务社区、服务社会渠道，促进周村区机关工委与社区的共建共联，周村区委组织部组织开展以服务基层、服务群众为内容的“在职党员进社区”活动，在桃园社区居住的116名区直机关在职党

区直机关在职党员党支部成立

员陆续到桃园社区报到。2012 年 10 月 13 日，经桃园社区区直机关在职党员民主选举，报街道党工委批准，成立区直机关在职党员桃园社区党支部。共青团周村区委书记曹培娜为支部书记，周村区农机局主任科员吕允平、周村区公安分局主任科员梁军、周村区教体局校管办主任韩伟、《今日周村》社会部主任王娟为支部委员。

党员队伍

1949 年 2 月，村民李成修加入中国共产党，成为桃园村第一位中国共产党党员。新中国成立初期，有李成修、宋玉山 2 名党员。合作社时期有党员 6 人，人民公社化后发展到 8 人。“文化大革命”期间，党组织受到冲击，党员组织生活被迫停止，党组织发展和党员的吸收也受到很大影响。中共十一届三中全会后恢复健康发展，改革开放初期有党员 10 人。

1989 年开始，为保证新发展党员的质量，实行入党积极分子教育培训制度，培训时间为 5 ～ 7 天（或不少于 40 个学时）。1990 年开始，发展新党员实行组织员谈话制度。即在纳新党员所在支部表决同意后，党委审批前，上级党组织派组织员与发展对象谈话。2000 年 3 月开始，发展党员实行公示制度，在召开支部大会讨论是否接收为预备党员前，将发展对象的基本情况在一定范围内公示，公示时间一般为 7 天，以加强对发展党员工作的监督，减少工作中的失察和失误。随着社区经

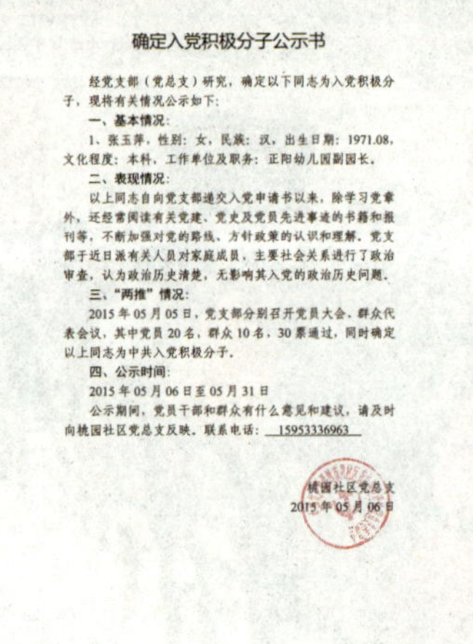

确定入党积极分子公示书

经党支部（党总支）研究，确定以下同志为入党积极分子，现将有关情况公示如下：

一、基本情况：

1、张玉萍，性别：女，民族：汉，出生日期：1971.08，文化程度：本科，工作单位及职务：正阳幼儿园副园长。

二、表现情况：

以上同志自向党支部递交入党申请书以来，除学习党章外，还经常阅读有关党建、党史及党员先进事迹的书籍和报刊等，不断加强对党的路线、方针政策的认识和理解。党支部于近日派有关人员对家庭成员、主要社会关系进行了政治审查，认为政治历史清楚，无影响其入党的政治历史问题。

三、“两推”情况：

2015 年 05 月 05 日，党支部分别召开党员大会、群众代表会议，其中党员 20 名，群众 10 名，30 票通过，同时确定以上同志为中共入党积极分子。

四、公示时间：

2015 年 05 月 06 日至 05 月 31 日

公示期间，党员干部和群众有什么意见和建议，请及时向桃园社区党总支反映。联系电话：15953336963

桃园社区党总支

2015 年 05 月 06 日

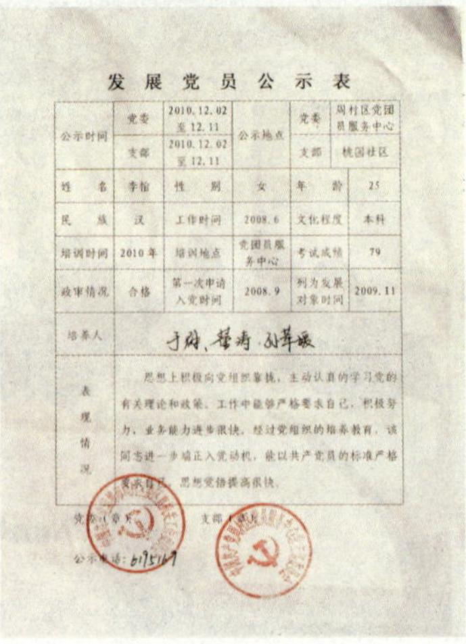

发 展 党 员 公 示 表

公示时间	党委	2010.12.02 至 12.11	公示地点	党委	周村区党团员服务中心
	支部	2010.12.02 至 12.11		支部	桃园社区
姓名	李怡	性别	女	年龄	25
民族	汉	工作时间	2008.6	文化程度	本科
培训时间	2010 年	培训地点	党团员服务中心	考试成绩	79
政审情况	合格	第一次申请入党时间	2008.9	列为发展对象时间	2009.11
培养人	[illegible]				
表现情况	思想上积极向党组织靠拢，主动认真的学习党的有关理论和政策。工作中能够严格要求自己，积极努力，业务能力进步很快。经过党组织的培养教育，该同志进一步端正入党动机，能以共产党员的标准严格要求自己，思想觉悟提高很快。				

党委（章）　支部（章）

公示电话：6175169

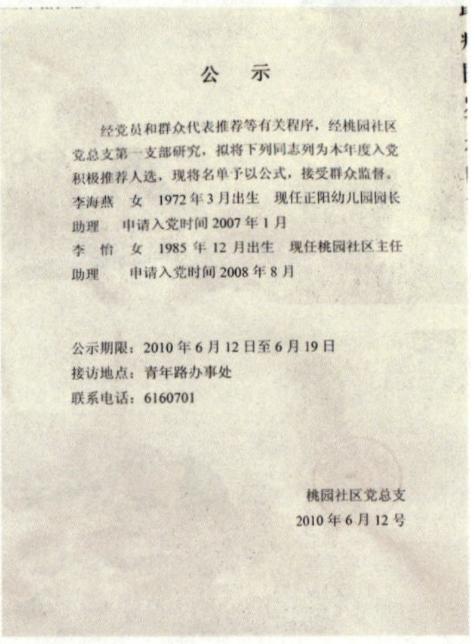

公　示

经党员和群众代表推荐等有关程序，经桃园社区党总支第一支部研究，拟将下列同志列为本年度入党积极推荐人选，现将名单予以公式，接受群众监督。

李海燕　女　1972 年 3 月出生　现任正阳幼儿园园长助理　申请入党时间 2007 年 1 月

李　怡　女　1985 年 12 月出生　现任桃园社区主任助理　申请入党时间 2008 年 8 月

公示期限：2010 年 6 月 12 日至 6 月 19 日

接访地点：青年路办事处

联系电话：6160701

桃园社区党总支

2010 年 6 月 12 号

组织发展公示材料

济的发展和服务范围的不断延伸，居民的福利待遇、物质文化生活不断提高，党组织的向心力、凝聚力不断增强，党员队伍不断发展壮大。截至 2016 年 12 月，社区共有直属党员 100 名。

2016 年底桃园社区党员花名册

表 4

序号	姓名	性别	出生年月	入党时间	序号	姓名	性别	出生年月	入党时间
1	李成修	男	1930.2	1949.2	24	毛执平	男	1945.2	1983.6
2	苏文琴	女	1928.9	1949.3	25	杨桂云	女	1958.7	1983.12
3	司志禄	男	1934.1	1956.10	26	孙即芹	女	1952.11	1984.10
4	耿佃兴	男	1935.11	1960.3	27	李玉伟	男	1957.9	1985.4
5	孙洪滨	男	1931.12	1961.4	28	孙明芳	女	1962.11	1985.8
6	袭建楹	男	1938.12	1964.5	29	郭保三	男	1923.10	1985.12
7	牛汝海	男	1943.3	1965.1	30	李宗莲	女	1942.11	1985.12
8	李执美	女	1946.5	1965.4	31	吴成起	男	1948.12	1986.5
9	聂启华	男	1941.5	1965.7	32	毛执民	男	1951.5	1986.5
10	高爱美	女	1949.4	1966.4	33	岳兴华	男	1954.2	1986.7
11	聂启荣	男	1935.10	1970.2	34	王永新	男	1959.1	1986.7
12	牛如江	男	1947.2	1970.11	35	燕明德	男	1948.12	1986.12
13	李克悌	男	1942.12	1970.12	36	吴振南	男	1950.11	1986.12
14	吴成水	男	1952.2	1973.4	37	李学文	男	1962.12	1987.6
15	徐洪芝	女	1949.12	1975.6	38	毛玉祥	男	1956.12	1988.5
16	陈莉萍	女	1954.9	1975.7	39	毛玉华	男	1964.7	1988.7
17	牛如水	男	1954.7	1975.8	40	冯剑平	男	1966.9	1988.7
18	李淑华	女	1944.11	1976.6	41	宫 强	男	1968.6	1988.7
19	毛秀清	女	1949.1	1976.7	42	吴成新	男	1968.11	1989.5
20	王访华	女	1957.3	1976.12	43	毛玉怀	男	1953.12	1989.07
21	韩 华	男	1956.12	1979.11	44	吕成恩	男	1959.7	1989.11
22	宋兆荣	男	1958.12	1981.5	45	张文革	男	1967.1	1991.6
23	董 光	男	1960.9	1982.5	46	吕厥文	男	1957.1	1992.6

续表

序号	姓名	性别	出生年月	入党时间	序号	姓名	性别	出生年月	入党时间
47	于荣铭	男	1957.12	1992.6	74	毛其华	男	1954.1	2007.6
48	马　波	男	1972.4	1992.9	75	张凤云	女	1986.1	2007.7
49	张瑞红	男	1968.10	1993.1	76	高秀芝	女	1962.11	2007.12
50	梁　勋	男	1972.11	1993.7	77	王涣霖	男	1986.11	2007.12
51	石红星	女	1963.8	1994.7	78	张　璐	男	1987.5	2008
52	李新民	女	1961.11	1995.6	79	孙晓涛	男	1988.3	2008.1
53	孙即龙	男	1951.3	1995.12	80	毛仲强	男	1965.6	2008.6
54	牛　刚	男	1969.7	1995.12	81	赵传华	女	1978.4	2008.6
55	张秀花	女	1950.1	1996.5	82	孙晓涛	男	1988.3	2008.1
56	田茂利	男	1951.11	1996.7	83	毛　兵	男	1979.10	2009.6
57	吕冬梅	女	1973.1	1997.5	84	郭茜茜	女	1985.11	2010.4
58	毛　健	男	1970.10	1997.7	85	吴海峰	男	1986.4	2010.5
59	黄程军	男	1973.4	1997.9	86	李海燕	女	1972.3	2010.6
60	高庆峰	男	1976.12	1997.10	87	王韵琨	女	1990.8	2010.11
61	纪淑慧	女	1955.10	1998.7	88	张天宇	女	1989.10	2011.2
62	吕志良	男	1977.7	1998.12	89	杨海枫	男	1991.7	2011.5
63	李诚洁	男	1978.5	2001.5	90	王玉凤	女	1971.2	2011.7
64	郭法亮	男	1957.8	2002.6	91	孙国栋	男	1986.10	2011.8
65	耿庆春	男	1962.9	2002.7	92	李　宁	男	1988.9	2011.11
66	王　颖	男	1963.11	2002.7	93	刘　鹏	男	1991.1	2011.11
67	朱玉强	男	1971.7	2004.12	94	薛玲珺	女	1993.5	2012.6
68	陈　煊	女	1974.12	2005.6	95	聂　鑫	男	1974.11	2012.7
69	田　辉	女	1982.2	2005.7	96	王　培	男	1982.6	2012.7
70	吴心鹏	男	1981.11	2005.11	97	焦仁伟	男	1983.11	2012.7
71	李　强	男	1977.10	2006.1	98	王丽丽	女	1966.12	2013.7
72	李　云	女	1975.5	2006.6	99	刘　陆	男	1994.5	2014.5
73	张　红	女	1968.3	2006.12	100	孙淑霞	女	1969.12	2014.11

规章制度

桃园村建立党组织后，重视从制度上加强党的建设。2005 年建立社区党总支委员会，党员队伍逐渐年轻化、知识化，党建工作也不断实现制度化、规范化，党总支始终围绕服务社区抓党建、抓好党建促发展，不断开创党建工作新局面。

进入 21 世纪，社区党总支根据上级党组织的要求，围绕社区党建及服务工作，修订完善《“三会一课”制度》《党员活动日制度》《党员联系户制度》《党总支学习制度》《党总支议事制度》《党总支廉洁勤政制度》《党务公开制度》《党员年度目标考核制度》《党内监督制度》《民主生活会制度》《民主评议党员制度》《党员活动室管理制度》《党总支议事制度》《党总支（支部）集体领导与个人分工负责制度》《预备党员培养考察制度》《发展党员制度》等党内活动制度，坚持“三会一课”制度，加强党员目标化管理，各种学习活动组织有序、记录齐全，并定期或不定期组织检查，及时通报情况，发挥党组织的战斗堡垒作用，使每名党员做到严格自律，时时处处起到模范带头作用，有力促进党建工作的开展，为全面落实好各项工作、构建

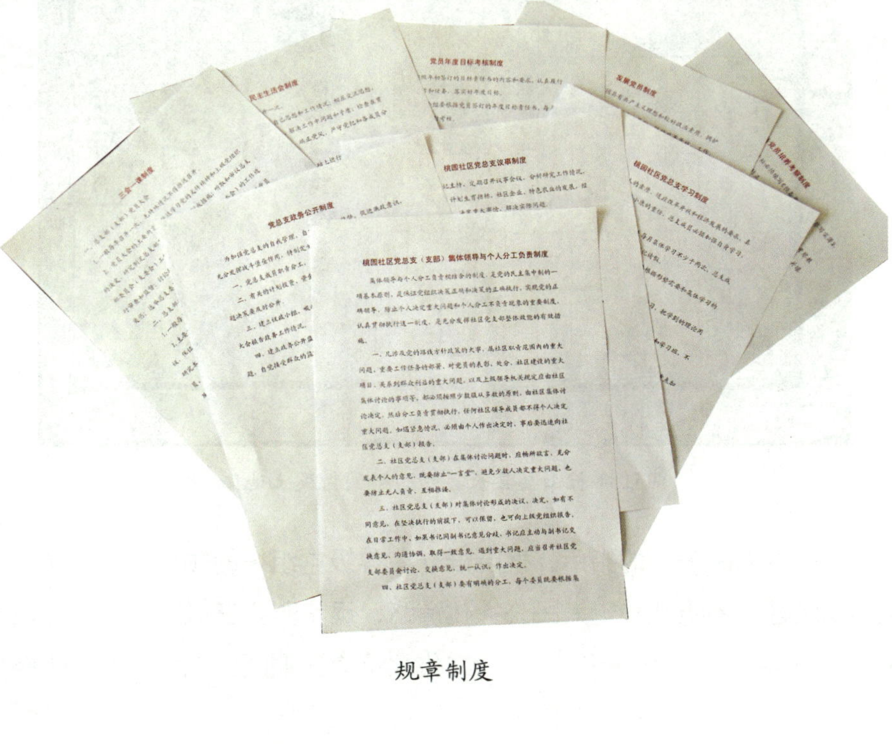

规章制度

和谐桃园提供重要的政治保证和组织保证。

党的工作

新中国成立前，桃园村在中国共产党的领导下组建妇救会、儿童团，秘密组织革命活动，组织宣传发动群众，开展抗日、反奸诉苦、减租减息和土地改革运动，带领群众斗地主、分田地，实现“耕者有其田”。1953年起，根据中共中央关于农

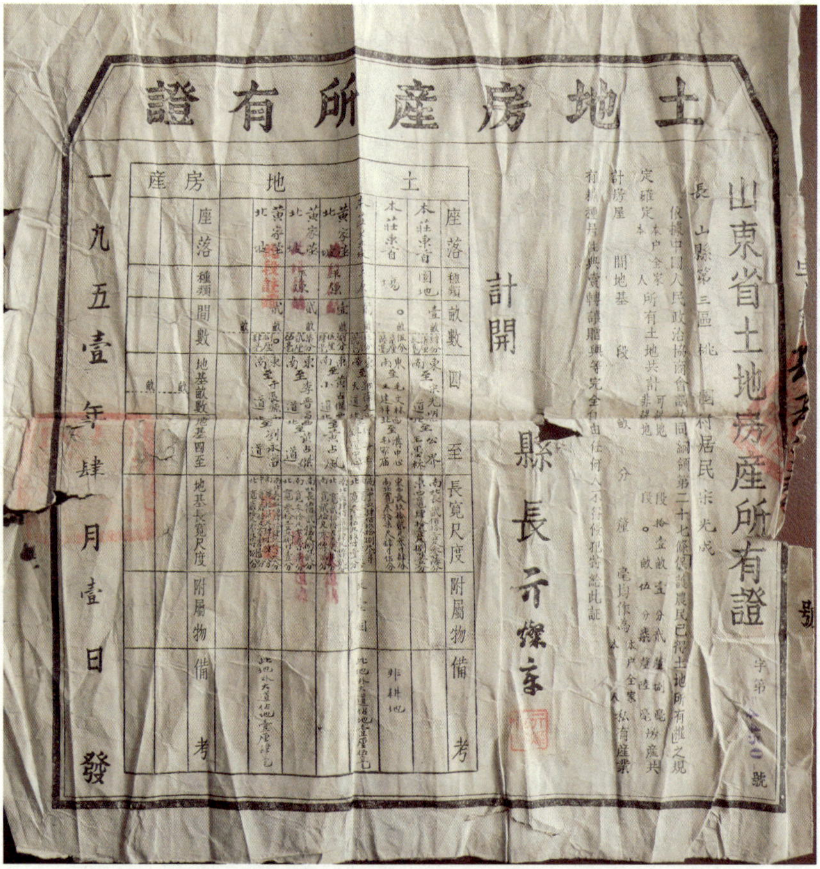

1951年长山县县长签发的桃园村民土地证

业合作化和建立人民公社的指示，桃园群众在各级党组织的领导下，组建农业生产互助组、初级社、高级社和走人民公社化道路，逐步落实三级所有、队为基础的管理体制。1966年5月至1976年10月“文化大革命”期间，党组织处于瘫痪和半瘫

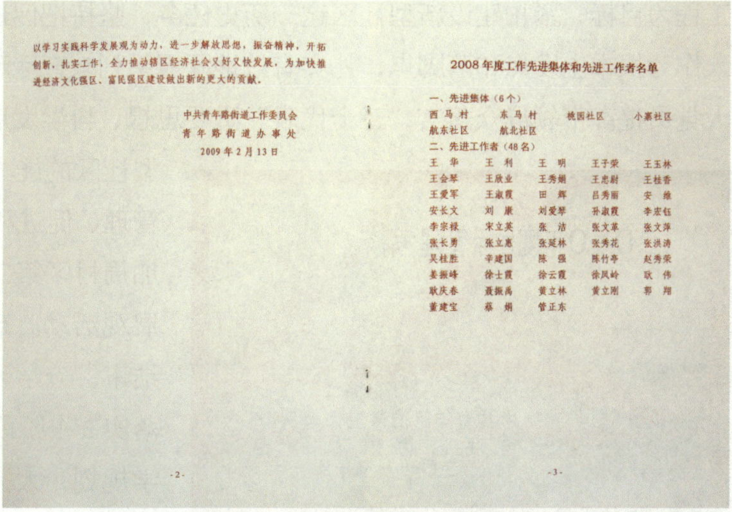

以学习实践科学发展观为动力，进一步解放思想，振奋精神，开拓创新，扎实工作，全力推动辖区经济社会又好又快发展，为加快推进经济文化强区、富民强区建设做出新的更大的贡献。

中共青年路街道工作委员会
青年路街道办事处
2009年2月13日

-2-

2008年度工作先进集体和先进工作者名单

一、先进集体（6个）

西马村	东马村	桃园社区	小寨社区	
航东社区	航北社区			

二、先进工作者（48名）

王华	王利	王明	王子荣	王玉林
王会琴	王欣业	王秀娟	王忠尉	王桂香
王爱军	王淑霞	田辉	吕秀丽	安维
安长文	刘康	刘爱琴	孙淑霞	李宏钰
李宗禄	宋立英	张洁	张文革	张文萍
张长勇	张立惠	张延林	张秀花	张洪涛
吴桂胜	辛建国	陈强	陈竹亭	赵秀荣
姜振峰	徐士霞	徐云霞	徐凤岭	耿伟
耿庆春	聂振禹	黄立林	黄立刚	郭翔
董建宝	蔡娟	管正东		

-3-

瘓状态，但他们仍通过参加集体生产劳动等渠道，发挥模范带头作用。

20世纪80至90年代，组织党员学习开展“学党章、正党风”教育、社会主义思想教育、反腐防变教育、向孔繁森、王廷江、韩素云学习、建设有中国特色社会主义理论教育、党员“十带头”、“自查强素质，自纠树形象”思想作风整顿等活动。通过教育，进一步加深对党的富民政策的认识，坚定走社会主义道路的信心，增强党的战斗力，对推动经济发展发挥了重要作用。2001年，开展“三个代表”重要思想学习教育活动。紧紧围绕干部受教育、群众得实惠这条主线，促工作、促发展，为群众办实事、好事。党支部书记毛执民自上任以来，置换掉自己的公司，将全部身心和精力投入到社区工作中，健全制度，完善管理，责权分明，奖惩严明，狠抓各项工作任务的落实，社区集体收入和居民收入不断增加。

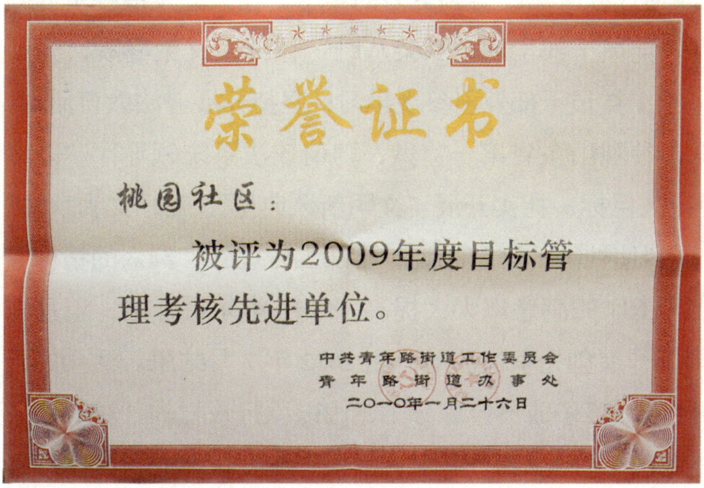

2005年，开展保持共产党员先进性教育活动，活动经过学习动员、分析评议、整改提高三个阶段历时半年多，到2006年7月结束。社区党总支紧紧围绕提高党员素质、加强基层组织、服务人民群众、促进各项工作和建设群众满意

工程为目标，紧扣建设新型社区这一历史任务，坚持把促进社区建设、提高居民收入作为根本出发点和落脚点，扎实有效地开展系列教育活动，引导基层党组织和广大党员提高带领群众落实“三个代表”重要思想、科学发展观的能力，增强建设新

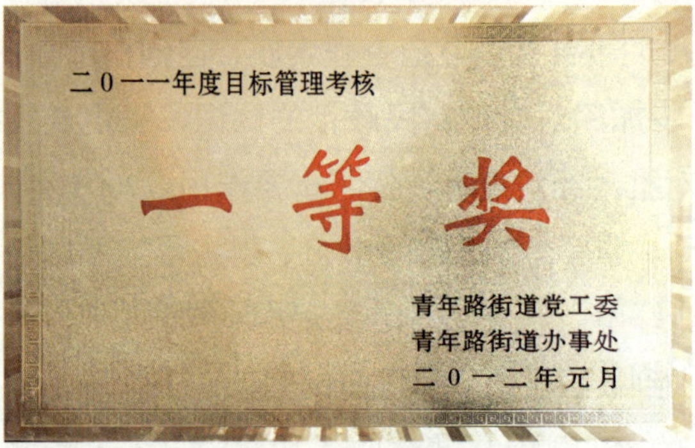

型社区的能力，争当强居富民、规范管理、促进和谐的表率。2009 年，参加周村区第二批深入学习实践科学发展观活动。活动自 3 月开始，至 8 月结束，分学习调研、分析检查、整改落实 3 个阶段、11 个环节，围绕“科学规划，大力发展集体经济，增加农民收入”主题展开。通过走访、座谈、书面征询等方式，征集社区不同群体的意见和建议，确定社区工作重点：一是兴办市场。结合桃园社区实际，确定“退二进三，兴办市场，发展社区级经济”的工作思路，重点抓好桃园科技花卉生态园的生产经营，生态大酒店二期工程建设等；二是投资 800 万元，重点抓好桃园社区敬老院建设、运营及管理；三是抓好机场路以北旧社区改造工程，通过旧社区改造让社区居民得到更多的实惠。在大力发展经济的同时，注重创新活动载体。组织党员干部学习“八荣八耻”社会主义荣辱观，开展“知荣耻，树新风”大讨论；组织党员干部外出参观学习；坚持开展普法教育活动，组织党员干部学习法律知识，参观山东省第一监狱，聘请政法系统领导作“以案释法”讲座；围绕创建文明社区目标，扎实开展“文明新风典型”“五好文明家庭”等文明创建活动。活动的开展，使社区的区容区貌、干部工作理念、群众的精神面貌发生巨大变化，群众对社区工作的满意率大大提高。2010 年 4 月开始，着重围绕迎接中国共产党成立 90 周年开展创先争优活动，到 2012 年 7 月结束。活动的开展，加强了社区党组织班子建设，班子成员合理分工，由以原行政村的“块”为主向以社区工作的“条”为主转变；进一步健全完善社区工作制度，建立社区干部集

中办公、定期学习、轮流值班制度，进行定期学习，每天社区干部轮流值班。健全完善社区居民代表会议、“两委”议事决策、财务管理和民主公开等制度，保证社区运行和村级事务管理的规范有序。2010年社区被评为青年路街道目标管理考核先进单位，毛执民、吴振南、耿庆春、田茂利、张文革、郭法亮、张秀华、李执美、田辉被青年路街道党工委评为优秀党员，第二党支部被评为街道先进基层党组织；2011年社区年获青年路街道目标管理考核一等奖。2012年，开展“基层组织建设年”活动。按照上级统一部署，结合社区实际，认真落实社区“三基本”(基本保障、基本服务、基本制度)要求，深入推进“511”社区党建服务模式（即服务老党员、居家老人、失业人员、经营业户、困难群众5个重点群体、建立一套统筹社区资源工作机制、建设一处规范化社区场所）建设，整合社区各类资源，创新工作方式，组建“社区党总支—楼院党支部(党小组)—党员中心户”社区党建三级网络体系，推行网络化管理、组团式服务。在社区居住的116名区直机关在职党员全部到社区报到。加强社区办公场所建设，增配计算机3台，添加会议桌等办公用品，优化办公环境；构建“15分钟社区服务圈”，将辖区家政服务、便民超市、医疗卫生服务中心等机构吸收为社区服务网点，为社区居民提供方便快捷服务。截至2012年底，驻社区单位为社区发展提供政策帮扶10余项、技术支持30余次，设立社区活动场所和便民服务设施2处。呈现出“社区建设，党员主动出谋划策；邻里纠纷，党员主动协调解决；公益服务，党员主动带头示范；社情民意，党员及时收集反馈”的良好氛围，树立党员的良好形象，提升党组织的地位。获“周村区经济二十强村（居）”“青年路街道目标管理优秀单位”称号。区委书记韩昆山在全区会议上提出“城区学桃园、农村学北旺”的号召。

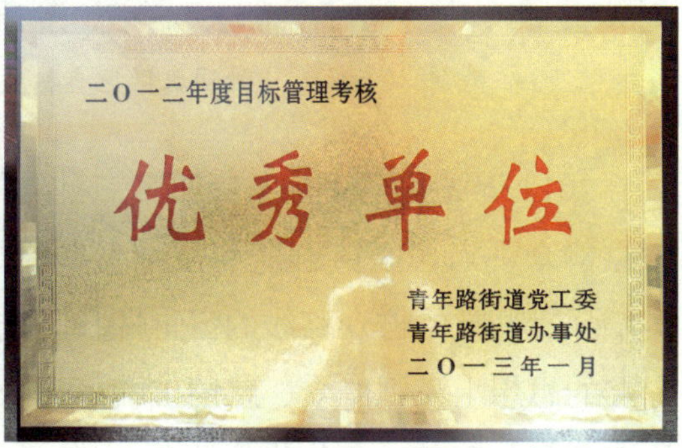

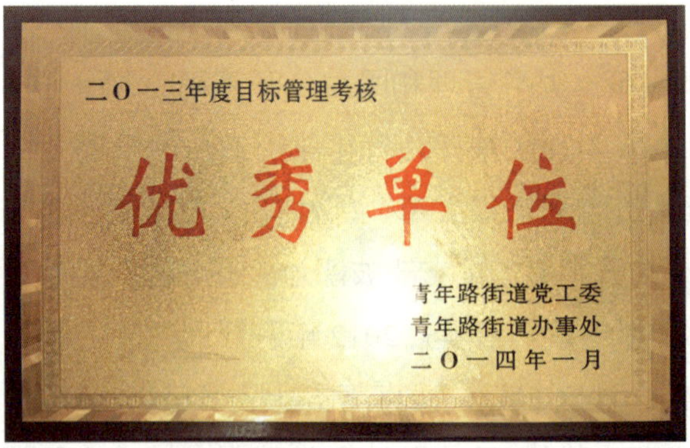

2012年10月，周村区委组织部、周村区机关工委组织开展以服务基层、服务群众为内容的“在职党员进社区”活动，在桃园社区居住的116名区直机关在职党员积极融入社区，亮身份、树形象、作表率，结合自身工作特点，认领不同岗位，争当为民服务志愿者，参与各种各样服务社区的活动，为推进社区党建与文明和谐社区建设做出积极贡献。2013年，组织党员学习中共十八届三中全会精神，社区党总支从抓班子入手，用党建带社建，加强党支部的战斗堡垒作用，有效提高班子的凝聚力、战斗力，形成强有力的领导核心。是年，获青年路街道目标管理考核优秀单位称号。

桃园社区区直机关在职党员义务劳动

2014年3月至9月，参加第二批党的群众路线教育实践活动，广大党员干部树立群众观点，坚持群众利益无小事，把群众满意作为检验工作的第一标准，切实增强贯彻党的群众路线的自觉性和坚定性。建立社区为民服务窗口，解决队伍中存在的思想上漠视群众、感情上疏远群众、工作上脱离群众的问题，从群众生活中汲取智慧和营养，工作作风不断改进。2015年，社区党总支围绕“创建和谐社会，争创文明社区，共建美好家园”总体目标深入开展党的群众路线教育实践活动，吸纳 1 名发展对象为预备党员，1 名预备党员按期转正。构建以网格化为基础的区域化社区党建工作格局，成立以网格化为单位的党支部，在网格中有针对性地开展活动。社区党员在社区建设中，以社区为家，在各方面发挥骨干带头作用，党员的先锋模范作用在社区精神文明建设的具体活动中，得到充分体现。

党的群众路线教育实践活动

党的群众路线教育实践活动成果

毛执民书记上党课

党员领取党章党徽

党员接受党史国史教育

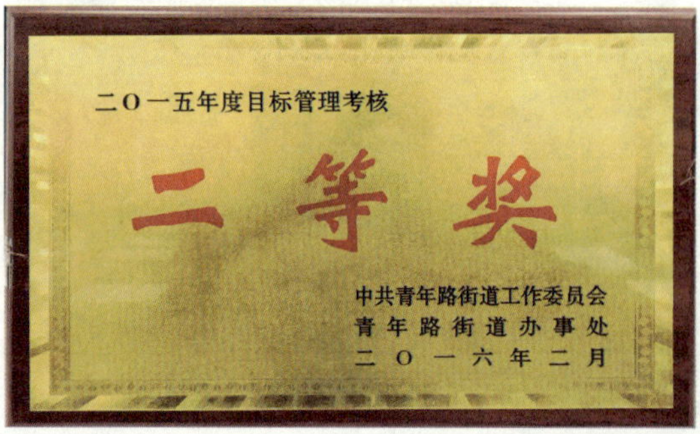

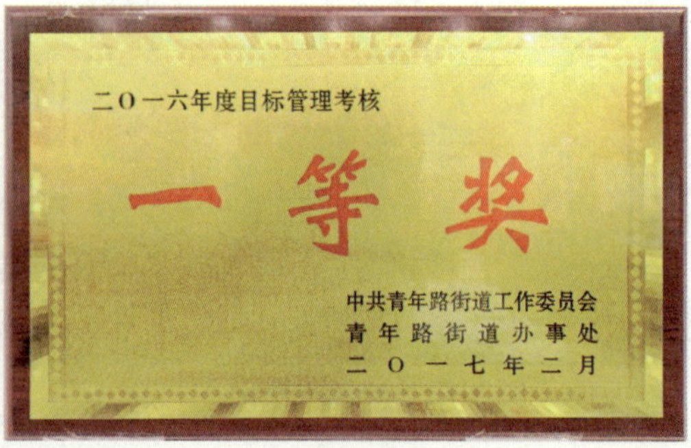

2016 年 5 月初，组织开展“学党章党规、学系列讲话，做合格党员”“两学一做”学习教育。班子成员带头学、带头做。2016 年 6 月 20 日，社区党总支书记毛执民结合自身的学习体会为全体党员上党课。7 月 29 日社区党总支组织 5 个党支部换届选举并顺利完成。与此同时社区开展党员党费缴纳情况核查，共计收到补交党费 35024 元，全部上交街道党工委。组织党员到周村区党史国史教育馆参观学习、集体收看现代远程教育专题展播。2016 年各支部共组织党员集中学习 16 次，开展谈心交心活动 85 人次，并召开了高质量的组织生活会。

群团组织

共青团

1956 年，中国新民主主义青年团桃园村支部建立。1957 年，改称中国共产主义青年团桃园村支部。1958 年称桃园大队团支部，1984 年队改村后称桃园村团支部。1999 年 8 月，建立共青团桃园村总支部委员会。

新中国成立初期，团员青年响应党的号召，带头走合作化道路。20 世纪 60 年代初，通过学习毛主席著作和开展向雷锋同志学习活动，团员青年的思想觉悟有了很大提高。1964 年，团支部带领广大团员青年积极响应毛主席“农业学大寨”的号召，大搞农田水利基本建设，整地改土，成为农业学大寨的一支生力军。“文化大革命”中，绝大多数团员青年，按时参加集体生产劳动。中共十一届三中全会后，团支部积极协助村“两委”落实生产责任制，促进经济发展。建立健全岗位职责、团的“三会一课”、团员证年度注册等规章制度；根据青年特点，开展系列有意义的活动。对团员青年进行爱国主义、社会主义和革命传统教育，提高广大团员青年的革命斗志。组织团员青年开展“五讲、四美、三热爱”活动（讲文明、讲礼貌、讲卫生、讲秩序、讲道德、心灵美、语言美、行为美、环境美、热爱共产党、热爱祖国、热爱社会主义）。开展“四有”（有理想、有道德、有文化、有纪律）教育，带领广大团员青年争做“四有”新人，争做“新长征突击手”。组织开展“向孔繁森学习”的活动，学习孔繁森全心全意为人民服务的高贵品质，要求团员青年在进行两个文明建设中起模范带头作用。1999 年 8 月，团总支建立，工作有新的起色。在抗洪救灾、“4・28”特大铁路交通事故、四川汶川地震、青海玉树地震、云南鲁甸地震等重大灾害中，全体团员青年积极捐款捐物，支援灾区。团总支在桃园党支部、党总支的领导下，组织团员青年努力学习毛泽东思想、邓小平理论、“三个代表”重要思想和科学发展观，学习习近平同志系列讲话，认真开展青年团员“一学一做”学习教育，解放思想，实事求是，真抓实干，积极组织系列文体活动，为桃园社区致富奔康贡献力量。2013 年，田辉、毛兵当选为共青团周村区第十一次代表大会代表。

妇代会

1947 年，桃园村成立妇救会。1950 年改称妇女代表会（简称妇代会）。20 世纪 60 年代起，桃园妇女成为一支不可缺少的力量。不管是在脏活、累活、重活面前，还是在发展农业、副业各行各业中，到处都有妇女劳动的身影。尤其是在大搞农田基本建设，参加义务劳动、宣传好人好事、开展多种形式文艺宣传活动中，都充分发挥妇女“半边

2015 年 3 月 28 日，社区召开“平安家庭”创建工作推进会。全面部署“平安家庭”创建工作，向与会人员发放“创建平安家庭 共享幸福生活”倡议书，号召社区广大家庭积极参与“平安家庭”创建活动，共建共享幸福生活，全面启动社区“平安家庭”创建工作。图为“平安家庭”创建工作推进会现场

天”的作用。中共十一届三中全会后，妇代会的工作更加扎实和富有成效。每年都协助村（社区）“两委”做好拥军优属工作，走访慰问烈军属和“五保”老人。在“三八”节召开形式多样的座谈会，学习上级文件和法律知识，组织观看有教育意义的影视片，开展多种多样的文体活动。通过多种途径向妇女进行“自立、自强、自尊、自重”教育和计划生育教育。开展“五好家庭”“文明家庭”“平安家庭”等创建活动，争做“四德”模范。在物质文明、精神文明建设中，开展争当“三八红旗手”“巾帼岗位明星”活动，为两个文明建设做出贡献。2008 年 3 月，社区被周村区妇联表彰为“巾帼示范”社区，吴振南家庭被授予“文明和谐家庭”称号。李执美、吴爱书、吕玉凤、张秀花、孙淑霞先后担任村（社区）妇女主任。

工会

桃园社区党总支高度重视工会工作，积极争取上级党政支持，为给社区居民和职工提更供优质的服务，2015 年 8 月，经上级工会批准成立桃园社区工会联合会，由 6 人组成，社区党总支书记毛执民担任工会主席，设有经费审查委员会、女职工委员会，有工作人员 13 名。

社区工会联合会成立后，积极满足职工更高层次的需求，切实发挥工会的服务职能，把社区建成名副其实的职工之家。着眼社区小企业、个体工商户为主的实际，对辖区内小企业、个体工商户全面走访，讲解政策，将它们全部纳入工会联合会，进入工会大家庭，实现工会组织建设纵到底、横到边、全覆盖。建立健全各项组织制度、民主制度、工作制度，落实职工事务工会干部代理制，基础资料齐全，坚持代表大会制度，实行会务公开，接受会员群众民主评议和监督，保障会员群众民主权利。建立职工帮扶救助机制，建立爱心帮扶基金，开展大病救助、法律援助活动，金秋助学、家庭财产、意外伤害等普惠服务，解决困难职工、困难家庭的后顾之忧。着眼于建设学习型、服务型、创新型工会，开展经常性的工会干部培训，加强思想、作风、能力建设，提高工会自身建设科学化水平。联合会内开展职工道德大讲堂活动，引导职工坚持国家利益至上，自觉把个人利益与国家和企业名命运紧密相连，做维护国家利益和企业利益的促进派。着眼满足职工的多角度多层次需求，力求最大化发挥基层工会的价值与意义。以职工、群众需要为导向，积极开展劳动法律宣讲及劳动争议排查、纠纷化解等活动，面向职工开展教育培训和素质提升工程，促进劳动关系和谐稳定。协助和督促企业落实国家各项涉及职工权益的法律法规，遵守劳动安全卫生等规定。逐步建立劳动争议调解联动机制，劳动调解员发挥作用，依法妥善及时有效的处理劳动争议纠纷，保障职工合法权益。

2015 年 12 月 1 日，山东省总工会副主席魏丽（左一）在周村区委常委、组织部部长曲明（右一）和周村区人大常委会副主任、总工会主席韩其芳（中）陪同下到社区调研

文明创建

市级文明社区

村改居后，社区积极响应各级文明委的号召，结合社区实际，认真开展精神文明创建工作，重点在思想教育、社会风气转变、村风村貌改善等方面下大功夫，努力建设生产发展、生活富裕、村容整洁、管理民主的社会主义新型社区。

2001 年，依法选举社区中政治觉悟高、工作作风硬的能人、勤人担任“两委”

成员，组成以毛执民为班长的社区“两委”班子。新班子成立之初，狠抓作风建设，认真执行民主决策，积极发挥民主议政日的作用，建立起规范的居务公开、财务公开制度。“两委”班子成员之间互相尊重、团结共事、关系融洽、廉洁自律，在日常生活中充分发挥党组织的战斗堡垒作用和先锋模范带头作用，在群众中享有较高的声誉和威望。社区“两委”高度重视精神文明的创建工作，成立专门的领导小组，2012年，成立由毛执民任组长，吴振南任副组长，张文革、田茂利、耿庆春为成员的“乡村文明行动”活动工作领导小组，制定符合社区实际的工作目标和年度计划，深入开展社会主义核心价值观教育，引导居民自觉践行社会主义道德规范，确保精神文明创建工作的制度化和经常化。

结合旧村改造，以村容村貌建设为主题，加强生态文明社区建设，对社区建设进行科学合理的规划，新建的正阳幼儿园、阳光家园老年公寓运行良好；高层次、高标准建设的配套齐全的8座居民住宅楼全部交付使用，并实行统一的物业管理。按照“生产发展、生活富裕、乡风文明、村容整洁、管理民主”的总体要求，进一步完善配套社区公共服务设施，新修整社区内主干道，主干道硬化率达到95%，街道两侧进行绿化，社区绿化覆盖率达到30%。加大环卫设施的投入，实行垃圾定时清

淄博市精神文明建设委员会文件

淄文明〔2017〕19号

★

关于命名表彰2016年度市级文明村镇、文明单位、文明社区的决定

各区县、高新区文明委，经济开发区工委，文昌湖旅游度假区文明委，市直机关文明委，市文明委各成员单位：

2016年，全市各级各部门各单位高举中国特色社会主义伟大旗帜，认真贯彻落实党的十八大和十八届三中、四中、五中、六中全会精神，深入贯彻习近平总书记重要讲话精神，以培育和践行社会主义核心价值观为根本，紧紧围绕市委市政府“一个定位、三个着力”的总体要求，扎实推进群众性精神文明创建活动，努力提高市民道德素质和社会文

— 1 —

区、周村区青年路街道桃园社区

临淄区（3个）

临淄区闻韶街道张家社区、临淄区雪宫街道桑家社区、临淄区稷下街道淄江社区

桓台县（1个）

桓台县城区街道兴华社区

高青县（1个）

高青县田镇街道文苑社区

沂源县（4个）

沂源县历山街道胜利山社区、沂源县历山街道城中社区、沂源县南麻街道城西社区、沂源县历山街道城南社区

高新区（4个）

张店区四宝山街道刘西社区、张店区四宝山街道王南社区、张店区四宝山街道双赢社区、张店区四宝山街道火炬社区

— 17 —

扫、定点堆放、集中清运的卫生环境管理机制，形成环境卫生人人参与的良性机制。

社区两委认真贯彻“先安定、再致富”的工作方针，以建设平安社区为总抓手，在派出所、司法所等有关部门的大力支持下，成立社区治安小组，积极推进法制宣传进社区、进家庭，开展丰富多彩的民主法制教育活动，对矛盾纠纷做到早发现，早上门、早调解，居民遵纪守法的意识进一步增强。连续几年，无居民纠纷，无刑事案件，无上访案件，无黄赌毒等丑恶现象，无非法宗教组织，治安工作多次受到上级有关部门的表扬。

社区采取切实措施，积极提高居民社会保障水平，孤寡老人、残疾人的生活、医疗保障工作在青年路街道处于先进行列，供养率达 100%。根据社区实际设置老年人活动场所，配置健身器材，并结合远程教育节目，有计划地组织居民学习科学技术，向居民传播致富信息，同时还通过调整产业结构等途径，带领居民群众走艰苦奋斗、共同致富的道路。社区集体经济不断壮大，居民生活不断改善，人均收入位居全区前列。

为提高居民素质，社区制定专门规定，激励约束适龄儿童全部入学，确保入学率达到 100%；通过文明一条街宣传栏、标语等方式，积极营造浓厚的文化教育氛围；关注留守老人留守儿童，做到一帮一扶。积极倡导科学、健康、文明的生活方式，建立红白理事会、人民调解委员会等群众自治组织，并充分发挥其职能作用，杜绝婚丧大操大办、死后不火化等不良现象的发生，使一些村俗陋习得到彻底革除；广泛开展道德模范和身边好人好事评选表彰活动，引导广大村民争当道德模范、文明诚信户、文明家庭、好媳妇、好婆婆、好青年等，在群众身边树典型、立标杆，在全社区营造了“尊老爱幼、勤俭持家、相邻和睦、勤劳致富”的良好社会风气，使文明和谐的道德风尚融入各家各户。形成邻里团结、家庭和睦、敬老爱幼的良好村风。2016 年，被评为淄博市文明社区。

桃园社区 2016 年文明信用户

吕厥功　毛玉成　吴成水　吴成泉

桃园社区 2016 年星级文明户

毛仲强　王永祥　王永新　牛　刚

桃园社区 2016 年文明家庭

吴贯信　韩　华　程　和　聂振庆

桃园社区2016年好媳妇·好婆婆

孙淑霞　李宗莲　苗　宇　吴丽云　张　茜　吴淑萍　徐纪军　曲福英

学习文化

检查干警向居民宣传环保法律知识

消防安全教育

社区代表队参加淄博市端午节吟诵会

新农村新生活培训会

走进军营感受军威

交通安全教育

把教育引导与创建学习型社区紧密结合，发挥各类协会组织、农家书屋等文化设施的功能，组织“五老”(老教师、老劳模、老专家、老医生、老干部）志愿者开办各类知识讲座、技能培训班，有针对性地开展宣教活动。组织安全文化书画比赛、“11・9”消防安全自救演练、“法制宣传日”、职业病防治、优生优育、节能环保等宣教服务活动，学习《中华人民共和国劳动法》《中华人民共和国合同法》《中华人民共和国治安管理处罚法》等法律法规，最大限度地满足居民不同层次、不同年龄段的学习需求。为切实改善社区环境，转变生活方式，社区有计划、有重点、有步骤地组织开展“新农村、新生活”教育培训活动。培训活动围绕“新农村、新生活”的主旨，采取开设专题讲堂，组织人员入户宣讲、示范辅导，实地观摩学习与发放相关学习宣传资料等种形式，全方位、多角度地对居民家庭和群众开展培训，重点开展社区美化净化、家庭伦理道德、亲子教育、文化娱乐、身心健康等五个方面的培训，以提高居民的个人修养和道德素质，树立健康向上的精神面貌。

邻里文化

军民互助

邻里互帮

桃园新型社区建成后，社区文化活动蓬勃开展，居民的文化需求水平逐步提高。社区注重培育反映人与人之间的人性交往、促进与家人之间、邻里之间、小区大家庭之间感情的邻里文化。引导居民形成“友善亲和、关爱互助、和睦相处、文明和谐”的意识，形成以邻里文化建设为主线的文化活动平台。开展“文明楼栋”“文明家庭”“平安家庭”“五好家庭”等评选，改善邻里关系，增近大家的理解和沟通，增强居民参与社区建设的热情和积极性，“邻帮邻、老帮老，互帮互助乐安居”的和谐氛围日趋浓厚。

四德工程

2012年，在社区开展“四德工程”建设。社区党总支高度重视，认真学习周村区文明委下发的《关于在全区开展“践行四德、争做模范”道德实践活动的通知》，多次召开会议专题研究“四德工程”建设实施方案，7月29日，召开由“两委”班子成员、居民代表、党员代表参加的“四德”工程建设动员会，对“四德”工程建设进行全面部署。活动中，社区党总支把握舆论导向，不断强化阵地宣传。在社区宣传栏、显要位置张贴宣传标语、悬挂宣传横幅；借助电子显示屏、手机短信等媒体传播“四德”教育知识；以走访形式向居民发放500余份“四德”明白纸、500余份征求意见表；开展“道德讲堂”宣讲活动，并组织收看朱彦夫、孟祥民以及“感动中国”人物事迹材料。注重寓教于乐，成立“四德”工程文艺宣传队，以群众喜闻乐见的形式利用身边的人和事自编自导自演小品、唱段、快板书等，在社区进行巡回演出；开展演讲征文、书画、歌咏比赛等活动，组织传唱《四德歌》，让干部群众在活动中得到熏陶、受到教育。注重发挥典型的示范表率作用，开展评树“职业道德标兵”；开展好婆婆、好媳妇、好儿女、诚信店主、家庭环境好、邻里关系好、家庭美德、职业道德、社会公德等评选活动，并用“四德榜”的形式张榜公布。通过各种有效形式，使“四德”工程建设的意义入耳、入脑、入心，把积极参与“四德”工程建设变为每一个桃园人的自觉行动。在活动中，创新形式，积极开展主题实践。组织开展公开承诺活动。号召广大干部群众就关爱老人、关心子女、倡树新风等方面公开承诺，接受群众监督；建立家庭诚信档案，在社区范围内自上而下层层签订个人、单位“四德”工程责任状。以主题实践活动为切入点，使“四德”工程建设项目化、具体化。围绕“爱德工程”，推进爱心帮扶结对，并建立帮扶档案，建设大爱桃园；围绕“诚德工程”，制定诚信规范标准，倡树诚信模范，建设诚信桃园；围绕“孝德工程”，开展“六心孝敬”（常问好，讲礼貌，让父母舒心；少空谈，多帮忙，让父母省心；走正道，求上进，让父母宽心；勤学习，苦钻研，让父母放心；遇难事，多商量，让父母称心；遇矛盾，能宽容，让父母顺心）活动，成立“老年人互助会”、“孝德评议会”等组织，加强监督落实，建设感恩桃园；围绕“仁德工程”，开展“我爱桃园”征文、书画活动，提升对外形象，建设道德桃园。为加强对活动的组织领导，成立以毛执民为组长的领导小组，具体负责“四德工程”建设的指挥、调度和监督落实；制定配套措施，加大对干部群众的激励约束力度，保证“四德”工程建设的健康、顺利进行。通过活动的开展，用身边的事教育身边的人，用家风带民风，社区面貌焕然一新。

2016年桃园社区善行义举四德榜——家庭美德榜

表5

序号	姓名	生活保障	精神慰藉
1	刘玉芳	房间朝阳，参加医疗保险	每天照顾老人饮食起居，做家务
2	吕厥俭	房间朝阳，一年四套衣服	每天给老人送饭、陪聊、做家务
3	吴丽丽	房间朝阳，一年四套衣服	每天照顾老人饮食起居，做家务
4	张文福	房间朝阳，一年四套衣服	每天给老人做饭，帮助老人做家务
5	吕厥功	养老金2000元，二套衣服	每周看望，帮助做家务
6	郭　庆	参加养老保险，二套衣服	每两周看望，帮助做家务
7	毛　敏	解决住院费用，四套衣服	每周看望，帮助做家务
8	毛仲强	养老金2000元，四套衣服	每周看望，帮助做家务
9	吴成新	养老金3000元，四套衣服	每两周看望，帮助做家务
10	吴　忠	养老金4000元，二套衣服	每周看望老人，帮做家务
11	刘　刚	养老金3000元，二套衣服	每天看望，帮做家务
12	毛其中	房间朝阳，一年四套衣服	每周看望老人，帮做家务
13	吴立新	房间朝阳，一年四套衣服	每周看望老人，帮做家务
14	耿　心	房间朝阳，一年四套衣服	每天给老人做饭，帮做家务

续表

序号	姓名	生活保障	精神慰藉
15	刘永福	房间朝阳，一年四套衣服	帮做家务，陪聊
16	刘　辉	房间朝阳，一年四套衣服	帮做家务，陪聊
17	牛　刚	房间朝阳，参加医疗保险	帮做家务，陪聊
18	聂振庆	房间朝阳，参加医疗保险	帮做家务，陪聊
19	吴成利	参加养老保险，二套衣服	帮做家务，陪聊
20	毛其华	房间朝阳，二套衣服	帮做家务，陪聊
21	张秀花	房间朝阳，二套衣服	帮做家务，陪聊
22	孙美丽	房间朝阳，二套衣服	帮做家务，陪聊
23	吴成泉	报销住院费，三套衣服	每周看望，帮做家务
24	吴成慧	房间朝阳，四套衣服	每周看望，帮做家务
25	吴成华	养老金 3000 元，三套衣服	每周看望老人，帮做家务
26	吴心喜	养老金 2000 元，二套衣服	每天帮做家务，陪聊
27	吴成春	养老金 4000 元，四套衣服	每周看望老人，帮做家务
28	吴成胜	养老金 2000 元，二套衣服	每两周看望老人，帮做家务
29	李　琴	养老金 2000 元，二套衣服	每两周看望老人，帮做家务
30	郭　勇	养老金 2000 元，四套衣服	每两周看望老人，帮做家务
31	郭　熙	房间朝阳，参加医疗保险	每周看望，帮做家务
32	李梅华	参加养老保险，二套衣服	每周看望，帮做家务
33	周生福	房间朝阳，二套衣服	每周看望老人，帮做家务
34	毛玉昌	房间朝阳，二套衣服	每天帮做家务，陪聊
35	李志美	房间朝阳，二套衣服	每周看望老人，帮做家务
36	程保华	报销住院费，三套衣服	每周看望，帮做家务
37	宋兆祥	房间朝阳，四套衣服	每周看望，帮做家务
38	吕厥文	养老金 3000 元，三套衣服	每周看望老人，帮做家务
39	牛如水	养老金 2000 元，二套衣服	每天帮做家务，陪聊
40	毛其武	房间朝阳，参加医疗保险	每周看望老人，帮做家务
41	耿　萍	参加养老保险，二套衣服	每周看望，帮做家务
42	毛启瑞	房间朝阳，二套衣服	每周看望，帮做家务

续表

序号	姓名	生活保障	精神慰藉
43	李　虎	房间朝阳，二套衣服	每周看望老人，帮做家务
44	郭思芳	房间朝阳，二套衣服	每天帮做家务，陪聊
45	李孝义	报销住院费，三套衣服	每周看望老人，帮做家务
46	耿佃兴	房间朝阳，四套衣服	每周看望，帮做家务
47	李执凤	养老金 3000 元，三套衣服	每两周看望，帮做家务
48	耿　军	养老金 2000 元，二套衣服	每周看望老人，帮做家务
49	耿庆华	房间朝阳，二套衣服	每天帮做家务，陪聊
50	李红霞	报销住院费，三套衣服	每周看望老人，帮做家务
51	毛长青	房间朝阳，四套衣服	每周看望，帮做家务
52	王　锋	养老金 3000 元，三套衣服	每两周看望，帮做家务
53	安坤英	养老金 2000 元，二套衣服	每周看望老人，帮做家务

2016 年桃园社区善行义举四德榜——职业道德榜

表 6

序号	姓名	诚实劳动	诚实守信	遵纪守法
1	吕厥斌	坚持勤劳致富	诚实守诺	照章纳税好
2	吴成水	诚信店主	诚实守诺	遵纪守法信誉好
3	田茂桂	诚信店主	诚实守诺	遵纪守法信誉好
4	周爱华	坚持勤劳致富	邻里关系好	遵纪守法信誉好
5	田　勇	诚信店主	不惹是生非，邻里关系好	遵纪守法信誉好
6	吴丽华	坚持勤劳致富	不惹是生非，邻里关系好	遵纪守法信誉好
7	吴秀英	诚信店主	诚实守诺	遵纪守法信誉好
8	荣　刚	诚信店主	诚实守诺	遵纪守法信誉好
9	荣　民	诚信店主	诚实守诺	遵纪守法信誉好
10	毛秀清	诚信店主	诚实守诺	遵纪守法信誉好
11	郭传福	诚信店主	诚实守诺	遵纪守法信誉好
12	毛其和	诚信店主	诚实守诺	遵纪守法信誉好

续表

序号	姓名	诚实劳动	诚实守信	遵纪守法
13	毛丽荣	诚信店主	诚实守诺	遵纪守法信誉好
14	尚振芳	诚信店主	诚实守诺	遵纪守法信誉好
15	毛玉营	诚信店主	诚实守诺	遵纪守法信誉好
16	毛仲生	诚实劳动	诚实守诺	遵纪守法信誉好
17	韩　勇	诚实劳动	诚实守诺	遵纪守法信誉好
18	赵　兵	诚实劳动	诚实守诺	遵纪守法信誉好
19	赵卫东	诚实劳动	诚实守诺	遵纪守法信誉好
20	毛玉成	诚实劳动	诚实守诺	遵纪守法信誉好
21	田茂胜	诚信店主	诚实守诺	遵纪守法信誉好
22	田　凤	诚信店主	诚实守诺	晚婚晚育、计划生育好
23	田宁宁	诚信店主	诚实守诺	晚婚晚育、计划生育好
24	张立民	诚信店主	诚实守诺	遵纪守法信誉好
25	吴成起	诚信店主	诚实守诺	遵纪守法信誉好
26	吴镇宇	诚信店主	诚实守诺	遵纪守法信誉好
27	左桂英	诚信店主	诚实守诺	遵纪守法信誉好
28	张　全	诚信摊主	诚实守诺	遵纪守法信誉好
29	吴成凤	诚信摊主	诚实守诺	遵纪守法信誉好
30	田茂成	诚信摊主	诚实守诺	遵纪守法信誉好
31	郭玉华	诚信摊主	诚实守诺	遵纪守法信誉好
32	胡立业	诚信摊主	诚实守诺	遵纪守法信誉好
33	王永祥	诚信摊主	诚实守诺	遵纪守法信誉好
34	王立平	诚信摊主	诚实守诺	遵纪守法信誉好
35	王永新	诚信摊主	诚实守诺	遵纪守法信誉好
36	赵建国	诚信摊主	诚实守诺	遵纪守法信誉好
37	李　志	诚信摊主	诚实守诺	遵纪守法信誉好
38	吴振福	诚信摊主	诚实守诺	遵纪守法信誉好
39	李克义	诚信摊主	诚实守诺	遵纪守法信誉好
40	吴兴华	诚信摊主	诚实守诺	遵纪守法信誉好

续表

序号	姓名	诚实劳动	诚实守信	遵纪守法
41	吴金花	诚信摊主	诚实守诺	遵纪守法信誉好
42	刘树平	诚信摊主	诚实守诺	遵纪守法信誉好
43	田　刚	诚信摊主	诚实守诺	遵纪守法信誉好
44	毛玉柯	诚信摊主	诚实守诺	遵纪守法信誉好
45	毛　雷	诚信摊主	诚实守诺	遵纪守法信誉好
46	张新城	诚信摊主	诚实守诺	遵纪守法信誉好
47	毛其城	诚信摊主	诚实守诺	遵纪守法信誉好
48	郭法勤	诚信摊主	诚实守诺	遵纪守法信誉好
49	聂振梅	诚信摊主	诚实守诺	遵纪守法信誉好
50	毛　兵	诚信摊主	诚实守诺	遵纪守法信誉好
51	张东明	诚信摊主	诚实守诺	遵纪守法信誉好
52	毛建国	诚信摊主	诚实守诺	遵纪守法信誉好
53	毛其顺	诚信摊主	诚实守诺	遵纪守法信誉好
54	毛仲立	诚信摊主	诚实守诺	遵纪守法信誉好
55	孙美仁	诚信摊主	诚实守诺	遵纪守法信誉好
56	聂振奎	诚信摊主	诚实守诺	遵纪守法信誉好
57	宋雪东	诚信摊主	诚实守诺	遵纪守法信誉好
58	程孝兰	诚信摊主	诚实守诺	遵纪守法信誉好
59	吕玲云	诚信摊主	诚实守诺	遵纪守法信誉好
60	吕治国	诚信摊主	诚实守诺	遵纪守法信誉好
61	吕志良	诚信摊主	诚实守诺	遵纪守法信誉好
62	郭　震	诚信摊主	诚实守诺	遵纪守法信誉好
63	李　静	诚信摊主	诚实守诺	遵纪守法信誉好
64	曹　玲	诚信摊主	诚实守诺	遵纪守法信誉好
65	吕玉兰	诚信摊主	诚实守诺	遵纪守法信誉好
66	王立霞	诚信摊主	诚实守诺	遵纪守法信誉好
67	吴丽云	诚信摊主	诚实守诺	遵纪守法信誉好
68	耿　潇	诚信摊主	诚实守诺	遵纪守法信誉好

续表

序号	姓名	诚实劳动	诚实守信	遵纪守法
69	徐纪军	诚信摊主	诚实守诺	遵纪守法信誉好
70	吴　珊	诚信店主	诚实守诺	遵纪守法信誉好
71	吕　芸	诚信店主	诚实守诺	遵纪守法信誉好
72	孟庆梅	诚信店主	诚实守诺	遵纪守法信誉好
73	吴心奇	诚信店主	诚实守诺	遵纪守法信誉好
74	石广华	诚信店主	诚实守诺	遵纪守法信誉好
75	宋　挺	诚信店主	诚实守诺	遵纪守法信誉好

2016 年桃园社区善行义举四德榜——社会公德榜

表 7

序号	姓名	爱护环境	关爱他人	奉献社会
1	吕春桐	维护公共设施好	热心帮助他人	爱心捐助
2	王玉凤	维护公共设施好	热心帮助他人	爱心捐助
3	尚立香	维护公共设施好	热心帮助他人	爱心捐助
4	臧　茜	维护公共设施好	帮助邻里解决困难	爱心捐助
5	王　华	维护公共设施好	帮助邻里解决困难	爱心捐助
6	吴　磊	维护公共设施好	帮助邻里解决困难	爱心捐助
7	田　辉	庭院内外整洁	热心帮助他人	爱心捐助
8	张传华	庭院内外整洁	热心帮助他人	爱心捐助
9	孙淑霞	维护公共设施好	热心帮助他人	爱心捐助
10	聂红玲	维护公共设施好	真诚帮助外来人员	奉献社会好
11	高　琴	庭院内外整洁	热心帮助他人	奉献社会好
12	吕玲霞	庭院内外整洁	热心帮助他人	奉献社会好
13	李　锋	庭院内外整洁	帮助邻里解决困难	奉献社会好
14	陈　梅	维护公共设施好	热心帮助他人	奉献社会好
15	陈莉萍	庭院内外整洁	热心帮助他人	奉献社会好
16	毛　娟	庭院内外整洁	热心帮助他人	奉献社会好

续表

序号	姓名	爱护环境	关爱他人	奉献社会
17	郭淑珍	维护公共设施好	热心帮助他人	奉献社会好
18	刘淑兰	维护公共设施好	热心帮助他人	奉献社会好
19	朱玉荣	维护公共设施好	热心帮助他人	奉献社会好
20	吴慧娟	维护公共设施好	热心帮助他人	奉献社会好
21	徐志猛	维护公共设施好	热心帮助他人	奉献社会好
22	毛　玲	维护公共设施好	热心帮助他人	奉献社会好
23	郭新颖	维护公共设施好	热心帮助他人	奉献社会好
24	胡立业	维护公共设施好	热心帮助他人	奉献社会好
25	李　爱	维护公共设施好	热心帮助他人	奉献社会好
26	吴淑萍	维护公共设施好	热心帮助他人	奉献社会好
27	杜叶平	维护公共设施好	热心帮助他人	奉献社会好
28	沈纪群	维护公共设施好	热心帮助他人	奉献社会好
29	李爱娟	维护公共设施好	热心帮助他人	奉献社会好
30	刘　保	维护公共设施好	热心帮助他人	奉献社会好
31	李　霞	维护公共设施好	热心帮助他人	奉献社会好
32	毛　飞	维护公共设施好	热心帮助他人	奉献社会好
33	段爱玲	维护公共设施好	热心帮助他人	奉献社会好
34	宋苗苗	维护公共设施好	热心帮助他人	奉献社会好
35	周　新	维护公共设施好	热心帮助他人	奉献社会好
36	宋莹莹	维护公共设施好	热心帮助他人	奉献社会好
37	王　玲	维护公共设施好	热心帮助他人	奉献社会好
38	李　慧	维护公共设施好	热心帮助他人	奉献社会好
39	吕莎莎	维护公共设施好	热心帮助他人	奉献社会好
40	张　梅	维护公共设施好	热心帮助他人	奉献社会好
41	李　宁	维护公共设施好	热心帮助他人	奉献社会好
42	苏玉荣	维护公共设施好	热心帮助他人	奉献社会好
43	罗　菊	维护公共设施好	热心帮助他人	奉献社会好
44	毛　哲	维护公共设施好	热心帮助他人	奉献社会好

续表

序号	姓名	爱护环境	关爱他人	奉献社会
45	李宝霞	维护公共设施好	热心帮助他人	奉献社会好
46	潘　霞	维护公共设施好	热心帮助他人	奉献社会好
47	李德英	维护公共设施好	热心帮助他人	奉献社会好
48	毛其城	维护公共设施好	热心帮助他人	奉献社会好
49	黄　岳	维护公共设施好	热心帮助他人	奉献社会好
50	王　静	维护公共设施好	热心帮助他人	奉献社会好
51	吕新玲	庭院内外整洁	热心帮助他人	奉献社会好
52	张媛丽	维护公共设施好	热心帮助他人	奉献社会好
53	刘玉芝	维护公共设施好	热心帮助他人	奉献社会好
54	杨　钰	维护公共设施好	热心帮助他人	奉献社会好
55	吴国良	维护公共设施好	热心帮助他人	奉献社会好
56	吴海峰	维护公共设施好	热心帮助他人	奉献社会好
57	张　超	庭院内外整洁	热心帮助他人	奉献社会好
58	张　焕	维护公共设施好	热心帮助他人	奉献社会好
59	王　瑾	维护公共设施好	热心帮助他人	奉献社会好
60	毛晓悦	维护公共设施好	热心帮助他人	奉献社会好
61	毛　倩	庭院内外整洁	热心帮助他人	奉献社会好
62	吴　暄	庭院内外整洁	热心帮助他人	奉献社会好
63	曲福英	庭院内外整洁	热心帮助他人	奉献社会好
64	聂玉金	庭院内外整洁	热心帮助他人	奉献社会好
65	李　艳	庭院内外整洁	热心帮助他人	奉献社会好
66	尚立珍	维护公共设施好	热心帮助他人	奉献社会好
67	毛　振	庭院内外整洁	热心帮助他人	奉献社会好
68	耿爱清	庭院内外整洁	热心帮助他人	奉献社会好
69	王秋荣	维护公共设施好	热心帮助他人	奉献社会好

生态建设

2013年，为推进生态建设，社区“两委”组织开展市级生态居创建活动。成立以毛执民为组长、吴振南为副组长、耿庆春、田茂利、张文

革、张秀花以及各村民小组组长为成员的“生态居”创建领导小组，毛执民全面负责创建工作，吴振南负责协调创建工作，分管硬件实施建设，田辉负责统计工作、创建资料汇编、会议记录工作，张明负责绿化、保洁工作，孙淑霞负责宣传教育工作，王立平为环保专职员、毛兵为环保检查员，建立工作责任制，科学合理地制订生态居创建规划、目标和责任。设立固定的宣传栏，大力宣传生态文明知识，引导居民树立生态文明理念，组织居民开展生态文明活动，提高群众的环保意识；在发展社区经济中，严格控制污染的产生，认真执行建设项目环保“三同时”（建设项目需要建设的环境保护设施必须与主体工程同时设计、同时施工、同时投入使用）制度，确保建设项目环境预审率 100%，环境影响评价执行率 100%，“三同时”执行率 100%，“三同时”执行合格率达 96% 以上。对生活垃圾实施分类回收，定点存放，日产日清。生活污水排入市政管网，实行雨污分流。对社区主次干道、空地实施全面硬化、美化、绿化工程，绿化面积达 40% 以上；辖区内无露天焚烧现象，油烟实现达标排放，小区居民积极参与环保公益活动。至 2016 年，逐步实现了“空地草木化、宅边路和楼房景观化”。居民对环境满意率达到 90% 以上。

双拥共建

社区重视双拥工作，2012 年 3 月与驻周村航校飞行大队结成军民共建单位后，更是将军民共建工作摆上重要议事日程。结合社区实际，制定军民共建工作计划和有关规定，把目标任务分解落实，做到目标明确，责任到位，确保军民共建工作的顺利开展。

在共建活动中，双方密切配合，充分利用板报、标语、宣传栏、宣传媒体等形式，通过集中学习、参观、讲座等，完成社区国防教育任务，激发社区群众的爱国热情和应征青年报名参军的积极性。结合征兵、八一建军节等邀请部队官兵到社区举行国防知识讲座，让社区军民了解世界动态，掌握国防知识；以军地共学的形式，通过学习讨论交流，加深对国防知识的理解；协助辖区幼儿园聘请部队官兵作校外辅导员，指导师生组织举办以国防教育为主题的绘画、图片展等活动，加强对少年儿童的爱国主义教育；组织社区居民到部队过军事日，寒暑假还组织社区青少年观看国防知识展览、参加国防知识讲座，从小就引导青少年继承和发扬拥政爱民、拥军优属的光荣传统，立足社区、心系国防，全面提高社区居民的国防意识。飞行大队坚持把协助社区搞好环境卫生作为军爱民的一项义务，积极帮助社区清理卫生死角、整治人居环境，并定期开展卫生清洁活动，使共建保洁经常化，制度化。特别是在创建国家卫生城市和文明城市活动中，飞行大队更是为社区的环境卫生整治出人出车，为营造清洁优美的社区环境，做出了很大的贡献。在绿色社区创建中，军民同心，投工投劳，舍得投入，坚持经常。共建以来，飞行大队充分发挥人力资源优势，积极响应社区发出的“社区是我家，绿化靠大家”的倡议，与社区一起开展“植树绿化，美化社区”植树活动，使社区的绿化更上档次，环境更加优美。双方充分发挥各自优势，定期开展研讨会破解发展建设难题，举行“部队党员进社区、社区党员进军营”交流活动，互通情况、交流经验、联络感情。双方经常组织开展形式多样的文体活动，如，春节、元宵节、“八一”建军节举行共建文艺晚会，三月开展学雷锋、爱民月活动，清明节开展祭扫革命烈士陵园活动，国庆节举行篮球友谊赛等，寓“建”于乐，丰富军地双方的文化生活，形成“军爱民、民拥军”的社会氛围。“拥军优属、拥政爱民”活动的不断开展，加强了军政军民团结，有效地促进了军地文明建设的快速发展，为社区经济社会发展起到保驾护航的作用。

2012 年 3 月 5 日，社区与驻周村航校飞行大队互学互帮互促活动正式启动。启动仪式上，军地双方签署了“三互”活动协议书，并为军民共建单位、“三互”活动室揭牌。随后部队官兵来到桃园社区阳光家园老年公寓和正阳幼儿园，帮助老年公寓打扫卫生，并为幼儿园小朋友送去礼物，进行校外辅导

道德讲堂

2013 年起，为进一步贯彻落实《公民道德建设实施纲要》，社区积极响应上级号召，认真组织实施，强化社会公德、职业道德、家庭美德和个人品德建设，精心打造“道德讲堂”，营造浓厚的道德建设氛围。作为一种全新的教育模式，道德讲堂是引导广大居民积极投身道德实践活动，提升社区文明程度的创新举措。社区道德讲堂按照“六个一”流程进行唱一首歌曲、看一部短片、讲一个故事、诵一段经典、学一门礼仪、作一番点评等活动，邀请居民讲述发生在身边的发扬民族传统美

德、社会公德，展现时代精神和践行社会主义核心价值观的事例，用朴实的语言向社区居民讲述发生在身边的平凡人物孝老爱亲的故事，每一个故事都让居民感受到爱与真情，向社区居民诠释尊老爱幼、孝敬长辈、夫妻和睦的中华传统美德，让更多的人了解身边好人的事迹，大家在活动中增强自身道德修养，以道德讲堂这个小切口，做好文明创建这篇大文章。

志愿服务

2013年，组建社区志愿服务工作站。紧紧围绕“让居民受益、让群众满意”，以“社区以民为本，民以社区为家”为宗旨，大力弘扬“奉献、友爱、互助、进步”的志愿精神，把社区里有爱心的人动员起来，组织进来，建立社区居民广泛参与、活动形式多样、机制体制健全的社区志愿服务体系，积极推动社区党建、服务、卫生、文化、治安、环境进楼栋，不断满足社区居民的物质和精神需求，开展社区党员卫生大扫除、交通安全宣传、消防知识宣传、法制宣传、残疾困难群众帮扶、无偿献血等志愿者服务活动，在社区形成学习雷锋、志愿服务的浓厚氛围。截

志愿服务

至2016年底，志愿服务队成员有100余人，开展活动300余次。

社区志愿服务工作站活动情况一览表（2013年5-8月）

表8

序号	活动时间	活动内容	活动人数	活动对象
1	2013.5.22	为残疾人打扫卫生	15	吴丹阳
2	2013.5.30	慰问困难家庭	5	李成修
3	2013.6.5	帮助老人打扫卫生	8	郭保三
4	2013.6.11	帮助未成年人补习功课	4	李海明
5	2013.6.17	清理垃圾	20	辖区游园
6	2013.6.22	文明劝导	14	社区居民
7	2013.6.28	清理小广告	12	社区楼宇
8	2013.7.2	清理卫生	22	社区游园
9	2013.7.8	慰问残疾家庭	3	郭法增
10	2013.7.15	帮助孤寡老人清理卫生	6	宋玉水
11	2013.7.21	义诊	8	社区居民
12	2013.7.26	清理卫生	24	社区道路
13	2013.7.31	清理绿化带内白色垃圾	15	社区绿化带
14	2013.8.4	慰问困难家庭	5	董芳怡
15	2013.8.8	检查网吧是否有未成年人	7	社区网吧

关心下一代工作

社区把关心下一代工作社区纳入党总支工作的重要议事日程。2012年成立以毛执民为主任，吴振南为常务主任，张文革、耿庆春、田茂利、张秀花为成员的关心下一代工作委员会，健全组织网络，完善工作制度。定期召开会议，学习了解关工委的性质、任务，加强对关工委工作的研究。工作中，充分发挥“五老”志愿者的积极作用，用他们的热情、知识教育关爱下一代。开展贫困学生救助活动。帮助部分困难家庭学生解决免除学杂费以及困难学生家庭助学贷款、困难补助工作，解决他们实际困难；继续做好“留守儿童”的关爱工作，开展同留守儿童一对一的帮扶；义务监督“网吧”，保证网吧健康运营，杜绝青少年沉溺网吧，保护少年儿童的健康成长。

桃园社区关工委“五老”志愿者队伍登记表

表 9

姓名	性别	出生年月	政治面貌	工作单位	家庭住址	关爱项目
李执美	女	1946.5	群众	桃园社区	桃园社区	资助贫困生
张东明	男	1951.4	群众	桃园社区	桃园社区	书法
吕厥俭	男	1952.5	群众	桃园社区	桃园社区	帮助留守儿童
李克义	男	1953.1	群众	桃园社区	桃园社区	帮助留守儿童
毛其华	男	1954.1	群众	桃园社区	桃园社区	资助贫困生
毛玉成	男	1955.2	群众	桃园社区	桃园社区	帮助留守儿童
刘　萍	女	1957.2	群众	桃园社区	桃园社区	书法
王立平	男	1963.3	群众	桃园社区	桃园社区	帮助留守儿童
毛　雷	男	1967.5	群众	桃园社区	桃园社区	资助贫困生
孙淑霞	女	1969.12	群众	桃园社区	桃园社区	绘画
王　佳	女	1980.6	群众	桃园社区	桃园社区	绘画

帮扶困难家庭、流动人口家庭未成年子女

2013 年起，在社区全面开展关爱帮扶困难家庭、流动人口家庭未成年子女活动，帮助困难家庭、流动人口子女解决学习生活中遇到的实际困难和问题，促进困难家庭、流动人口家庭未成年子女健康成长。活动中，社区广大团员青年志愿者积极参与，通过调查摸底，建立单亲、残疾、特困、父母外出务工无人看管的未成年人档案，做到一人一档，分级分类管理。通过“感受城市、爱心捐赠、亲情陪伴、学业辅导、自护教育”等方式提供“1+1”结对服务、健康讲座、社区暑期大课堂等切实有效的志愿服务。

“三关爱”活动

为农民工查体

关爱自然

礼仪宣传

2013年4月至6月，为积极培育文明风尚，不断提高社区文明素质，社区开展“关爱他人、关爱社会、关爱自然”学雷锋志愿服务活动。对社区乱堆乱放、私自占用绿地等进行治理；深入建筑施工工地，向农民工宣传安全文明施工等法律、法规知识，并为60多名农民工进行体检；在城区主要干道及路口开展维护社会秩序志愿服务活动；以年老、体弱、多残为主要目标群体，进行慰问；利用广场、社区活动中心、组织社区党员志愿者40多人在小区宣传文明礼仪知识。活动期间共有105人次开展活动25次。

学习雷锋做“小小志愿者”

2013年起，为进一步弘扬雷锋精神，推进未成年人思想道德建设，根据周村区文明办统一部署，社区开展“学习雷锋‘做小小志愿者’”主题实践活动。组织青少年开展雷锋精神学习讨论会，收集雷锋故事讲给孩子们听，并组织孩子们讨论日常生活中应该怎样学习雷锋，做个有爱心、有奉献精神的人，引导未成年人树立

2011年9月29日，淄博市委常委 政法委书记岳华东（前排右四）到社区调研

正确的世界观、人生观、价值观；开展我是“社区小清洁工”活动，组织中、小学生清理社区内花坛杂草、捡拾白色垃圾、清除楼道小广告，教育未成年人从小做起爱护环境，共同建设美好家园；开展“红领巾小楼长”活动，在未成年人中发展小楼长，组织小楼长照顾社区孤寡老人、帮助居民看门望锁、帮助社区监督环境卫生等活动，让广大青少年体验生活、奉献爱心。开展了我是“小交警”活动，组织未成年人走上街头，维护行人和车辆交通秩序，劝阻行人斜穿马路、翻越护栏等不文明现象，推动文明行车、文明走路良好交通环境的形成。

文化健身长廊

齐鲁名村志

QI LU MING CUN ZHI

桃园社区志

TAOYUANSHEQUZHI

自治组织

ZIZHIZUZHI

古代，桃园村管理组织无考。新中国成立后，桃园村分别成立合作社、生产大队和村民委员会，行使村级管理职权。村改居后，社区居委会以抓基础设施建设为重点，以方便群众生活、提高居民生活质量为宗旨，强化服务保障，推进基层民主，维护社会稳定，促进社区政治、经济、文化、环境协调健康发展，不断提高社区成员的生活水平和生活质量。

组织沿革

新中国成立前村级组织

建村初期，村建制无从考。民国时期，桃园村属长山县三区，推行村、闾、邻制，25 家为一闾，5 家为一邻，设村长、闾长、邻长。日伪时期，推行保甲制，设保公所，100 户为一保，10 户为一甲。

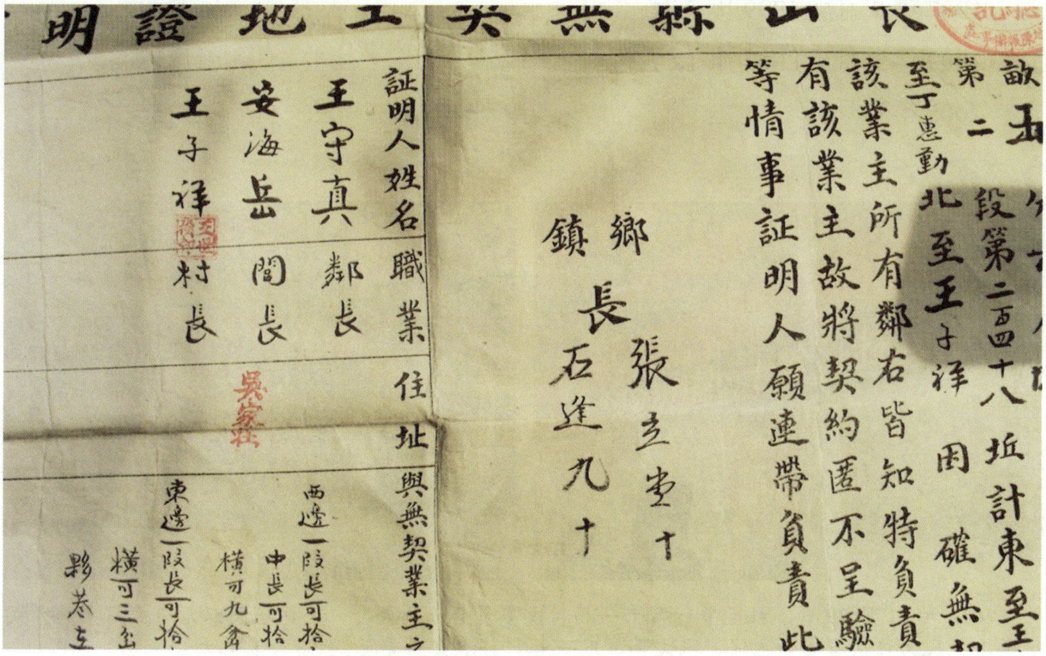
長山縣無契土地證明

第二段第二百四十八坵計東至王
至丁惠勤 北至王子祥 田 確無
該業主所有鄰右皆知特負責
有該業主故將契約匿不呈驗
等情事証明人願連帶負責此

鄉鎮長

証明人姓名 職業 住址 與無契業主
王守真 鄰長
安海岳 閭長
王子祥 村長

民国时期长山县土地证上的村级组织

新中国成立后村级组织

1950年春，经民主选举，建立村级组织；1954年春，成立初级农业生产合作社；1956年春，初级社转为高级农业生产合作社；1958年，桃园高级农业生产合作社转入人民公社，称南阎人民公社桃园大队；1966年，“文化大革命”开始后，建立桃园大队革命委员会；1976年，恢复大队管理委员会；1984年，地方建制改革，改称桃园村，设村民委员会，实行选举制；2003年，村改居，桃园村改称桃园社区，建立桃园社区居民委员会。根据规定，居民委员会由居民、居民户代表或者居民小组推举的代表通过选举产生，每届任期三年。

桃园历任村级组织负责人

1960年至1970年	大队长	王贻水
1978年至1982年	大队长	吴成水
1985年至1987年8月	主　任	毛执平
1987年8月至1999年7月	主　任	吴振南
1999年7月至2003年12月	主　任	郭思忠
2005年4月起	主　任	毛执民

2014年11月29日，社区举行第十一届村民委员会选举大会，全体居民以无记名投票的方式选举毛执民为社区居委会主任，张文革、耿庆春、孙淑霞为委员。 图为选举大会会场

注：1958 年前桃园村先后隶属长山县、邹平县，档案资料已无从考察；1958 年至改革开放前，因“文化大革命”等历史原因，村级组织不能正常开展工作，相关负责人任职情况根据有关人员回忆和周村区档案局相关资料整理；其他间断阶段因各种原因，村（社区）负责人由公社、乡、镇政府（办事处）委派干部代理。

管理服务

组织生产

新中国成立初期，村政权组织按照上级政府的部署，引导农民开展生产互助，推广使用化肥和新式农具，促进生产发展。人民公社化后，生产大队管理委员会行使政权职能。主要负责制定全年生产计划，组织劳务，安排农活，推广良种、农药、化肥和农业技术，搞好分配，协调生产队之间及农副业之间的关系。由于计划经济，生产、生活安排多实行票证管理。

中共十一届三中全会后，农村体制改革，实行联产承包责任制，分地到户。村民委员会同土地承包户签订合同。随着农业经营形式的变化，大队管理委员会及以后的村民委员会，在组织农业生产上，很快由原来统的太多、太死，向为农户提供机械、良种、水利等服务方面转变，调动农民的劳动积极性，粮菜生产年年丰收，村民收入逐年增加。

发展多种经营

20 世纪 80 年代前，村办企业均由村委直接管理。1983 年实行承包制。把村办企业承包给个人。1989 年，村委总结经验，改承包制为租赁制。1998 年，村办企业实行改制，村委将企业转为民营。至 2016 年底，全社区共有个体民营企业 152 家，主要以机械加工和餐饮为主。

多种经营

基础设施建设

2005年，开始谋划旧村改造，桃园小区2010年10月开工建设，2012年6月居民顺利回迁；建设正阳幼儿园、阳光家园老年公寓、山东银座商城桃园店、齐纳国际影城等，既方便居民，又提供就业机会；2009年10月，周村交警大队桃园社

2009年10月15日上午，山东省淄博市周村区首个社区交通管理服务站“桃园社区交通管理服务站”成立。是社区协调周村交警大队车管所推出的又一项便民服务新举措。

为方便群众出行，在周村公安分局、区交通运输局等部门的帮助支持下，公交公司周村分公司优化公交网线，将106公交线路的走向进行调整，方便社区群众的出行购物。2012年12月29日，社区负责人将写有“公交客运，服务人民”的锦旗送给周村区交通运输局客运科和市公交公司周村分公司，表示感谢。

区交通管理服务站正式设立；2012年12月，协调公交公司，对106路公交线路的走向进行调整，增设世纪康城站、桃园社区站、银座商城桃园店站三个站点，同时，238路公交线路增设桃园社区站点。

民生建设

居民领取过节福利

社区“两委”一班人心里始终装着一杆标尺，就是尽最大努力解决群众的衣、食、住、行。“发展经济，目的是让群众过上好日子。”加大社区保障和社会救助服务，自2013年起为老年人发放养老金，80周岁以上的每人每月450元，60周岁以上80周岁以下的每人每月400元，老干部根据不同程度发老干部补助金，并逐年增加，2015年5月起，全部按照每人每月800元的标准发放；2005年，为全社区适龄的300余名适龄人员一次性交纳10年的养老保险费，为居民安度晚年提供生活保障；全面推进城镇医保，社区出资为18周岁以上的居民加入城镇医疗保险；春节、五一劳动节、国庆节、中秋节等节日发放的福利待遇每人每年在600元以上，九九重阳节老年人每人发200元的福利；投资1110万元，建起阳光家园老年公寓；建立志愿者服务工作站，为老弱病残贫等弱势群体提供各种应急服务。

文化教育体育

发挥现代远程教育网络的作用，每月逢五结合形势和社区工作需要播放电教片，引导和鼓励党员群众献计献策，化解矛盾，统一意见；建起社区图书馆，组建

长幼同乐运动会

社区戏曲艺术团、广场舞队、合唱队、舞狮队、健身队等特色文化团体，丰富居民的业余生活；适当引进各种专业文化表演队伍，提升社区文化品位；建设桃园社区公共体育健身活动场，鼓励社区文化体育团队开展活动。由张美云任队长的老年健身队在青年路街道老年体育健身大展示中获优秀表演奖。

卫生和计划生育

加大对社区居民的基本医疗和计划生育的投入，切实保障社区卫生服务和计划生育服务的基础设施落到实处。以运营状态良好，深受社区居民信赖的社区卫生室建设为重点，不断扩充和完善社区卫生和计划生育服务网络，为社区居民提供充分的医疗卫生和计划生育技术指导服务。在防治“非典”“禽流感”等工作中，社区卫生室配合社区和上级防疫部门积极做好宣传和消毒工作，保证社区居民的健康。田茂利、耿庆春被推选为“健康山东·全民健康生活方式”基层健康指导员。

2007年，吕春铜获“全国无偿献血奉献铜奖”。2009年社区获周村区“‘亿万农民健康促进行动’示范社区”称号。重视对计划生育工作的领导，制定计划生育工作和管理制度，修订计划生育村规民约，建立社区计划生育帮包责任网络，积极向育龄群众宣传相关政策，认真执行计生文件，坚持落实工作责任，签订计生工作目标责任书，明确工作任务，使社区计生工作得到齐抓共管。健全流动人口计生宣传、教育、管理、服务“四位一体”的综合服务体系，保证社区计划生育目标的实现。2010年起，每年为育龄妇女免费健康查体两次，完善必要的设施建设，多次举办优生优育健康知识讲座，对育龄妇女登记造册建档并输入电脑管理。为独生子女父母及双女户提供登记服务，协助做好申请奖扶、特扶补助等工作。2016年共计发放独生子女费6540元。

社区组织居民代表、业主委员会代表、物业公司负责人定期与辖区派出所民警举行警民恳谈会，通过面对面交流、心与心沟通的恳谈，实现警民一家亲，联手群防群治，图为2010年12月10日警民恳谈会

安全服务

建立治安保卫委员会（简称治保会）、调解委员会（简称调委会），在派出所的支持下设立社区警务室；整合民间力量，组织开展以社区保安、联防队员为主体，专职和义务相结合的巡逻守望、看楼护院等活动；加强特殊群体的管理、控制、帮助、教育和转化工作，预防和减少各类违法犯罪；定期召开警民恳谈会，强化社区治安防范知识宣传，提高居民的自防意识。成立见义勇为工作站，鼓励群众参与群防群治和见义勇为，形成治安防范人人有责的良好氛围。

网格化管理

2013 年，为进一步创新社区管理与服务方式，健全服务网络，激活社区资源，强化服务功能，提高工作效能，根据上级部署，按照以人为本、服务于民的原则，

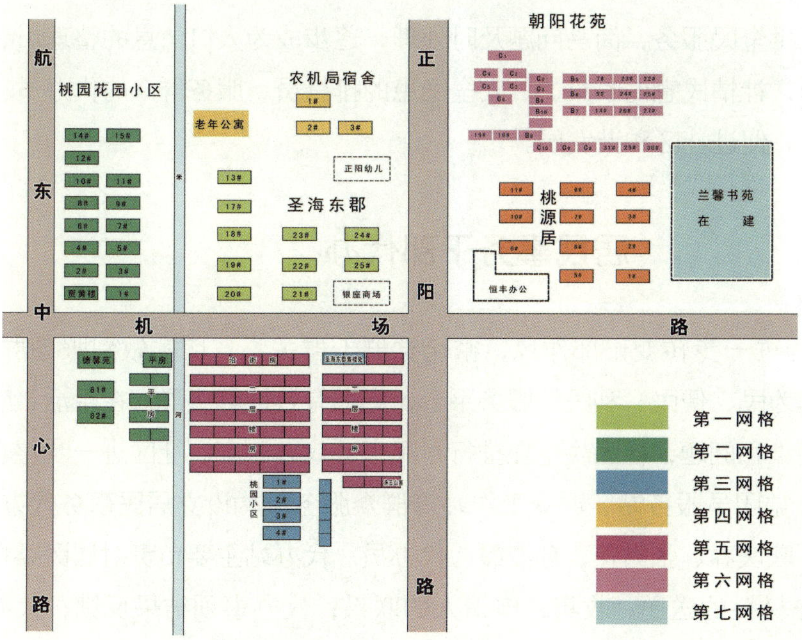

桃园社区网格化示意图

进一步完善社区管理体系、健全社区服务网络，延伸和拓展社区工作内容，社区全面实施网格化管理。在综合考虑属地管理、地理布局、现状管理等因素的基础上，将辖区居民不漏一地、不漏一户、不漏一人，所有居民住宅楼、驻社区单位、商业网点、公共场所等均列入范围，将“人、地、物、组织”全部纳入网格，实现无缝隙全覆盖。按照“任务相当，方便管理，界定清楚、责任明确”的原则，根据社区的具体情况，将社区划分为7个网格，即圣海居住楼网格、米河西网格、米河以东居住楼网格、桃源居网格、农机局1～11号楼网格、机场路平房网格、凯旋城网格和兰馨书院网格，选配毛执民、吴振南、张文革、田茂利、耿庆春、张秀花为网格长，孙淑霞、田辉、毛兵、刘辉、张凤云、王瑾为网格员，各网格之间做到互相衔接，不留空白。社区管理以“格格”为基础，以“网”为依托，将社区的所有居民、单位信息全部录入管理平台，实现社区对居民信息的全部掌握，管理与服务实现扁平化、信息化，全面覆盖，社会服务管理做到全区域、全天候、全模式、全响应。社区网格化管理实行人员、职能、任务三落实，开展菜单式、特色化、品牌化的服务，具体承办民政、计生、就业、社保、综治、安全、消防等社会事务，协办党建、创建、共驻共建等工作任务。网格长和网格员以身作则贴近居民群众合理需求和诉求的实际，关注民生问题和社区居民对物质、精神文化生活的需求，及时收集信息，随时提供全民服务，简易问题及时处理，逐步成为人口信息的整理员、社会矛盾的调解员、社情民意的收集员、安全隐患的排查员、服务群众的代办员。小网格提供大服务，促进社区和谐发展。

居民事务干部代办

2012年，为进一步转变干部作风，密切党群干群关系，切实做到服务群众、方便群众，搭建为民、便民、利民的服务平台，更加有效地解决群众在生活、生产中遇到的实际困难和问题，社区决定在推行村民事务代办制度。社区进一步整合村便民服务中心、党团员服务站、群众工作站等群众服务机构设立居民事务代办站，毛执民为站长，耿庆春、张秀花、孙淑霞为代办员。代办站主要负责对居民委托事项的受理；代办材料的送递、收集；申请人的联系；代办事项结果反馈；代办档案保管等工作。代办事项包括证照审批、补助报销、公益服务三个大类，共57项。

社区便民服务大厅

为提高代办效率，根据村“两委”干部分工，对代办事项进行简要分类。2014 年 7 月，社区迁入新址办公后，在社区服务中心建设便民服务大厅，接收居民的代办委托，干部跑腿解难题，把好事办好、把实事做到老百姓心坎上。只要村民说出自己需要的服务事项，工作人员会根据情况面对面解答，并在最短的时间内解决村民的疑难问题。干部工作在获得群众认可的同时，也增强了自身的责任感和成就感。

综合治理

社区综合治理紧紧围绕“平安建设”这一中心，以安全、稳定为目标，抓社区的治安防范、帮教、调解、普法宣传等工作，规范综治工作的目标管理，营造平安和谐的良好氛围。完善社区综治工作领导机构，调整充实领导小组成员，健全工作制度，并把综治工作工作纳入每月每季社区工作的重要议程。充分利用社区的黑板报、宣传栏、发放宣传单及参与有关部门举办的宣传活动等形式，开展综治宣传，使综治工作家喻户晓。社区治保会认真排查各类不稳定因素，维护社区党总支、居委会换届选举期间的秩序；按照“以服务促管理、以管理保稳定”的工作思路，做好流动人口和出租屋管理服务工作；认真排查存在的各类不安定因素，有针对性地开展工作，掌握主动。严格执行各项规章制度，落实防范责任制，防止群体性事件的发生。调解委员会认真做好矛盾纠纷的提前介入调研，做好做实矛盾纠纷的有效排查调处工作，处理纠纷做到“早、快、尽”。尽社区所能，为居民和外来务工人员提供安全、文明的生活环境，促进社区的和谐发展。

桃园小区警务室

桃园社区治保会

组　长：毛执民

副组长：田茂利　耿庆春　吴振南

成　员：张文革　王立平　张东明　李克义　李执美　毛　兵　孙淑霞

桃园社区调委会

组　长：毛执民

副组长：田茂利　耿庆春　张文革

成　员：王立平　张东明　李克义　李执美　毛　兵　孙淑霞

桃园社区禁赌禁毒会

会　长：毛执民

副会长：耿庆春

成　员：张文革

村民自治

民主管理

社区就“居民健身活动场所”建设召开居民代表会议，征求意见

社区认真落实居民会议、居民代表会议、居务监督委员会制度，成立以毛执民任会长、吴成泉任副会长、李宝霞为成员的居民议事会，按照一定比例推选居民代表组成居民代表会。居民代表的主要职责是：认真贯彻执行党的路线、方针、政策，模范遵守国家法律、法规和居民自治章程，带头履行公民应尽的义务，维护居民的合法权益；密切联系居民，及时反映居民的意见和建议；按时参加居民代表会议，正确履行居民代表职责；带头执行居民代表会议决议，维护居民代表会议的权威；积极支持和配合居民委员会做好各项工作，动员居民完成居民委员会布置的工作任务；监督检查居民委员会工作和居务公开落实情况；向居民报告居民代表会议情况；积极宣传、教育居民，认真贯彻落实党和国家的各项方针政策。在此基础上，社区积极推行民主决策，实行民主管理，重要事项坚持“一事一议”，以居务公开为手段，以民主管理为目标，坚持标本兼治，不断深化民主决策和民主管理，促进社区民主政治建设，密切党群干群关系，增强社区“两委”的凝聚力、号召力和战斗力，有力地推动和谐社区建设，依法保证社区居民的知情权和参与权。采取多种形式，加大宣传力度，多次召开党政班子会议，组织学习上级有关社区居务公开、民主管理的文件精神，及时总结社区自治工作，统一思想，达成共识。通过召开党员代表会议、居民代表会议、广泛宣传民主决策、民主管理、居务公开和居务监督制度的目的、意义、方法、步骤、程序和要求，利用社区宣传栏、板报等形式进行广泛宣传，使居务民主决策、民主管理公开工作做到家喻户晓，消除社区居民的疑虑和误解，调动社区居民参与社区建设的积极性，增强民主管理意识。对社区事务，特别是居民最关心、最关注的热点问题，如：旧村改造、公共设施建设、社区财务、捐款捐物、收取垃圾卫生费情况等及时向居民通报。居民代表参与决策率达到 95% 以上。通过制度的落实和民主决策程序的规范实施，广大居民关注社区事务，“我爱社区，社区为我”的观念普遍增强，社区建设与服务得到推进。设置社区公开栏，定期向居民公开社区事务，让广大居民了解情况。通过召开社区居民代表会议、党员代表会议等形式通报社区的各项工作和要求，设立社区公开意见箱，指定工作人员专门负责定期开箱收集群众意见和建议，把公开办事工作纳入法制轨道，推动居务公开民主管理制度化和规范化。对社区居民代表会议的决定和涉及社区居民利益的重大问题以及社区居民关心的事项、社区居民申请城市居民最低生活保障情况、捐款捐物情况、社会救助情况等的公开情况，均通过村务监督委员

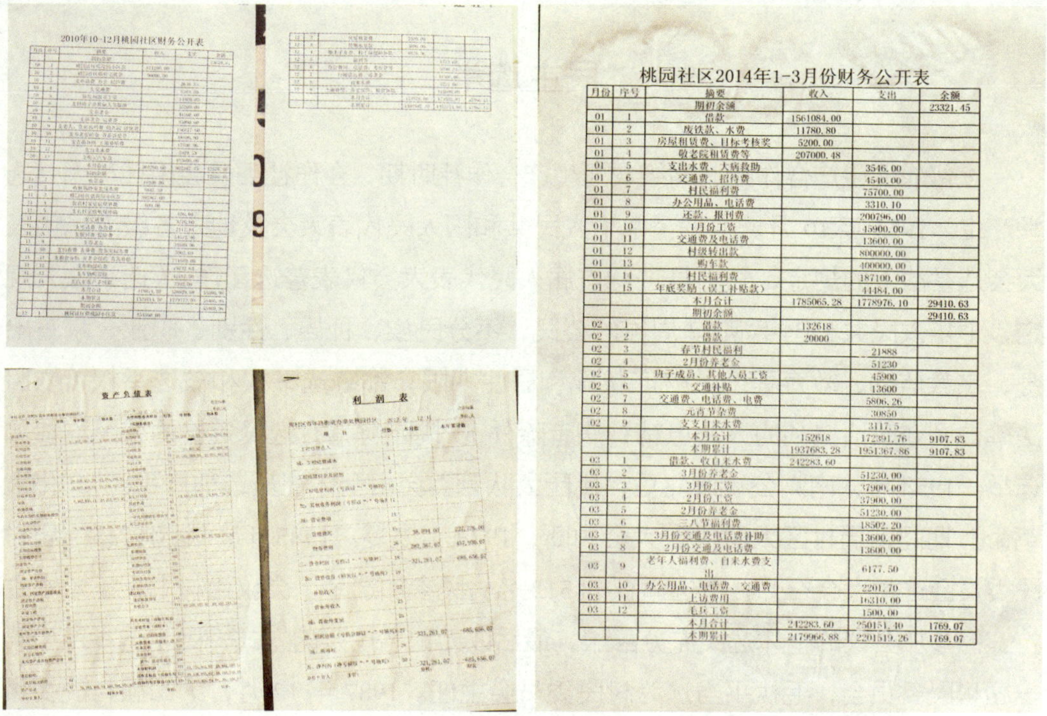

桃园社区2014年1-3月份财务公开表

月份	序号	摘要	收入	支出	余额
		期初余额			23321.45
01	1	借款	1561084.00		
01	2	废铁款、水费	11780.80		
01	3	房屋租赁费、目标考核奖	5200.00		
01	4	敬老院租赁费等	207000.48		
01	5	支出水费、大病救助		3546.00	
01	6	交通费、招待费		4540.00	
01	7	村民福利费		75700.00	
01	8	办公用品、电话费		3310.10	
01	9	还款、报刊费		200796.00	
01	10	1月份工资		45900.00	
01	11	交通费及电话费		13600.00	
01	12	村级转出款		800000.00	
01	13	购车款		400000.00	
01	14	村民福利费		187100.00	
01	15	年底奖励（误工补贴款）		44484.00	
		本月合计	1785065.28	1778976.10	29410.63
		期初余额			29410.63
02	1	借款	132618		
02	2	借款	20000		
02	3	春节村民福利		21888	
02	4	2月份养老金		51230	
02	5	班子成员、其他人员工资		45900	
02	6	交通补贴		13600	
02	7	交通费、电话费、电费		5806.26	
02	8	元宵节杂费		30850	
02	9	支支自来水费		3117.5	
		本月合计	152618	172391.76	9107.83
		本期累计	1937683.28	1951367.86	9107.83
03	1	借款、收自来水费	242283.60		
03	2	3月份养老金		51230.00	
03	3	3月份工资		37900.00	
03	4	2月份工资		37900.00	
03	5	2月份养老金		51230.00	
03	6	三八节福利费		18502.20	
03	7	3月份交通及电话费补助		13600.00	
03	8	2月份交通及电话费		13600.00	
03	9	老年人福利费、自来水费支出		6177.50	
03	10	办公用品、电话费、交通费		2201.70	
03	11	上访费用		16310.00	
03	12	毛兵工资		1500.00	
		本月合计	242283.60	250151.40	1769.07
		本期累计	2179966.88	2201519.26	1769.07

部分村务公开表

会监督审查。通过居民广泛参与社区决策，让广大居民深层了解社区居委会的工作职责、届期规划、社区居委会成员职责分工、办事程序等内容，提升社区服务质量；通过加强制度建设，深化居务公开民主管理，社区居民的民主意识不断增强；通过民主决策民主管理机制的实施，社区的民主法制建设得到加强，社区居民的合法权益得到维护，赢得民心，取得信任，最大限度地调动社区居民关心社区、支持社区建设的热情，社区居民自治水平不断提高。

2014 年桃园社区居民代表名单

（按姓氏笔画为序）

王立平　王永祥　毛玉成　毛仲强　毛　兵　毛其华　毛秀清　毛　雷　田茂成
田　勇　吕则杰　孙淑霞　李执美　李宝霞　李红霞　吴立新　吴成水　吴成泉
吴丽云　吴振江　宋玉玲　张文福　张东明　张秀花　张　坤　陈丽萍　段爱玲
禹春莲　耿　军　郭玉华　郭传福　韩桂清

民主选举

初级农业生产合作社、高级农业生产合作社时期，合作社委员会由社员大会选举产生。1953年10月，根据《中华人民共和国人民代表大会及地方各级人民代表大会选举法》的规定，长山县进行首届人民代表大会代表普选工作。《选举法》规定，中华人民共和国年满18周岁的公民，不分民族、种族、性别、职业、家庭出身、宗教信仰、教育程度、财产状况和居住期限，都有选举权和被选举权（依照法律被剥夺政治权利的人及患精神病者除外）。桃园村具有选民资格的公民均参加选举。1958年，南阎公社成立后，桃园大队管委会由全体社员选举产生。“文化大革命”期间，周村区人民代表大会中断，1979年恢复。1985年，桃园村第一届村民委员会选举大会召开，有选举权的512名村民参加选举。会议由村书记王贻水主持。经参加会议的全体选民充分酝酿，最后以无记名投票的方式，民主选举产生第一届村民委员会，毛执平当选为村民委员会主任。1987年12月，第二届村民委员会选举大会召开，经487名选民无记名投票选举吴振南为村民委员会主任。第三、四、五届吴振南连任村民委员会主任。1999年9月，召开桃园村第六届村民委员会选举大会，村党支部书记毛执平主持，全体选民无记名投票选举郭思忠为村民委员会主任。第七届郭思忠连任村民委员会主任。2005年4月28日，桃园社区举行第八届村民委员会换届选举大会，会议由青年路街道办事处派员主持，经全体选民无记名投票选举，毛执民当选为社区居民委员会主任。第九、十、十一届居民委员会主任毛执民连任。

人民代表

根据《中华人民共和国宪法》(简称《宪法》)《中华人民共和国村民委员会选举法》(简称《选举法》)的有关规定，各级人民代表大会代表均由选民选举产生。桃园村选举人民代表，一般程序是在学习《宪法》和《选举法》的基础上进行选民登记、确定选区、提名推荐候选人、酝酿协商候选人、正式公布候选人、召开选民大会无记名投票选举、张榜公布选举结果。选举过程由乡镇（街道）选举委员会领导，严格按照规定的程序进行。票箱分固定和流动两种，固定票箱设在选举大会中心会场，流动票箱由专人携带入户，方便年老体弱行动不便者。省、市人大代表分别由市、区人大代表选举产生。2003 年 3 月，石广华当选为山东省第十届人民代表大会代表。区级人大代表由几个村（社区）联合组成一个选区选举产生。1984 年 5 月，吴振南当选为周村区第十届人民代表大会代表。

村规民约

桃园村人在多年的生产、生活中养成了许多优良传统，形成一些约定俗成的行为规范，村民自觉遵守，邻里和睦、团结友爱，促进社区精神文明建设。但随着社区逐步融入城市，居民有些行为习惯已经不能适应现代社会的要求，多年来村（社区）制定的相关要求有的也与上级有关规定不符。2015 年，社区“两委”结合创建市级文明社区，广泛征求居民意见，整合过去零散的制度、规定，重新修订《桃园社区居民公约》，经居民代表会议通过后，于 12 月 3 日颁布，内容包括社区事务管理、社区治安管理、促进男女平等、落实计划生育、倡导文明新风、搞好环境卫生等 6 个方面。

在社区事务管理方面规定：社区居民委员会根据居民委员会组织法，按照民主程序选举产生；居委会要依照宪法和法律，开展自治活动、行使民主权利；居委会成员应积极学习、宣传、执行国家各项法律法规和政策，认真完成上级下达的各项任务；全体居民应遵纪守法，诚实守信，积极参与社会内各项集体活动；凡社区内大事要事，必须经过居民会议或居民会议授权的居民代表会议讨论通过；社区政务和财务定期公开，接受社区政务监督委员会和全体居民代表大会讨论审议，审议结果要符合法律的规定；社区居委会成立民事调解组，积极调解民间纠纷，努力做到大事不出社区，小事不出居民小组。

为维护社区治安秩序，要求每个居民都要学法、知法、守法、自觉维护法律的尊严，积极同一切违法犯罪行为作斗争；居民之间应团结友爱，和睦相处，不打架斗殴，不酗酒滋事，严禁侮辱、诽谤他人，严禁造谣惑众，搬弄是非；自觉维护社会秩序和公共安全，不扰乱公共秩序，不阻碍公务人员执行公务；严禁偷盗、敲诈、哄抢或损害国家、集体、个人财物、严禁赌博、严禁替罪犯藏匿赃物；严禁非法限制他人人身自由或非法侵犯他人住宅，不准隐匿、毁弃、私拆他人邮件；严禁非法生产、运输、储存和买卖爆炸物品；经销烟火、爆竹等易燃易爆物品须经公安机关等有关部门批准。不得私藏枪支弹药，拾得枪支弹药、爆炸物品，要及时上缴公安机关；爱护公共财产，不得损坏水利、道路交通、供电、通讯、生产等公共设施。

在促进男女平等方面，规定：妇女与男子享有同等的选举权和被选举权；支持和鼓励妇女参与社区民主管理，居民委员会成员中应当有妇女成员，居民代表中女性比例不少于三分之一；婚嫁自由，男到女家、女到男家均可，在本社区享有同等待遇；土地承包期内，妇女婚嫁外地，在新居住地未取得承包地的，原承包地不得收回；妇女离婚或丧偶，在新居住地未取得承包土地的，发包方不得收回其原承包地；妇女在集体经济组织中的收益分配、土地征收或者征用补偿使用以及宅基地申请、使用等方面，享有与男子平等的权利；婚出男女离婚或丧偶将户口迁回本社区（非转农除外），常年在本社区居住，仍享受社区居民待遇，所带子女以有效法律文书为准；若再次婚出，其户口仍在本社区的子女可继续享受居民待遇；婚入男女离婚后愿意留社区，户口仍在本社区并常住者，继续享受居民待遇；夫妻在家庭中地位平等，提倡夫妻共同承担家务劳动，平等参与社会活动；提倡子女姓氏自由，随父姓、随母姓均可；禁止任何形式的家庭暴力；禁止溺、弃、残害女婴、病残儿、继子女；禁止歧视、虐待生育女婴的妇女和不育妇女；禁止拐卖妇女儿童。

提倡有计划生育。育龄夫妇共同履行计划生育义务，禁止人为选择胎儿性别，依法享受计划生育基本技术服务；协助居委会做好流入育龄妇女的计划生育管理；树立文明婚育观念，提倡晚婚晚育、少生优生、优育优教，树立男孩女孩都是传后人的新观念；独生子女和双女户优先享受社区集体各项优惠政策和措施；流出育龄妇女及时与社区签订《流出育龄妇女计划生育合同》，办理流动人口婚育证明。

倡导文明新风。提倡社会主义精神文明、移风易俗。反对搞封建迷信活动、邪教组织及其他不文明行为，定期评选“五好家庭（最美家庭）”“好婆媳”“好父母”等家庭模范角色，树立身边“四德”典型，倡导良好的社会风尚；红白公事，喜事新办，丧事从简，破除陈规旧俗，反对铺张浪费，大操大办；邻里之间要互尊、互爱、互助，和睦相处，建立良好的邻里关系；夫妻应平等对待双方老人，子女应尽赡养老人的义务，并平等享有继承家产的权利。子女赡养老人义务与继承父母遗产权利对等；父母双方应加强对未成年子女的抚养关爱，帮助其健康成长，减少留守、流动儿童这一社会现象；居委会积极组织居民开展文化娱乐活动，提倡健康文明科学的生活方式。

搞好环境卫生。保持社区清洁卫生，实现社区环境的美化、绿化、净化；严禁乱砍滥伐树木，严禁焚烧秸秆；不得乱挖土、开渠、随意排放污水；保持庭院和室内卫生，生活垃圾须倒入垃圾池内，做到房前屋后无垃圾、无污染物；加强家畜、家禽及宠物管理，因管理不善，给他人财产和人身造成危害的，依法追究责任。

违反居民公约规定，视情节轻重，由居委会采取批评教育、写检查、赔礼道歉、赔偿损失等方式解决。

为了监督居民执行《桃园社区居民公约》情况，加强社区的道德教育，进一步提高社区居民的道德素质，经社区“两委”会议协商，成立以张文革为会长、王立平为副会长、孙淑霞为会员的社区道德评议会，制定《桃园社区道德评议会工作制度》，规定：道德评议会以居民小组为单位，由社区居委会统一拟定题目，采取居民代表分组讨论、自我教育的方式进行。每半年进行一次，具体时间另行通知，遇有特殊情况，可提前或错后一天进行。评议的内容要密切联系社区和居民的实际而定，可以围绕居民中一件关系道德的事例进行评议，也可以根据社区的需要确定题目进行评议，还可以根据居民的要求确定题目进行评议。评议中要做到人人发言、谈看法、讲心得；也可以居民发言、组长点评的方式进行。道德评议会由居委会负责组织，在每次召开道德评议会议前，由居委会下发通知，提出道德评议的内容和要求，必要时可对居民小组长进行培训，发挥骨干带动作用。会中要求全体居民都要参加，并踊跃发言。居民小组长要切实负起责任，起到组织引导作用，切实把评议的内容议深议透，达到共同受教育、共同提高道德觉悟的目的。各居民小组长要定期向居委会报告本小组开展评议情况，再由居委会将整个评议情况通报全体居民。每年年终，开展一次评选优秀道德评议积极分子活动，由居委会进行表彰。

桃园花卉科技园培育的蝴蝶兰

齐鲁名村志
QI LU MING CUN ZHI

桃园社区志

TAOYUANSHEQUZHI

村民生活

CUNMINSHENGHUO

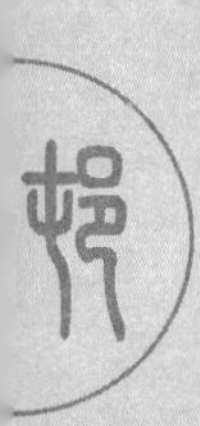

建村以后，村民农、工、商兼顾。很多村民在周村大街开有店铺，前店后厂，从事丝绸织染、医药、机械加工等，获得收入之后，或到村庄周围购买土地，再租给周围村庄农民耕种，或修建房屋。日伪时期，民族工业受到摧残，村民收入减少。新中国成立后，村民在从事农业生产的同时，积极参加村集体的工副业生产，收入逐步提高。改革开放后，产业政策放开，农村产业调整，村民积极发展多种经营，生活水平发生巨大变化。

服饰

服装

新中国成立前后，普通村民一般着自纺、自织、自染、自缝的粗布短衣，颜色以黑、蓝为主。男子上衣一般为竖领的对襟衣、袄，系“疙瘩”扣子，下面两个口袋。女子上衣为右掩襟，俗称“大襟褂”。无论男女下身都穿大裆裤，即裤腰很肥的裤，穿时，将肥出来的部分折向一侧系腰带，扎腿带。地主富豪富家购买绸、缎、绢、皮等衣料，到裁缝店缝制。新中国成立后，青年学生多穿国防服、中山装、学生服、青年服。年轻女子有的穿列宁服。20世纪60年代初，制服裤、工作服开始时兴；“文化大革命”开始后，“绿军装”风靡全国，村中许多年轻人也以拥有一套绿军装为豪。改革开放前，百姓买服装、棉布和日用纺织品都要凭布票，一个人一年只发9尺，除了年终生产队分红外，一年之中几乎没有别的收入，家庭人口多的还得先填饱肚子，所以，不到年节，一般人家极少添置衣服。“新三年，旧三年，缝缝补补又三年”“老大新，老二旧，老三老四还要跟着凑”，正是普通百姓家穿着的真实写照。人们在选衣料时，首先考虑的是是否结实耐穿，其次才考虑是否好看。“笑破不笑补”，人们衣服上的肩膀、胳膊肘、膝盖、屁股等处带有补丁是司空见惯的。衬衣很少有人穿得起，为此，有人发明了“假领子”，风行一时。假领子其实是真领子，除了领子，前襟、后片、扣子、扣眼都有，但只保留衬衣上部的少部分，穿在外衣里面，露出的衣领部分与衬衣完全相同。既经济实惠，穿着、洗涤又方便，这也代表了那个年代人们精神上的需求。20世纪70年代中后期，市面上开始出现一种叫“的确凉”的新面料，用它做出的衣服，挺括、滑爽，花色鲜亮，洗后不缩水、不起皱。后又有了咔叽布。这时期流行“鸡腿裤”，男女青年趋之若鹜。几年之后又兴起“喇叭裤”。因裤型如喇叭而得名。其特点是：低腰短裆，紧裹臀部；裤腿上窄下宽，从膝盖以下逐渐张开，裤口的尺寸明显大于膝盖的尺寸，形成喇叭状，有的裤脚能宽大到像一把扫街的扫帚。自80年代起，随着改革的不断推进、对外开放的日益深入和经济的快速发展，社会生活发生巨大变化，村民服饰进入一个色彩缤纷的时代，以腈纶、呢子、丝绸、锦纶等原料为主制作的各类服装日新月异，呢子大衣、风衣、面包服等都风靡一时。从蝙蝠衫、踏脚裤、连衣裙、吊带衫、露脐装，到各种品牌和流行款式的西装、T恤、夹克、唐装、羽绒服等应有尽有，穿着新颖的服装已经成为人们张扬个性的需要。

发式

新中国成立初期，村民中成年男性多剃平头或光头，青年学生一般是分头。姑娘梳辫子，有的一根、有的两根；结婚的女性梳“纂”。20世纪60年代，青年时兴理“大背头”，“文化大革命”时期，男性均理分头或平头。未婚女性梳辫子或剪成短发后再扎成两把“小刷子”。80年代起，随着港台电影的流入和“喇叭裤”的兴起，村中有的男青年留长头发、大鬓角，女青年时兴烫发。之后，随着人们思想的解放，各式各样的发式、发色众多，人们已不以为怪。

首饰

新中国成立前，多为地主富豪人家佩戴，女性有发髻、发簪、发卡、花冠、耳环、项链、脖锁、手镯、银铃、戒指等，男性有的佩戴项链、戒指，有的还有扳指，材质有金、银、铜、铁、玉等；普通农家妇女有的有戒指、耳环，个别的有发簪。“文化大革命”期间，首饰被称为“四旧”，佩戴首饰将会受到批判，因此，没人敢戴。改革开放后，村民生活水平有了很大的提高，年轻女性们开始戴耳环、项链、戒指、手镯等，部分家庭富裕起来的中青年男士也开始戴金戒指、项链。进入 21 世纪，中年、老年妇女戴耳坠、项链、戒指渐多。材质以金、铂金、玉为主，有的镶嵌宝石、珍珠，有的则戴玉石手镯。女孩定亲时，男方要给女方金项链、金戒指、金耳环，结婚时，男女双方要交换结婚戒指。

饮食

主食

村民种植的粮食作物主要有小麦、玉米、大豆、谷子、高粱、地瓜，还有小豆、绿豆、芝麻等杂粮，因此，村民饮食多以粗粮为主，形式为煎饼或窝头。只有在逢年过节或招待客人时方吃细粮，蒸馍馍或包水饺。遇到灾荒年，多掺糠菜食之。新中国成立后，村民分得土地，生活有所好转，玉米、地瓜、小麦成为主食，逢年过节蒸馍馍、包水饺。人民公社化后，土地全部为集体所有，吃过一段时间的集体食堂，人们“按需所取”，因浪费严重，以后解散；社员凭工分分配粮食，以玉米和地瓜为主，小麦很少。家庭联产承包责任制后，粮食产量逐年提高，玉米、地瓜逐渐退出主食，变为饲养鸡鸭猪的饲料，小麦磨的面粉成为餐桌上的主食，而且越来越精细，蒸馒头、包水饺都有专门的面粉。饮食的花色品种也有原来单一的馒头变为馒头、蒸包、面条、花卷、油饼、锅饼、单饼、菜饼、火烧、油条、麻花、水饺、馄饨、面包等多种样式，而且随着粮食产量的提高，物流的发展，以前只能是城市户口才能供应的大米也上了普通村民的餐桌，米饭也成为村民们的日常主食。随着居民对健康的重视，饮食结构也在不断调整，原来吃厌了的煎饼、窝头、杂面等粗粮食品又重新回到大家的餐桌，成为调剂口味的美食。

蔬菜

新中国成立前，普通村民日常生活以咸菜为主；新中国成立后，村民有自己的自留地，可以自己种植少量蔬菜，有的在房前屋后种植，以南瓜、豆角、黄瓜、茄子、辣椒为主；到改革开放前，蔬菜主要有白菜、萝卜、南瓜、茄子、韭菜、菠菜、豆角、葱、蒜、辣椒等，受储藏条件限制，冬天只有萝卜、白菜、土豆等；改革开放后，各地发展塑料大棚种植蔬菜，再加上交通物流的便利，一年四季，各种蔬菜都有供应，淡季不淡，蔬菜品种也越来越丰富，南方的蔬菜也能买到。

瓜果

当地出产的瓜果主要有西瓜、甜瓜、梢瓜、杏、桃、枣、软枣、柿子、石榴、海棠、梨、苹果、花生等，受收入水平的限制，除了自己能种的之外，平时一般舍不得买。改革开放后，随着收入水平的提高，村民们除了能够买到当地出产的水果外，全国各地甚至国外的水果也能买到，省内的核桃、大枣、栗子、冬枣，南方的橘子、菠萝、香蕉、芒果，新疆的葡萄、哈密瓜，越南、菲律宾等国的新鲜水果也应有尽有。除此之外，西瓜子、南瓜子、葵花子、和田大枣、开心果、美国大杏仁等各种干果也能随时买到。

肉蛋鱼

新中国成立前，普通村民很少能吃得起肉、鱼。新中国成立后，村民生活有所好转，逢年过节都能吃肉，以猪肉为主，但都是凭票供应，村民买肉不仅仅是为了改善生活，更重要的是用肥肉炼油，炒菜用，因此，割肉时都是要求售货员肥的多点瘦的少点；鱼多为咸鱼；此外还有自己养的鸡鸭、蛋等。20 世纪 60 年代始，每个生产队都养猪，过年时，生产队杀猪分给村民；改革开放后，允许农民多种经营，村民逐渐富裕，买肉的人家逐渐增多。到 90 年代，市场放开，肉、蛋、鱼供应充足，村民可以随时购买。进入 21 世纪后，市场供应更加充足，猪、牛、羊、驴肉等都有供应，各种鱼类也应有尽有，除新鲜肉、鱼、蛋外，各种肉制食品（火腿、香肠、熟肉、肉干、肉松等）、鱼制品（鱼干、鱼松、鱼酱等）、蛋类（鹅蛋、鸭蛋、鹌鹑蛋、山鸡蛋、松花蛋等），应有尽有，扇贝、螃蟹、对虾、海参、鲍鱼等海鲜也进入寻常百姓家。

酒水

新中国成立前，村民饮酒多为当地自酿的高粱酒和黄酒，但一般村民很少买得起。60年代中期至70年代，供销社有白酒供应，一般为散装，村民用地瓜干或麸皮到供销社换，后来改为用钱，但也多是中老年人饮用，年轻人饮酒的很少。改革开放后，散装白酒逐渐被瓶装酒代替，同时，啤酒开始兴起，开始时灌装散打，刚兴起时喝不惯，后来随着啤酒饮用人员的增加，也逐渐由散装改为瓶装。冬天也有一部分人喜欢喝黄酒，妇女生孩子后也用黄酒来“发汗”。除此之外，还有各种果酒、葡萄酒等。除了饮酒之外，村民普遍有喝茶的习惯，且待客必先上茶，但在新中国成立前一般村民喝不起。以前村民饮茶多以茉莉花茶为主，后来茶叶品种繁多，喝茶也有了多种讲究，夏天喝绿茶、冬天喝红茶。可口可乐、雪碧、核桃露、杏仁露、牛奶、果汁、矿泉水、纯净水、桶装水也都习以为常。

名吃

周村肴鸡门烧鸡，又称五香扒鸡，其工艺来源于淄博市博山区伊家扒鸡，光绪年间（1875—1908），颜神镇（今博山）青年刘绪楷拜伊慧勤为师，到其店中学习制作肴鸡。出徒后，刘绪楷来周村谋生，于1915年在兴隆门里三义街北首路东营业，立号德盛斋，专门制作肴鸡，时称五香肴鸡。1928年刘绪楷病故，二子分家，长子刘生财在义衢门里新开一处肴鸡铺，立号异香斋；次子刘生富仍在旧地址沿用德盛斋老号。当时两个肴鸡铺，一个在大梢门门里，一个在门外。购肴鸡者只顾其门，久而久之，人们称之为肴鸡门。

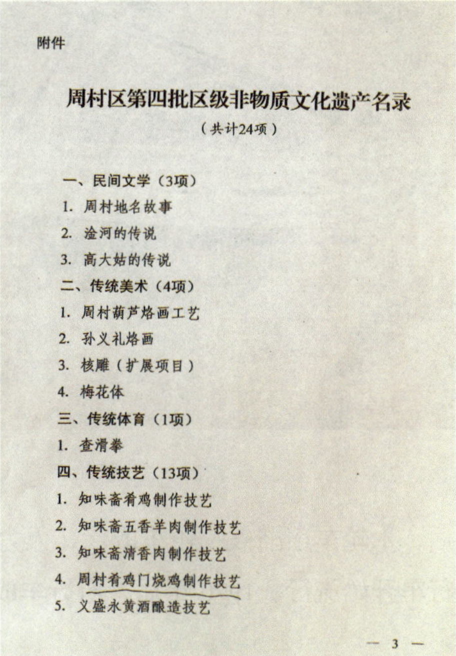
附件

周村区第四批区级非物质文化遗产名录
（共计24项）

一、民间文学（3项）
1. 周村地名故事
2. 淦河的传说
3. 高大姑的传说
二、传统美术（4项）
1. 周村葫芦烙画工艺
2. 孙义礼烙画
3. 核雕（扩展项目）
4. 梅花体
三、传统体育（1项）
1. 查滑拳
四、传统技艺（13项）
1. 知味斋肴鸡制作技艺
2. 知味斋五香羊肉制作技艺
3. 知味斋清香肉制作技艺
4. 周村肴鸡门烧鸡制作技艺
5. 义盛永黄酒酿造技艺

— 3 —

社区居民张安仁1939年开始在周村肴鸡门德盛斋学习制作五香扒鸡，1948年离铺，后自己开店制作经营。肴鸡在制作时精选原料鸡，在宰杀、褪毛、清脏、盥鸡、盘鸡、涮洗、油炸、蒸煮等过程中，以精益求精、一丝不苟取胜，严格控制丁香、白芷、草合、八角、小茴香及葱、姜和自制附料的用量，特别是在炸制火候、蒸煮时间上，更是有着独特的一套程序。使肴鸡门肴鸡肉香味美、色亮质嫩、骨肉不粘、清香可口。2015年入选周村区第四批非物质文化遗产名录

出行

人力车

胶轮车

新中国成立前，村民外出以步行为主。少数富户外出可坐木独轮车、马车、骡车、驴车、人力车（即黄包车，俗称洋车）。1904年胶济铁路建成并设周村火车站、1931年博周汽车公司成立，但只有富裕人家出行乘坐，村民外出基本以步行为主。新中国成立后，木轮车逐渐被胶轮车取代，人力畜力车逐步变为货物运输工具，不再载人，自行车开始流行。1970年后，自行车成为村民外出的主要交通工具。

机动车

嘉陵车

1982年，淄博市公共汽车公司五队（后改为周村分公司）成立，开通多路公交，且票价低廉，为居民外出办事提供方便，但因班次少，等候时间长，外出路途不是很远的村民还是喜欢步行或骑自行车。1980年后，摩托车开始兴起，开始是轻便摩托车，以国产“嘉陵”牌居多，因此村民又习惯称摩托车为“嘉陵车”，以后品牌逐渐增多，因摩托车速度快，村民大多没有驾照，安全事故时有发生；1990年后又有了轻骑、木兰助力车；2000年后，电动车兴起，开始是自行车样式，只是加了个电机，后来样式更新，逐渐改为踏板式，因其轻便、环保而广受青睐，很快普及，自行车逐步减少，逐渐成为居民的一种健身工具。另外，改革开放后，一部分村民先富起来，80年代，村办企业为了销售和联系业务首先购买汽车，后来个体企业负责人开始购买小轿车。1983年，吴振南购买淄博汽车制造厂生产的“泰山牌”130货车，是桃园村第一个个人购买汽车的人；1987年，毛执民购买上海产红色普通桑塔纳轿车1辆，成为全村第一个拥有私家车的村民。进入21世纪后，随着人民生活水平的提高、驾驶技术的普及，购买小型客车的家庭越来越多，截至2016年底，已有70%以上的住户购买了小型客车，主要有奥迪、大众、标志、别克、本田、丰田、宝骏、比亚迪、北京、宾利、长安、长城、福特、东风、海马、吉利、江淮、路虎、奇瑞、三菱、斯巴鲁、现代、雪佛兰、雪铁龙等品牌。公共交通方面，旧村改造后，社区协调公交公司，106 路和 238 路公交车均在社区设立停靠站点，周村长途汽车站、周村候机楼也都在社区周边，距离淄博火车站也只有半小时的车程，且有公交车直达，居民外出，无论是坐汽车、动车、高铁还是飞机都非常方便。近年来，随着旧村改造的完成，社区及周边基础道路建设、交通设施大大改善，人们平时上班、出行的工具更是多种多样，近途有自行车、电动车、摩托车、公交车、私家车；出远门地上有火车、汽车，天上有飞机，水路有轮船，可随意挑选组合，使居民时时处处感受到方便快捷。

生活用具

家具

新中国成立前，村中富裕人家正房厅堂中有八仙桌或方桌、太师椅、条几、书案、茶几、书橱，多为槐木、榆木、楸木等实木，个别的是红木、紫檀等，质地细腻，迎门墙上挂字画、条几和桌子上摆花瓶、古玩等，有的中间放座钟。卧室中有罗汉床或顶子床、抽屉桌、梳妆台、衣柜或方柜、衣箱等。被褥为丝绸罗缎或细布所做。平民百姓堂屋多放用槐木或榆木做边、梧桐木或杨树木做心的矮桌以及条凳、板凳、杌扎等。卧室是土炕和苇席，被褥用自织自染的土布做成。新中国成立后至 20 世纪 70 年代中期，变化不大。改革开放后，办公椅、写字台、三抽桌、大立橱等流行，村民或购买或找人制作，土炕逐渐废除，代之以棕床、木板床、竹板床、铁床、钢丝床等各种样式的床，被褥也多用细布缝制。1990 年后沙发进入平常百姓家，刚开始是找人制作弹簧沙发，后来是海绵沙发，包面材料也逐步发展为真皮、人造革、布艺等多种样式，沙发前放置茶几，旁边靠墙放组合橱，有的人家还有折叠椅、藤椅等。床也变为面包床、席梦思、实木床等，有的还是红木的。床上用品也发生很大的变化，一般都铺有毛毯、床单、床罩，被子都套有被罩，夏天有毛巾被，冬天有的铺电热毯。旧村改造以后，居住条件显著改善，居民家庭的家具摆设也发生了更大的变化。

新中国成立前后村民家具上的装饰图案

炊具

改革开放前，普通村民炉灶一般都在正房堂屋，一般是用砖或坯垒的旧式大锅灶，与卧室土炕相连，冬天外面生火做饭，里面热炕取暖；夏天有的在饭屋炉灶上做饭，有的直接用泥巴掇成小灶（俗称型掇子），在院中做饭。饭屋中的大灶一般都配有手拉风箱，柴草是主要燃料，只有到冬天很冷的时候才用煤跟土和成搭火，平时封住只留火眼，节约煤炭，做饭时才捅开，提升火力；1970 年后，有的村民开始用蜂窝煤炉；做饭工具一般是铁锅、鏊子。1990 年后，村民使用液化石油气，一般都使用液化气炉头。旧村改造搬迁新居后，天然气通到居民家中，居民开始使用自动打火或电子打火的天然气灶，既经济又方便。电烤箱、电饭锅、电炒锅、电饭煲、电煎铛、电热壶、微波炉、电磁炉、豆浆机、榨汁机、面包机等各种现代化的生活用具也走入寻常百姓家。

家电

1970 年前，村民家里唯一的“家电”就是公社统一安装的舌簧喇叭，由公社广播站统一控制，按时播放新闻、报纸摘要以及革命歌曲、相声等。1970 年以后，收音机开始进入百姓家，想听什么节目能自由选择，可以收听新闻和天气预报以及

黑白电视机

歌曲、相声、刘兰芳的评书连播等。农忙时，听听天气预报，就能提前有防备，粮食不被雨淋；农闲时，坐在树荫下或者冬天晒着太阳听听收音机，收听歌曲、相声或评书连播，也很惬意。孩子们放学后喜欢听中央人民广播电台的“小喇叭”少儿广播。从此村民生活有了较大的变化。到 20 世纪末，各种袖珍式、便携式、台式、落地式收音机已经非常普及，以自动选台电脑控制、数字化调频收音机以及与日用电器组合的收音机最为流行。

1980 年后，电视机进入村民家庭，村民购买的大多是 12 英寸黑白电视机，刚开始只有少数家庭有，每到晚上周围邻居就到有电视的村民家中，围在院中收看电视剧。1985 年后逐渐普及，后来电视机尺寸越来越大，也逐渐由黑白变为彩色，从电子管、晶体管发展到集成电路、智能化；屏幕也从凸屏发展到平面、超平、液晶，收看效果更好。

1990 年后程控电话、洗衣机、电冰箱、空调、手机、电脑、吸尘器、加湿器、空气净化器、饮水机、热水器、太阳能、浴霸、集成灶和按摩椅、磁疗仪等健身器材也开始普遍使用，有的居民家庭还有机器人扫地机。

除此之外，改革开放后，录音机、组合音响、录像机、影碟机以及电风扇也一度成为村民家庭必备的电器。

齐鲁名村志
QI LU MING CUN ZHI

桃园社区志

TAOYUANSHEQUZHI

风土民情

FENGTUMINQING

十里不同风，百里不同俗。受周村独具特色的商贸文化的影响，桃园也形成了具有自己地方特点的民俗风情。

节日礼俗

与周村及周边风俗一样，桃园也有许多节日的礼仪风俗。其中最重要最受重视的是春节、元宵节、清明节、端午节、中秋节等五个节日，此外，还有二月二、半年节、天贶节、七夕节、中元节、重阳节、寒衣节、冬至、腊八节、小年等。随着社会的发展进步，国家经济繁荣，国民素质的提高，村民的节日习俗也在转变，反映出淳朴厚道的社会风尚和精神面貌。

春节

春节，村民俗称“过年”，是一年中最盛大、最重视的节日。春节从农历腊月三十开始，到正月初三结束，但在村民的习俗中，正月十五之前都算“过年”。围绕着春节，村民有一系列具有地方特色的习俗。

忙年，即节前准备。俗话说，过了腊八就是年。腊八过后，村民开始做“过年”的准备，俗称“忙年”，包括扫屋、办年货、做“年下菜”、贴春联年画等。扫屋就是春节前卫生大扫除。家家户户开始扫屋撣土，擦拭家具，刷洗肴货（陶瓷餐具），清洗衣物，在年前进行家庭卫生彻底清扫。办年货，即节前购物。进入腊月中下旬，村民们就开始做过年的准备，抽时间置办过年期间吃、穿、用及娱乐等方面所需物品，大人孩子都要添置新衣服，购买鸡鸭鱼肉、青菜、鞭炮、年画、对联等。村民不管贫富，都会尽自己所能，尽可能多的购买自家过年所需的物品。“忙好了吗？”成为这期间村民见面常用的问候语。“年下菜”，即事先备好的、过年期间食用的菜肴。“忙年”期间会家家炸菜、户户蒸馍。年下菜以炸菜（又叫“过油”）为主，要炸肉、炸鱼、炸豆腐页子、豆腐丸子等，有的人家还做“四喜丸子”。还有酥锅、酱锅、大丸子、鸡爪子等，这些菜都能较长时间存放，方便待客。

此外，还要准备面食，有馍馍、花卷、发糕、年糕等，有的将馍馍制作成刺猬、燕子、兔子、金鱼等形状。贴春联年画，春联村民又叫“对子”，是对联中的一种。一般于腊月三十贴于院门及房屋的门框上，甚至厨房、猪羊圈的圈门上也贴，门心贴“福”字，有的将“福”字倒着贴，寓意“福到”，年画贴于室内，充分表达人们对美好生活的向往和祝愿。

过年是从腊月三十晚上到正月初三共三天的时间，包括守岁、吃年夜饭、放鞭炮、拜年、走丈母娘家、圆年。除夕夜即腊月三十晚，按老传统是一夜不睡觉，称为守岁。吃完年夜饭后，一家人围坐在一起边拉呱、讲故事、说笑话或听老人们回忆过去，边包水饺，迎接新的一年的到来。水饺有的包上糖、硬币、枣、花生（花生又叫长生果，意喻健康长寿）。20世纪八九十年代后，随着电视机的普及，人们习惯于看春节联欢晚会，同时通过QQ、微信、手机短信等方式给亲朋好友发送新年祝福，直到午夜12点以后才睡觉休息。年夜饭又称团圆饭。年三十晚上家中两代、三代甚至是四代同堂，聚在一起吃饭，是一年中最丰盛、人员最齐全的一顿家宴。不管贫富，家家都尽其所能做上最可口的饭菜。一家人边吃边聊，回顾过去祝福未来。期间晚辈要给长辈敬酒，平辈之间也互致祝福。在吃年夜饭的同时，有的家族还举行祭祖仪式，俗称“请老的”，在堂屋正中方桌上设好牌位，摆好贡品，倒满酒水，由家族中的最年老的长辈带领，焚香，出大门，到胡同口，面朝家族祖坟方向，举香作揖，将列祖列宗请回家过年（回时不关大门），将香插入桌前香炉，一夜香火不断，初一早上送走，叫“送老的”，也有的烧三炷香即送走，到胡同口，焚烧纸钱（“发钱粮”），燃放鞭炮，磕头。也有的家庭不“请老的”，而是在腊月三十白天上坟祭祖。放鞭炮。鞭炮俗称“炮仗”，一般在年三十晚上和初一早上放的较多，以前基本持续一夜不间断。现在，午夜12时成为放鞭炮的高潮。过去放鞭炮有两层意思：一是驱鬼迎神，祈祷五谷丰登；二是增加节日气氛。以前，人们总是攀比，初一早上看谁家的鞭炮皮多，以此评价各家的富有。近年来，随着人们环保意识的增强，放鞭炮的数量也在逐年减少。拜年是春节的重要习俗之一，亲朋好友、乡邻之间相互走访祝贺节日，交流思想，联络感情。正月初一即春节早上，在院中设案，供天神地伸家宅六神，三炷香后，烧香焚纸，磕头，祈福求安。吃素水饺（取素静之意，祈祝新的一年平安顺畅），家人互致祝福。饭后开始拜年。先从家庭内部开始，按长幼次序由晚辈向长辈跪拜磕头，长辈抓瓜子、花生及山果给晚辈，还要给未成年的晚辈压岁钱（相传压岁钱可以压住邪祟，因为“岁”与“祟”谐音，晚辈得到压岁钱就可以平平安安度过一岁），村民称“带岁钱”。然后是亲戚、邻居之间的串拜，由家族中的长辈带领，挨门逐户进行，见面先问：“过年好！”，简单寒暄几句，再奔下一家去，结束之后再朋友互相串拜。以前天刚亮就开始，去的越早越显示对别人的尊重。现在跪拜已淡化，团拜、电话拜年、短信微信拜年兴起，除至亲近邻外登门拜年逐渐减少。

正月初二走丈母娘家，即妻子跟丈夫及孩子回娘家给家人拜年。丈母娘即岳母、妻子的母亲。女婿俗称“客”（读 kei 音）。当天，女婿被奉为上宾，吃饭时要上座，妻子家人也会尽力陪酒，尤其是新婚的新女婿，更是受到尊重。这一天，女婿可以啥也不干，只管喝酒拉呱，只要尽兴。过去经常有许多女婿会喝醉，只为图个热闹。后来随着新风尚的实行，正月初二女婿走丈母娘家也一样下厨做饭，孝敬老人。

走亲戚，即到很知己的亲戚家去拜年。过去的习俗是初三走姑家，初四走姨家，其后根据亲疏关系再走其他亲戚。现在，已没有那么严格，只要不出正月都可以，但一般会在正月十五之前走完。过去走亲戚带的礼物一般是馒头（春节前蒸好的）、年糕等用包袱或篼子盛着，由于生活条件所限，经常是带着去了这家到那家，亲戚多的，走到最后馒头都裂开了花。改革开放后，生活条件发生变化，所带礼物也随着变化，由两瓶酒、两包点心、几斤水果演变成礼盒装的酒、牛奶、保健品、营养品等。

圆年，正月初三是圆年，就是过完年了，新的一年正式开始，该准备去工作了。团圆结束，初一请来的天上各路神佛要回去工作，初三下午要进行祭祀活动，送他们各归其位。当然临送之前，再请他们“坐席”吃一顿，然后烧纸送钱送粮，保佑新的一年里，风调雨顺，家人健康，生意兴隆等，最后燃放鞭炮，送他们回归天庭。

开市，正月初八，取“八方进财”之意，商家店铺开门营业，俗称“开市”。清晨，各商号带“三生菜”水饺（“三生菜”即生菜：取生财之意；白菜：取帛财之意；韭菜：取用就发财之意）到财神庙祭祀财神爷，祭祀完毕，在店铺门前燃放鞭炮，招财进宝。随着时代的发展，开业时间也在不断变革，初六、初七或者初九、初十都有开业的，有的商场、饭店甚至春节期间不停业。开市的方式也变得比较简单，有的只放一挂鞭炮，为了保护环境有的也不放鞭炮就开业。

村民过年习俗主要有：

二十三，糖瓜粘，二十四，扫房子，二十五，做豆腐，二十六，去割肉，二十七，宰年鸡，二十八，贴花花，二十九，蒸馒头，三十晚上闹一宿，大年初一扭一扭。

腊月二十三，俗称“小年”，传说这日是“灶王爷上天”之日。

腊月二十四，掸尘扫房子。这日是约定俗成的扫除日。

腊月二十五，推磨做豆腐。传说玉帝会下界查访，吃豆腐渣以表清苦。

腊月二十六，杀猪割年肉。过去人们只在一年一度的年节中才能吃到肉。

腊月二十七，宰年鸡、赶大集。春节所需物品都在置办之中。

腊月二十八，打糕蒸馍贴花。古人以桃木为辟邪之木，后被红纸代替。

腊月二十九，上坟请祖上大供。对于祖先的崇拜，在我国由来已久。

大年三十，一夜连双岁，五更分二天。寒辞去冬雪，暖带入春风。

大年初一，金鸡报晓。晚辈给长辈拜年，长辈给压岁钱，压住邪祟。

大年初二，金吠报春。亲眷人家去拜年，东家留吃饭、西家排酒筵。

大年初三，肥猪拱门。女婿看望老丈人、媳妇回娘家，礼物带双数。

大年初四，三羊开泰。灶王爷要查户口，恭迎灶神回民间。

大年初五，艮牛耕春。五路接财神，东西南北中，财富五路通。

大年初六，马到成功。沥酒拜街中，万户千门看，无人不送穷。

大年初七，人寿年丰。摊煎饼吃七宝羹，安顿身心，休养生息。

大年初八，放生祈福。众星下界之日，制小灯燃而祭之，一寸光阴一寸金。

大年初九，玉皇天诞。是主宰宇宙最高的神，人们都会举行祭典以表庆贺。

大年初十，祭石感恩。有天还有地，人畜房米麦百谷都生地。

正月十一，祭奉紫姑。深受压迫的女性，把她奉为弱女子的保护神。

正月十二，搭建灯棚。元宵节将近，开始做元宵赏灯的准备工作。

正月十三，灶下点灯。预放元宵，自十三日起，巷陌桥道，皆编竹张灯。

正月十四，临水娘娘诞辰，又称“顺天圣母”。是拯救难产妇女的神仙。

正月十五，夜照田蚕（神）。观颜色判断一年的丰歉，后演化为元宵节观灯

元宵节

农历正月十五，又称“上元节”，村民则直接称“正月十五”或“过十五”。有挂灯、扮玩、吃元宵等习俗。周村元宵节挂灯和扮玩历史悠久，远近闻名，受此影响，桃园村民也有挂灯、扮玩的习俗。挂灯，又叫挂花灯。过去，村民根据家庭条件自制花灯，用料丝、彩绸、纱绢、琉璃、竹纸扎制的宫灯、纱灯、宫连灯、悬络灯、纸扎草灯等，挂于各家门口，现在随着生活条件的改善以及工作时间的关系，大家多是从市场购买。扮玩原来一般是在晚上，由“领子”“火球”（俗称“火起溜”）开路、打场子。跟着的是玩狮子、舞龙灯、跑旱船、踩高跷、骑竹马、扭秧歌、扮芯子等。改革开放后改为白天进行，每年周村区统一组织在正月十四、十五在城区沿正阳路等线路表演。春节前就社区组织居民利用空余时间进行排练，正月十五前几天到周围社区和单位表演。吃元宵。元宵有枣泥元宵、糖馅元宵、什锦元宵、花生元宵、桃仁元宵等，以芝麻糖馅为多见，吃法以煮、炸为主。

青龙节

农历二月初二，俗语“二月二，龙抬头；大仓满，小仓流”。有“剃龙头”的习惯，寓意理个龙头，期待来年独占鳌头。古时讲究“正月不能剪头”“正月理发死舅（实为“思旧”或“思舅”的误传）”，熬了一个正月，终于能修理一下自己头发。村中很多年轻人都已经不讲究这些带有封建迷信的思想，但仍有很多人还秉承着老传统。除了剪发的习俗还有吃炒豆、豆萁的习惯。炒豆子，又叫“蝎豆子”，以黄豆为主。与“蝎豆子”同炒的还有面棋子，即将面擀成面皮之后切成菱形小块。炒豆和豆萁都分为甜、咸两种。现在，随着生活水平的提高和物质的丰富，炒豆子和面棋子的品种也越来越多，人们多从市场购买，很少有自己炒制，而且常年有售，不再仅限于“二月二”期间。但无论哪种，形式怎样，都是为图个好兆头。

清明节

清明节是传统节日，也是最重要的祭祀节日，是祭祖和扫墓的日子。扫墓俗称上坟，祭祀死者的一种活动。清明节当天，村人时兴在太阳未出来时，早起床煮鸡蛋，人们把鸡蛋剥皮后并不立即吃掉，而要先在眼上和脸上来回滚一滚之后再吃，据说这一天吃鸡蛋眼睛明亮。清明前一天俗称寒食。这天要清早带上铁锹，清理墓地的杂草、树叶等杂物，给坟头填上新土，带子女们一起到坟前祭奠，教育后辈不要忘本，要守孝道。清明节的前几天，村民们还会在麦场里埋上高高的木头支架，架起一高一低的两架秋千，无论男女老幼都要在上面荡一荡，寓意健康和长寿。清明期间也是踏青、放风筝的好时节，周边的白云山、鹤伴山、凤凰山、米山是踏青的好去处。进入 21 世纪后，随着收入水平的提高，许多居民在清明节期间结伴外出旅游。紧邻社区的航校飞机场则是放风筝的最佳场所（现在已不允许）。大家自制风筝，有八卦、月亮、蜈蚣、鲇鱼、小燕子等各种样式。现在，会自制风筝的人已不多，大都从市场购买，花色品种也比以前丰富。2008 年，清明节正式成为国家法定节假日，放假 1 天。

端午节

农历五月初五，又称端阳节。村民直称为“五月端午”。民谚说：“清明插柳，端午插艾”。端午节村民的一个重要传统就是将采来或买来的艾草插于门楣，或者摆放在门边。艾草气味芳香，可驱蚊虫，还是中药，能够理气血、祛寒湿。五月正值暑热将至，细菌及各类小虫活动频繁之时，人们认为插艾可以驱逐毒气辟邪除秽。粽子是端午节必吃的一种食品，源于纪念战国时期楚国的政治家、爱国诗人屈原。粽子以糯米为主，裹上红枣，用洗净的竹叶包上扎成三角形用锅蒸煮而成。民间有“清明节吃粽子，一百天不脚冷”的传说。端午节时村中老辈人还要将红、黄、白、青、黑颜色的线用手搓成彩绳，然后系到孩子的手上。有人认为这样能够长命百岁，有人认为是为了辟邪。端午节要给孩子佩带香囊，俗称“香荷包”。香荷包内装有朱砂、雄黄、香料，也有直接包上艾叶的。外包用鲜艳的丝绸等缝制或用五色丝线缠绕包扎而成。有方形、心形、三角形等，可单个挂在胸前，也可将几个连成一串挂在室内欣赏，香气散发，驱虫辟邪。端午节还有一个重要的习俗，就是娘家人要在姑娘出嫁后的第一年到婆家去看望姑娘，俗称“看闺女”。据说端午节又叫婆婆日，媳妇回娘家会对婆婆不好，也有对娘家人不好的说法。总之，无论出于哪种说法，姑娘在出嫁后的第一个端午节是不能回娘家的，为怕女儿想家，就有了娘家人看闺女的习俗。

天贶节

农历六月初六，又叫“晒衣节”。过去人们在这天要把衣服和书籍拿出来晾晒，称作“晒龙袍”。据说这天晒过的东西不生虫。此日村民还有吃“炒面”的习俗，即把新麦炒熟磨成面粉，拌上红糖和水后食用。

七夕节

农历七月初七，又叫“乞巧节”。传说是牛郎织女鹊桥相会的日子。旧时多有少女深夜设香案向织女乞以手巧、提高织艺之俗，现基本废除。

中元节

农历七月十五，俗称“鬼节”，传说为纪念“教民社稷”的五谷神后稷。傍晚置备供品上坟或晚上在家举行祭祖仪式，祭祖仪式跟春节“请老的”基本形同，唯一不同的是要将拔来的高粱、谷子、大豆、黍子、芝麻等五谷各一株绑在一块，置于大门楼顶上。但家有亡者去世不满三年的，不在家中祭奠。不管怎样，七月十五在桃园人心中不仅是对先人的缅怀与祭奠，也是对现在美好生活的祈福。融入了很多现代元素，七月十五也更加丰富多彩，更是成为人们缅怀祖先、传承文化、表达对美好生活祝福的方式。

中秋节

农历八月十五，又名仲秋节。老人直称“八月十五”，中华民族的传统节日，是一年中仅次于春节的团圆节，已被定为国家法定节日。当天，外出办事的人都尽可能赶回家中与家人团聚。当月亮升起时，全家人围坐在院中赏月饮酒吃月饼，共享天伦之乐。月饼最初是用来祭奉月神的祭品，后来逐渐成为中秋节专有食品，中秋节品尝月饼成了家人团圆的象征。月饼原来仅有五仁馅的酥皮月饼，如今豆沙、黑芝麻、椒盐、水果味提浆、枣泥等馅的月饼五花八门，品种也有广式、京式、滇式、苏式、潮式等多种样式。

重阳节

农历九月初九,二九相重，称为“重九”，民间在该日有登高的风俗，所以重阳节又称“登高节”。还有重九节、茱萸、菊花节等说法。由于九月初九“九九”谐音是“久久”，有长久之意，所以常在此日祭祖与推行敬老活动。2012 年 12 月 28 日，国家明确每年农历九月初九为老年节。社区每年都要开展系列活动，并给老人们发放慰问品和慰问金，弘扬中华民族敬老爱老的传统美德，孝道传承已成为社区的文明新风。

寒衣节

农历十月初一。古诗有云：“十月里来十月一，家家户户送寒衣，祭奠先人御寒气，敬老孝老世代传。”这个时节已入冬季，人们怕在冥间的祖先缺衣少穿，因此，常在这天祭奠祖先，除常见的祭拜供品之外，还会给他们送去“寒衣”。送寒衣的祭奠，家祭、墓祭都可以，家祭可以在家门口或附近的十字路口。当年新丧之人，一般采取墓祭。祭拜用品，除常见的香烛、供果供品、酒水之外，还需要准备一些纸衣，讲究的人还可以做一些纸质的房子等，一并送给异界亲人，让他们也度过一个安稳的冬天。这些活动，虽然带有一定的封建迷信思想，但也是传承中华民族孝道孝行的好时机，借此机会对孩子们进行教育，宣讲家族传承、先人的故事，让自己行孝的行为给子孙后代做一个好的表率。

冬至

二十四节气之一，此日村民多食水饺，有“冬至饺子夏至面”之说，据说吃饺子是怕冻掉耳朵，取“饺儿”谐音“胶耳”。

腊八日

农历十二月初八，早上村民多用米、豆、枣、花生煮“腊八粥”食，据说吃了能增福。当日用醋腌制“腊八蒜”，是春节吃水饺的佐料，此时蒜味稍酸，醋味微辣，十分可口。

小年

农历十二月二十三，民间俗称“过小年”，传为送灶君上天言事之日，故又称“辞灶”。村民多以谷草、大豆置于灶前，表示给灶君喂马，好让灶君骑马上天，一路顺风。灶君像前供杂面、糖瓜（糖瓜意在粘住灶王的嘴，不让他上天说坏话），并口中念叨“上天言好事，回宫降吉祥，少说是非话，多带五谷粮”。供罢即将灶君像撕下，与纸钱、谷草一起烧掉，意味着送灶君上天了。至春节方重新贴灶君像。

除按农历排序的传统节日，新中国成立后，随着国家的发展，又有许多公历节日，如 1 月 1 日元旦、3 月 8 日国际劳动妇女节、3 月 12 日植树节、5 月 1 日国际劳动节、5 月 4 日青年节、5 月 12 日护士节、6 月 1 日国际儿童节、7 月 1 日中国共产党建党节、8 月 1 日中国人民解放军建军节、9 月 10 日教师节、10 月 1 日国庆节等。

婚嫁习俗

桃园村旧时的婚姻制度是父母之命、媒妁之言，有重婚纳妾、寡妇守节的陋习，还有以借婚姻为由索取钱财，甚至以女儿抵债的恶习，妇女备受封建礼教的束缚和压迫。婚嫁程序主要包括：聘媒、定亲、择吉、催妆、迎娶等。新中国成立后，提倡喜事新办，不再严格按照程序来办，可根据情况简化，进入 21 世纪后，国家提倡文明新风，婚嫁注重的是喜庆、吉祥的气氛，人们更加注意节约、简洁。

聘媒

旧时男婚女嫁皆由家长包办，通媒结亲，即所谓“父母之命，媒妁之言”。一些穷苦人家因生活所迫，有的将女儿卖给人家当童养媳，亦有的实行换亲，即互易其女为儿媳。婚龄一般男大女小，男的到十五六岁，甚至十二三岁即有父母央人求亲，更有甚者“指腹为婚”，订“娃娃亲”。也有女方托媒说婆家的，叫“倒提媒”。媒人受托后，往返男女两家串通撮合，双方家庭为慎重起见，暗中打听情况，并请算命先生“合八字”，如无相克和不中意，即可定亲。也有通过串门子、走亲戚等方式相亲的。经媒人多次往返，亲事初定之后，要再请一媒人成为双媒，议妥，择吉定亲。

定亲

又称“送柬”或“换帖”，是双方初步落实婚姻意图的一种书面形式。男方请人用红纸将求亲之意写成小帖，封面写上吉祥的祝词，以及“敬求金诺”“恭候金诺”之类表示求亲的字词，由媒人连同男方准备的衣料、首饰、化妆品、聘金等“彩礼”，用一对大红包袱包裹，送往女家。女方收到柬帖后即回帖，加“谨遵台命”“仰遵玉言”等表示同意结亲的字词，并附回礼，由媒人带回男家。多以鞋帽、文房四宝等作回礼，然后男方备席答谢媒人。定亲虽是民间约定俗成，却也包含着一旦定亲，双方都不可违约之意。定亲在八字合好之后，由男方送给女方和姑娘比较贵重的礼物或现金，同时必送红包袱一对，寓意“包福”。自此，青年男女均改口称对方父母为“爸、妈”或“爹、娘”，并互相按对方的称呼来称呼对方的其他人。对方父母及其他长辈要分别给青年男女“改口钱”。在以后的日子里，两家就以正式亲戚的名义开始相互走动了。此习俗一直沿用。

择吉

即男方选定举行婚礼的日期。一般男方须托媒人到女方“要媳妇”，女方将嫁女的生辰八字用大红纸写好交媒人带回男方，男方据此请卜人选定“行嫁月”“吉日良辰”和喜神所在的方向，叫“查日子”。同时还要算出迎亲、送亲之人在属相上的忌讳，用大红纸一式两份写好，叫“年命帖”，由媒人送往女家，叫“送日子”，而且还要向女方送聘礼。此后男女双方即准备婚嫁物品，男方所缝制的被子多在四角放少许棉籽，取“辈辈有子”之意；女方亦请儿女双全的妇女帮助“棉被子”，多在四角放些红枣、花生、制钱、栗子等物，取意“早生贵子”。现在，思想开放的部分青年人也多选“五一”“十一”元旦等节假日结婚，不再遵循原有的习俗。

催妆

婚前三日内，男方用食盒给女方送酒、肉、麦、衣料、现金等（皆双数），名曰“催妆”。

送缘房

婚前一天，女方的女性长辈带嫁妆到男方家。从前的嫁妆，一般人家多是两铺两盖、桌椅、箱柜、座钟、脸盆等，贫穷者从简，只送茶具等桌上用品。其中一个包袱装有现金，由男方的哥哥（叔伯哥哥也可）把包袱翻过来，称曰“翻包袱”，看包内现金的数目，然后男方加倍包进去（也可事先由男女两家商定好现金数目），归新娘所有。妆奁内多贮枣、栗，谓之“早立子”。送取缘房所用的工具皆饰以浓厚的吉庆色彩，所用的绳子要染一段红色，用的车辆、扁担、盒、柜等要贴上写有“喜”字的红纸帖，底面用红纸铺垫，桌、椅、床、柜等陪嫁木器上要挂以三角形红布等。男方设宴招待。同日，男方贴喜联，张灯结彩。

迎娶

在选定的吉日内，男方用花轿到女方家迎娶新娘。新郎戴礼帽、着长袍马褂、披红绸；由旗、锣、伞、扇开道，唢呐等吹打乐器一路奏喜庆曲调。新娘预先早已“开脸”(开脸，也叫绞脸，即用丝线一松一紧绞拔面部和颈后的汗毛)、挽纂(在脑后挽发髻，过去女子出嫁的标志)，头戴花冠、蒙头红、穿红衣，着红绣花鞋，由父辈或兄长抱入轿内，亦有用椅抬入轿内，意思是脚不沾娘家的土。并有兄弟或近亲的两人相送，名曰“送客(kei)”。起轿后，一路不能落轿，轿至男方门前，花轿面对喜神所在的方位落定，有的地方这时故意将大门关闭，让花轿在门前停一会儿，谓之“顿性子”，目的是使新娘的性格绵软，进门后服从婆家的管教。待男家大门顶压一对红砖、两双筷子，天长日久，两块砖坯化为泥土，混合在一起，寓意一对新人永不分离，白头偕老；门框贴“青龙”“赤虎”，红毡铺地后，时辰已到，鞭炮齐鸣，新娘由两“架女”相扶下轿，新郎在前引导，路过门槛时门槛放一红纸裱糊的马鞍子，新娘由“架女”搀扶迈过，叫“过门”，意在“前进平安”。在新娘向院内走时，一路有人向其身撒五谷杂粮、彩色纸屑，目的在于驱邪。院内摆放香案，夫妻拜天地，新郎、新娘一拜天地、二拜高堂、夫妻对拜，同入洞房。新郎用包着红纸的秤杆挑下新娘头上的红盖头，新娘进入洞房后，朝喜神所在的方位坐下，谓之“坐时辰”。由男方将新娘从家中带来的“随身面”煮至半熟，新娘吃的时候，会有人问：“生不生?”回答“生”，意为生育后代。

婚宴开始后，男方父母及一对新人要一一向来宾敬酒。每逢上“大件”菜时，端盘子的助忙人则会向“圆饭客”(新娘的上辈人)“男送客”(新娘的同辈男子)“女送客”(新娘的同辈女子)讨要赏钱。傍晚，新郎新娘喝合卺酒，俗称“交心酒”“合婚酒”，亲朋开始闹房。

上喜坟

婚礼后第二天，新娘由婆家人带领到本族各家给长辈磕头。新郎、新娘同到祖茔上坟，叫“上喜坟”。

回门

婚礼后第三天，新郎陪新娘回娘家俗称“三日回门”。

新婚俗

新中国成立后，党和人民政府大力破除封建旧婚俗，包办买卖婚姻、重婚纳妾、干涉寡妇再嫁、收养童养媳、休妻、卖妻等恶习得以彻底根除。倡导自由恋爱，男女双方自愿同意，经政府批准，领到结婚证即承认合法婚姻。多数婚姻仍沿袭订婚、贺喜、迎娶、典礼等程序，但相比而言，已经简化了许多。

新中国成立后，男女结婚多为自由恋爱，亦有靠人从中牵线的，叫“介绍人”或“红娘”，双方经过了解后商定婚事。20 世纪 50—60 年代，订亲男方向女方赠送衣物、衣料、现金等聘礼。70 年代后，曾出现女方定亲时索要“三大件”（自行车、手表、缝纫机）及结婚时预备齐“三转一响”（“三大件”加录音机）、“多少条腿”（新房中木制家具）的现象。90 年代时兴“三金一木”（金耳环、金戒指、金项链、木兰车），有的索要现金，由几十元到几百元，到“千里挑一”（1001 元）。2000 年后，又有了“万里挑一”（10001 元），“万无一失”（15010 元）、“两家发”（28000 元）等。订婚后，双方持单位介绍信到民政部门办理结婚登记，领取结婚证；从 2003 年 10 月 1 日后，政府简化手续，双方持各自身份证即可到民政局婚姻登记处直接办理结婚登记。

迎亲习俗逐步也有改革。不再用轿迎娶。20 世纪 50 年代多用马车，后用自行车、拖拉机、汽车；自 80 年代末开始，用轿车娶亲，数量由 6 辆、8 辆、18 辆到 20 辆，且越来越豪华高档。男方到女家迎娶时，女方大门紧闭，迎亲人要连掏红包才得以进门，而回到男方家门口亦是如此，可谓“一报一还”。在迎娶的路上，爱闹的小青年总要让新娘掏出钱来买烟分发，为的就是个热烈、热闹。典礼多在酒店举行，一般请专职司仪来主持，奏《婚礼进行曲》，证婚人宣读结婚证书，主婚人讲话，新人向双方父母鞠躬，向来宾鞠躬，对拜，喝交杯酒，交换信物，家长代表讲话等。

丧葬习俗

旧时，办理丧事，多采用木棺土葬，礼俗相当繁琐。一般于人亡后第三日或第五日出殡，大家富户亦有第七日、九日甚至四十九日出殡者。期间，有的请僧道设坛场作佛事，诵经超度。亡者配偶如有先逝者，丧主须于发丧前一日的晚上迎其灵共祭。大体有守灵、起灵、送殡、路祭、下葬成坟等程序。

穿寿衣

家中有人去世，在门扇、门框上贴灼条纸，俗称“封门”；派人到近亲家中“报丧”。同时，家中给逝者净身剃头、穿寿衣。寿衣，俗称“送老衣裳”。人去世后，儿女为其穿寿衣，死者为男性，通常由儿子和女儿来料理，死者为女性，则由女儿和儿媳来料理。寿衣一般不用皮毛和绸缎做，怕来生变成兽类和断子绝孙，多用绢棉做成，取“眷恋”“缅怀”之意。衣裤的件数，忌双喜单。同时往死者嘴里放点东西，多为穿有红线的制钱（亦有含珍珠之类的），为的是不让死者空着嘴离开人间。

守灵

将逝者头朝西、脸盖黄表纸移入正房迎门的灵床上。灵床有的用现成的木床，有的用门板或苇箔在长凳上搭成，还有的临时用土坯垒起，上铺一床单或褥子而成。灵床前置供桌，放“长命灯”，据说是为死者灵魂去阴间引路用；焚香设牌位，并供小米干饭1碗，叫“倒头饭”，上插竹筷1双，叫“打狗棒”，迷信说法：去阴间的路上若有狗来抢饭吃，就用此“棒”驱赶。晚辈穿白布孝衣，男戴白布孝帽，女顶白布头巾，白布裱鞋，通宵轮流守护，随时烧纸，香火不断，谓之“守灵”。

送浆水 扎纸扎

守灵期间每天早、中、晚饭前3次全体孝家披麻戴孝到土地庙或十字路“送浆水”，浆水多由生水、面粉、小米混合而成，装在壶里，有的壶里只装清水，也叫做浆水。扎制纸车、纸马，用黑面烙制“打狗饼”“打狗棒”，取意西天路途遥远，又有恶狗拦路，一旦遇到恶狗便可用棍子打它们，同时把打狗饼扔出去喂狗，以便趁机脱身。

吊丧

死者去世后，家人要立即把死讯告知至亲至友。若死者为女性，通知其娘家人则显得尤为重要。当日，院内设灵棚、立牌位，晚辈中男性，按长幼、亲疏排列，跪在桌前两旁。凡接到死讯的亲友一般会按讣告订的日期，在开墓安葬之日前来吊丧。至爱亲朋则先付奠仪，后将祭品置于灵前，向灵位跪拜，奠酒3盅，放声痛哭，叫“拜祭”。前来吊丧的女亲友从到丧家大门口就开始大声哭喊，若是已出嫁的女儿则从更远的地方就哭喊至灵前。男亲友则见到死者后才跪下哭喊。同时，孝子要向前来吊丧的亲朋、乡邻磕头拜谢、陪哭。一般乡邻只付丧仪（现金）叫“付人情”。

入殓

逝者入棺谓之“入殓”。棺材俗称“寿材”，多用杨、柳、榆、槐等杂木制成，殷实人家则用柏木。穷苦人家有的仅薄棺一口，苇席一领。入棺前先在棺内铺香表垫褥，再由儿女亲属用棉絮蘸酒为死者擦脸净面，之后入棺。于亡者身旁放香表、制钱或硬币、打狗饼子、草木灰及死者生前所爱之物，盖棺封口，大殓告成。女性丧葬待其娘家人到后，方可入殓。

出殡

当日，由逝者的长子手持扁担，上燃香四炷，踏上高杌上，面向西方高喊对逝者的称谓“某某上西方大路”，连喊三遍，且一声比一声高，喊毕，扔掉扁担，全家跪拜痛哭致哀，俗称“指路”。大门外烧“倒头马”，至土地庙设祭。迷信说法是送死者灵魂上西天朝佛，为其饯行。至亲至友再次祭拜后“起灵”。有的在起灵前读祭文，把棺材抬起（起棺），在门槛上砍断桑条（断丧），砸烂一个黑碗（砸碗）将棺材抬出大门外放到差架上。差架龙头凤尾，由16位壮汉抬着，吹手喇叭开道。灵棺由长子顶瓦、次子打幡引路，长媳兜罐子，外甥打花幡，长子在路口把瓦摔碎，接过次子手中的白幡，拄哀杖引路，挂孝送丧人随后。女婿沿路祭奠，路上摆路祭，遇路口、桥洞，有的放鞭炮，有的撒纸钱，直至祖茔坟地。送葬妇女不进茔地。送葬队伍受家族影响规模不一。墓穴内点长明灯，放浆水罐，五谷仓以及死者生前喜爱物品，用粗麻绳牵吊棺材，悬在墓穴中，执事人大声发问：“正了没?”长子回答“正了”，这叫“看正”，棺材徐徐落于墓穴中。因有一墓双穴的习惯，配偶健在的，还要在空穴中放置写有“石烂人来”的卵石一块，以乞在世者健康长寿。然后，封好墓穴顶盖板，培土成坟。由长子将孝幡插在坟头，墓祭。送葬人脱去孝衣回家。治丧程序因家庭贫富的不同，烦简也不一样。

谢客

殡后次日拂晓，死者的儿孙穿孝服挨家逐户到吊丧者家中致谢，不进家门，一般只是在门前高喊“谢客了”，主人听见，回声“听到了”或“知道了”，表示已知礼。路上若是遇到熟人，不管其是否知道家有丧事，也不管路上是否泥泞，也要磕头拜谢。

圆坟

殡后次日三更后至五更时，逝者的男女子孙穿孝服一起前往墓地祭奠，上香、摆供品，绕坟正转三圈，倒转三圈，铲土培坟，俗称“圆坟”。然后烧纸，烧些逝者平日穿的衣物，跪拜。

上“五七”坟

人亡后第三十五天叫“五七”。根据逝者子女多少，加逝者本人，计算减少天数。除烧纸外，还要烧纸糊的金山银山、摇钱树、聚宝盆房屋、用具等纸扎。

上“百日”坟

人亡后第一百天叫“百日”。孝家要到坟上祭祀。百日坟一般延后，有“长百日短五七”之说。

持服

也叫吃服。安葬后，逝者家属要穿孝服守孝，叫“持服”。持服期，儿女为3年，侄孙辈为1年，期间，儿女一般百日内不理发，不问世事。三年内过春节不贴春联，不早起过年，不外出拜年。逢娶亲喜事贴对联，用蓝色纸。

葬俗改革

新中国成立后，殡葬礼仪逐步改变，治丧程序简化。20世纪70年代中期，实行火葬，土葬习俗废除。2012年后，政府提倡文明新风，丧事简办，社区成立理事会，治丧由理事会负责，家人白布披身或臂戴青纱开追悼会，奏哀乐村委送花圈，火化后葬于公墓。

喜庆习俗

在社会发展、变迁的过程中，村民们的信仰特征与社会特征交织在一起，形成复杂多样的喜庆习俗。

添喜

婴儿降生民间谓之“添喜”。旧时根据婴儿性别，添喜又有大喜和小喜之分，生男谓之“大喜”，生女谓之“小喜”，重男轻女思想表露无遗。添喜后，要向产妇的娘家报喜。从前，有身份的人家派佣人去，一般人家派兄弟去，现在多是女婿亲自前往。报喜返回时，要从岳母家中带回鸡蛋、油饼等礼物。娘家要备小米、挂面、鸡蛋、红糖、小孩衣服等前往抚慰，叫“送米”。送米时间一般是在婴儿出生后的第 6、8、12 天中的一天。乡邻亲朋也多来祝贺，一般送鸡蛋、小孩衣物、现金等。客人离开时，主家拿红鸡蛋、馒头等物给客人带回家去，以表谢意。

坐月子

产妇生孩子后需呆在屋里一个月，期间不可动手洗衣服、洗头、洗脚、做饭等，需家人细心侍候，叫“坐月子”。从前一般人家的妇女添喜，既无医院可住，又无专科医生助产，多在自己家中请接生婆来接生。产房内男性、儿童、寡妇、没出嫁的姑娘不许在场，丈夫只能在门外静候喜讯。由于卫生条件和接生技术的限制，旧时妇女生孩子就如过一次鬼门关。产房叫“月子屋”，门口要挂一红布条，提醒外人不要随意闯入，不可大声喧哗，怀孕妇女和月经期间的妇女更不可进入屋内。

铰头

孩子出生一个月即30天称“满月”。一般人家当天要“做满月”或称“过满月”，亲朋送贺礼，主家设宴招待。有的人家也办“满月酒”，并为婴儿摄影留念。满月这天由娘家人为孩子剪胎发习俗，叫“铰头”。铰头只是一种形式，并非一定要剪得整整齐齐，多为虚铰，铰头者边铰边说：“一铰金，二铰银，三铰骡马一大群”“剪剪嘴会早说话，剪剪眼睛别乱看，剪剪鼻子好闻香，剪剪耳朵别听闲话，剪剪手手灵巧，剪剪脚早走路。”并象征性地铰耳、眼、口、鼻及手脚尖，意在婴儿大后，耳聪目明嘴不馋，手脚干净作“完人”，多是祝福性的话语，以求孩子越来越聪明。剪发时前面剪七下，后面剪八下，谓之“前七后八”。此后，还要给孩子铰头钱。

住满月

婴儿满月后，娘家人接回住几天，叫“住满月”。以前女孩到外婆家，多用墨涂小脸，返回时改用面粉，称“黑狗来白狗去”，男孩则相反，寓意婴气发达、长命百岁发大财。

过百岁

婴儿出生100天，叫“百岁”，亲朋邻里前往祝贺，叫“过百岁”“做百岁”。女方娘家人来祝贺，送染了红点的小馒头，叫做“百日馍馍”，还要送小孩衣服、银首饰等。所缝制的小孩衣裤多带有线穗，取“穗”，谐音为“岁”。有谚语“姑做裤，姨做袄，妗子做鞋跑不了”，意祝孩子长命百岁。这天孩子多佩带“长命锁”，一般是银质，上刻“长命百岁”“长命富贵”等字，用银练挂在小孩的脖子上，此习俗一直流行。从此以后，婴儿可以穿衣戴帽，不再受襁褓的束缚。

祝生日

孩子出生满一年、第一个生日叫“周岁”。村民时兴给孩子提前几天过生日，叫“抢生日”，意喻让孩子快快长大。亲戚朋友前来祝贺。贺礼有衣服、鞋子（有虎头鞋、小猪鞋、绣花鞋等）、麻花（喻指小孩子的腿，祈盼孩子早会走路）、烧饼（喻指小孩子的膝盖）、玩具、现金等。以前讲究在这一天要给孩子穿姑姑做的裤，事先在裤筒里放两只烧饼，穿裤时，孩子用脚把烧饼蹬出来，寓意孩子会早点走路。还要举行“抓周”项目。

抓周

孩子周岁那天，在床上、大案子上或大方桌上摆放文房四宝、玩具、算盘、食物等，若是女孩，则会再放上勺子、剪子、尺子等。将孩子抱来放在离物品稍远的地方，让孩子爬过来随意抓，以其所抓的物品来预测孩子未来志趣、命运、职业等。

祝寿

中青年人讲究“父母健在不过生日，不到六十不过生日”，还讲究“男做女不做”。60 岁以上的老人，每逢生日，亲朋都要携礼品向老人祝寿，一般十年为一大庆（寿）。其中 60 岁、70 岁、80 岁最为隆重。过生日的日子讲究只能在老人的生日这天或拖后几天，不能提前，意为不希望老人老得太快。旧时，富裕人家做寿，要搭喜棚、请厨师、筑炉子、设寿堂，堂上正面挂“寿”字，晚辈人行叩首礼。现在，礼节简单，晚辈给老人鞠躬，说些祝愿的吉祥话，送上贺礼，亲朋拉呱叙旧，喝酒庆祝，多在饭店进行。

乔迁

即“搬家”，有的请人“看日子”，有的按照自己的空闲时间选个日子，多是太阳升起前迁入新宅。旧村改造后，搬迁一般雇用搬家公司，时间也不再限于太阳升起之前，人们根据自己和搬家公司的情况，约定具体的搬家时间。搬迁之后，亲朋好友前往祝贺，俗称“温锅”，过去送锅、盆等礼物，现在多送现金、字画等。

信仰禁忌

信仰的习俗反映了村民追求吉祥平安、幸福美满的心态。对人们的物质生活和精神生活也产生一定的支配作用。随着社会文化的发展进步，桃园社区带有迷信色彩的信仰逐渐减少，好的习惯得到传承保留。

信奉

古人信奉天堂地狱，认为善人死后升天堂，受诸福乐；恶人则入地狱，受诸苦痛。有人也信奉天堂是天国，是极乐世界。村人去世后出殡时打的白幡，男性多写“白幡引路上天台”，女性则写“白幡引路赴瑶池”。村民的信奉，受历史传统和周边风俗习惯的影响，由来已久，主要信奉王母娘娘、天爷爷（玉皇大帝）、龙王、泰山奶奶、观音菩萨、土地爷爷、高大姑、文昌星、井王等。

王母　全称西王母，尊称王母娘娘。在道教神仙体系中，西王母是所有女仙及天地间一切阴气的首领。原是掌管不死药、罚恶的上古女神，现多传为护佑婚姻和生儿育女之事的女神。据说三月初三是王母娘娘生日，以前村民每年都举行庙会祭祀。

玉皇大帝　即玉帝，又称“天爷爷”。村民认为他是万物的主宰，掌管风调雨顺，造福黎民百姓。正月初一、六月初一村民都要给他上供。

灶君 即灶王爷爷。在信奉户家的饭屋里，大都挂有木版印刷的灶王神像。传说是玉帝派往各家各户的使者，每年一次升天汇报民情，在腊月二十三“小年”辞灶的时候将其送走，正月初一再将其请回。

土地神 民间称“土地爷爷”。认为他能看坡护田，保佑五谷丰登。以前村中曾建有土地庙，村民定期到庙中上供。人去世后也到庙中给去世的人“送浆水”，祈求保佑逝者入土安息。

财神 即关帝。桃园人普遍信奉关帝，且由来已久。平常的日子，商民和百姓祈求关老爷保佑平安发财。周村有俗语：五月十三，关老爷磨刀杀吴三。五月十三，村民认为是关老爷磨刀的日子。这一天却又赋予他行云布雨的重任。若果天旱无雨，人们就会搭台请出关老爷神灵祈求下雨。现在，村民大多都经商办企业，因此家中或店中大都供财神，农历每月初一、十五，都上香焚纸，以求财进宝。其实，这也只是人们的一个美好心愿。

观音菩萨 即观世音。传说她大慈大悲，能救苦救难。农历四月初八是她的生日。过去，这一天周村人会在观音阁和杆草市街举行隆重的法事，村民大都参加。有的村民家中也供观音菩萨像，在农历初一、十五的时候会上供烧香焚纸，祈福求安。

泰山奶奶 全称是“东岳泰山天仙玉女碧霞元君”，俗称“泰山奶奶”。据道教的说法，碧霞元君受玉帝之命，证位仙真，统率泰山岳府之天将神兵，照察人间一切善恶生死之事。而且她神通广大，治病救人，护佑一切农耕、商贾、旅行和婚姻等事。而且，碧霞元君之女侍塑像中有一个抱有婴儿的女子，这是碧霞元君阴佑妇女儿童健康平安，能让无孕得孕，有孕顺产。所以，民间也有把泰山奶奶当成送子娘娘的。明清以来，直至今日，村民中崇拜泰山奶奶的，一直十分兴盛。四月十八是碧霞元君神诞之日，每到此时，村民或在家中，或登泰山为碧霞元君烧香奉祀、许愿还愿，或求消灾祛祸，有的家中供其神像。

路神 即路姑，也叫路姑神、路神娘娘、路神奶奶，是民间传说中管道路安全的神，保佑人们出行一路平安，也保佑人们财路畅通。改革开放以来，随着家庭车辆的增多，信奉路神的人也越来越多，由“香头”带领多名妇女，持红布包好的供品，到 309 国道十字路口处上供。然后将红布剪成布条，系在各类车上，祈求交通平安。

龙王爷 也叫龙王，是古代神话传说中在水里统领水族的王，掌管兴云降雨，属于四灵(麟、凤、龟、龙)之一。传说龙能行云布雨、消灾降福，象征祥瑞。遇上天旱之年，在农历六月初六还要进行祭天祈雨活动。祈雨能解除旱情，村民叫“求雨”。凡求雨者，用柳枝编成圈，号佛，戴在头上，跟随往返。此外，村民还信奉刘大王，老百姓在祈求老天爷风调雨顺的时候，都要对刘大王恭恭敬敬地顶礼膜拜。“大王”是一种小蛇，俗名“小风梢”，长约尺许，黄身黑纹，额上花纹为“王”字状，常常于水边游走，不太怕人。传说这“大王”就是明末义士刘孔和，他死后为神，专司水旱之事。祀者将其放入底铺黄表纸的传盘中，将其身段盘成剪刀股状，在其上盖一块大红色包袱，端回家中供奉祷告扶乩问事后，仍送入河中，据说还能于水中回首致意。

灵魂 以前的人认为人有灵魂，当婴幼儿夜晚啼哭不止或头疼脑热、无精打采、迷迷糊糊的时候，人们不会认为是因为当时生活条件所限，孩子是因为饥饿或缺钙等原因造成的，多被认为是有“窍”(有问题)，“掉魂(读“回”)”了，要抓紧时间“叫魂”。方法有多种：婴儿多在家叫，趁小孩睡熟，用尿布绕其倒、正各转二圈，把尿布捂在孩子的头上；大孩子请人叫，中午站在太阳地里，用其帽子对着太阳念叨，戴到头上回家，一路不回头、不说话，不同熟人打招呼；还有的喊着孩子的名字拍打着山墙叫，也有拖着孩子的衣服叫的。夜晚孩子啼哭，就在街上张贴写有“天皇皇、地皇皇，我家有个夜哭郎。过往君子念三遍，(孩子)一觉睡到大天亮”的“帖子”。

村民祭祀各路神灵时常用的对联有：

王母：高迁上品天仙位名列云班宝箓中

玉皇大帝：金阙银銮驾紫府玉簪珠履绶金章

泰山奶奶：统摄岳府神兵消尽瘟癀遍察人间善恶驱邪除灾

观音菩萨：落伽人紫竹林修仙悟道出南海驾祥云普度众生

从这些对联中可以反映出人们对美好生活的期盼。

禁忌

旧时，由于人们的愚昧无知，对某些自然现象不能作出科学合理的解释，为寻求心理上的安慰，在日常的生活中形成许多忌讳，有些是带有美好的心理祝愿，有些属于封建迷信，随着科学知识的普及，许多陈规陋习有所改变，但也有残存。

日常生活禁忌

每月初一忌洗头、洗脚、洗衣服。

不能在屋里打伞，否则会长不高。

晚上有人喊不要回答、夜里有人叫你名字不要回答，怕是鬼叫的。

年轻人不能坐上席。否则被认为不懂事、没礼貌。

借的煎药的药锅不能主动送还，得等主人来取。主动送还意味着把自己的疾病也同时送给了人家。

扬刀三分罪。不论是开玩笑或是真生气，绝不可向对方扬起刀、剪之类的利器。

晚上不能吹口哨，否则会引来鬼。

晚上不能哭，一哭就会被叫花子背走。

不要学口吃的人说话，要不然自己也要变口吃。

六十岁之前不做寿。父母健在，儿子不做寿。

待要走三六九。要出远门的人，选择农历逢三六九的日子，吉利。

七不出门，八不还家。出远门时忌阴历逢七的日子，从外地回家时忌逢八的日子。

每月十四、二十四日为“月忌天”，不能出远门。

不随意笑话人，不幸灾乐祸，不嘲笑残疾人。民谚“笑话人不如人，脸上长麻子，腚上长皱纹”。

不能用脚踩字纸，更不能用字纸擦屁股。否则，就是对孔圣人、对文化的不尊重。

家里来客人，添饭时一定不能说：还要饭吗？

招待客人时，忌将茶壶嘴朝着客人。否则，认为茶壶嘴也在乱插言。

酒满茶浅。斟酒要斟满，意为让客人喝得高兴；倒茶要浅，倒满有逐客之意。

夹菜不能乱翻，在盘子里乱翻不礼貌。

吃菜不能随便翻，只能夹自己跟前的。吃饭的时候不能敲碗，乞丐要饭时才敲碗。

吃饭时要尊重长辈，全家人围坐一起吃饭，如果大人不动筷子孩子也不能动。

盛饭时，不能盛的太满。给死人的“倒头饭”才盛的很满。

不能将筷子竖起插在饭碗内。给死人的“倒头饭”上才插筷子。

不反向（即手腕向外翻转）盛水、盛饭。给犯人盛饭时手腕子才往外翻。

不从手虎口间咬干粮。要饭的人才从手虎口间咬干粮。

宅院前不栽桑，后不栽柳，门前不栽呱嗒手（杨树）。

蛾子、蝴蝶身上的粉不可进入眼睛，否则会失明。

耳屎（俗称“耳碎”）不可进入口中，若咽下后会失声。

有陈年旧病的人不可吃无鳞鱼和牛肉。否则旧病复发。

不可用腿跨过小孩的头，否则，小孩个子就不会长高。应急的方法是让小孩在原地边跳边喊：“跳跳长长，过了麦子还长”。

打头没好气，死你老伙计，意思是不能随意拍打别人的头，即使是表示亲热也不可。长辈轻抚小孩的头表示爱抚例外。

不打骂、训斥孩子。否则，孩子一年之内老挨打挨训。

不长时间一只脚在门里、一只脚门在门外或站在门槛上。因少亡人安放灵床时，才讲究头朝里，脚朝外。

用担架抬病人时，病人的头不能朝前。因为只有抬死人时，头朝才前。

不到淹死人的水边去。有淹死鬼，也就是勾死鬼，它要拖一个人下水为它当替身。

人若活到一百岁时，仍称九十九岁。因驴寿命长，能活一百年，以避讳与老驴同岁。

孕妇、婴幼儿禁忌

孕妇不可吃兔子肉。否则，将来生出的孩子是兔唇，俗称豁子嘴。

孕妇不能见死人。否则，影响孕儿的正常发育。

孕妇不能待在葡萄树下。否则，易生葡萄胎。

刚生完孩子的妇女不可伤心落泪，否则损伤眼睛。

不能让婴幼儿老伸着舌头，否则，易招致灾祸。

婴幼儿的衣服、被褥不可以在室外过夜。否则，孩子一宿害怕。

小孩换牙的时候，若上牙掉了要扔在阴沟里，下牙掉了则扔到屋顶上。为的是让新牙快些长出来。

孩子不能玩火，否则要尿床。

小孩不能耍麻雀，不然会手抖。

春节期间禁忌

除夕夜要洗脚，以后有好吃的才能及时赶到。

年五更早起床后不能大声喧哗。年五更是百神下界的时候，要安静。

不能打碎肴货。若失手打破了，应立即念叨：“岁（碎）岁（碎）平安。”

不说不吉利的话。据说春节期间说的话很灵验，在一年中会应验。

正月初一不扫地。即使是瓜子皮、糖纸、鞭炮纸屑再多也不可扫。否则会把一年的财气扫走。

正月里不理发。理发死舅舅。

婚丧禁忌

年纪大的人去世后，不能说“死了”。而应说：“老了”，或“走了”“不在了”“没了”。

死者上灵床后，不能让狗、猫接近。否则，易“诈尸”。

给死者净面或入殓时，不能将眼泪滴到死者身上和棺内。据说，若把眼泪滴到死者身上或棺内，埋葬之后，会在坟头周围出现一圈潮湿的土壤。而当地也会出现“旱魃”而大旱（“旱魃”又称“旱包”）。

持服的人在三年内，春节期间不早起，不贴对联，不早开门，不到乡邻亲朋家拜年，不放鞭炮。

持服的人百日内不理发。

上坟后或在帮人处理完丧事回到家时，不可立即进院、屋门，要先用扫炕笤帚仔细扫便全身、跺跺脚之后再进门。为的是避免带进“晦气”。

迎娶新娘的轿、车忌从原路返回。因为若走原路系“回头路”“回头”方言中指再婚。

移风易俗

社区“两委”坚持把移风易俗作为推进精神文明及和谐社会建设的重要内容，积极引导广大群众自觉摒弃陈旧落后的思想观念，破除封建迷信，革除陈规陋习，努力践行社会主义荣辱观，建立起平等、友爱、互助的人际关系，营造文明、健康、向上的社会环境，促进党风和社会风气的好转。

喜事新办

随着城市化进程不断深入，社区居民的生活条件有了很大的改善。但由于受传统思想影响，铺张浪费、封建迷信等不良习俗、落后传统也不同程度地在社区存在和上演，红白喜事、升学参军、小孩满月等越办越隆重，越办越阔气，人情攀比、大吃大喝等不良社会现象愈演愈烈。社区居民每年用于婚丧大操大办的财力近百万元，一个喜事花费 5 万元至 6 万元。封建迷信、婚丧大操大办等行为耗费精力、物力、财力，群众入股、摊份子不情愿，但碍于情面又不得不随风而行。特别是喜丧事操办在社区内更是既占用小区内道路，又影响小区的卫生与生活环境，给村民群众造成很大的精神压力和经济负担。也与社会主义精神文明建设的要求极不相符，与公民道德建设纲要的要求严重相悖，与建设创新、精致、幸福桃园背道而驰。革除旧的陈规陋习，移风易俗，倡树文明、节俭、健康向上的新习俗势在必行。为改变这种现象，社区成立红白理事会，理事会成员由居民代表推选产生，遵循喜事新办的原则，反对铺张浪费、大操大办，征求居民意见，结合社区实际情况，制定情理相容的《桃园社区红白理事会章程》，做到传统与现代相结合，居民从心底里高兴。

丧事简办

旧时，桃园村厚葬一直颇受人们重视，甚至被视为体现儿孙孝道的方式之一，各家为对故人表达最后一次“心意”，停灵 3 ～ 4 天，一场丧事办下来多的要花将近万元。有的居民花高额费用给死去的父母买高档骨灰盒、用豪车办丧事。为改变厚葬陋习，社区红白理事会与居民谈心交流，规范丧葬用地，有效减少浪费，化解群众矛盾。改革后，操办一场丧事，村民自家只需花费 2000 ～ 3000 千元左右便可完成。红白事操办实行新规后，居民们都尝到甜头，家里无论穷富都自愿实行一个标准，居民改变了过去爱面子、好攀比的旧观念，树立起勤俭节约的意识。真正做到抵制不良陋习，破除陈规旧俗，反对铺张浪费，反对大操大办，有效树立和谐文明的良好村风。社区居民在不知不觉中改变着传统表达孝心的方式，思想上逐渐从“比厚葬”转变到“攀厚养”。形成厚养薄葬、丧事从俭的新风气。

称谓 礼貌用语

称谓，俗称称呼，是社会的重要交际语言。恰当准确地使用称谓能增进彼此感情，有利于社交的成功，又可以展现一个人的修养。

族内

称父母 爹、娘或爸、妈，俺爹、俺娘，俺爸、俺妈，俺爸爸、俺妈妈，家父、家母，男老的、女老的，家严、家慈，有年纪的。

称继父母 爹、娘，爸爸、妈妈，也有的称“大爷”或“叔叔”“姨”的；不当面的时候也称“后爹、后娘”“后爸、后妈”。

称祖父母 爷爷、奶奶，俺爷爷、俺奶奶。

称曾祖父母 老爷爷、老奶奶，俺老爷爷、俺老奶奶。

称高祖父母 太爷爷、太奶奶，太老爷爷、太老奶奶。

称父亲之兄嫂 统称“大爷、大娘”。较多的按排行依次称为“二大爷、二大娘”，“三大爷、三大娘”等。

称父亲之弟妻 统称“叔、婶子”或“叔叔、婶婶”。较多的按排行依次称为“二叔、二婶子”“三叔、三婶子”等，最小的称“小叔、小婶子”。

称父亲之姐妹 统称“姑”或“姑姑”。较多的按排行依次称为“大姑”“二姑”等，最小的称“小姑”。

夫妻间 相互间叫姓，如“小吴”“小毛”“老李”等，也有的直呼名字；也有丈夫称妻子“屋里的”“俺女人”“俺对象”“俺女的”“俺老伴”，妻子称丈夫“当家的”“俺男人”“俺对象”“俺男的”“俺老伴”“俺老汉”。也有的用小孩的乳名称呼对方。现在年轻夫妻之间也以“老公”“老婆”相称。

兄弟姐妹间 按年龄大小，分别统称为“哥哥”“弟弟”，“姐姐”“妹妹”；人数多的按排行称“大哥”“二兄弟”“三姐”“四妹”等。兄对弟也称“老五、老六”等，年长的可直呼年幼的名字。

妻子称丈夫父母 爹、娘，爸爸、妈妈，公公、婆婆，孩子他爷爷、孩子他奶奶。

妻子称丈夫之兄 哥哥，大哥，二哥，大伯、大伯哥。

妻子称丈夫之弟 兄弟，弟弟，大弟、二弟，小叔子。

妻子称丈夫之姐妹 姐姐、妹妹，大姑子、小姑子。

妻子称丈夫之兄的妻子 嫂子。

妻子称丈夫之弟的妻子 弟妹，兄弟媳妇。

妻与嫂子、弟媳之间，是“妯娌”关系。

父母称子女 统称“孩子”。小时多呼其乳名，成人后在外面多喊其学名。男孩称“儿子”“小子”，女孩称“妮子”“闺女”。对儿子的妻子，称“儿媳妇”。也称“大份 (fei) 家”“二份家”，现在多直呼其名，或按其其姓氏称“小张”“小李”等。对儿子的儿子称“孙子”，对孙子的妻子称“孙子媳妇”。对孙子的儿子，称“重孙子”，“曾孙”。对孙子之孙子，称“玄孙”。

称兄弟的子女 统称“侄子”“侄女”。堂兄堂弟的子女，亦称“侄子”“侄女”，亦称“叔伯侄子”“叔伯侄女”。侄子的妻子称“侄媳妇”。

亲戚

丈夫称妻子的父母　爹、娘或爸、妈，丈母爷、丈母娘，在正式场合称岳父、岳母。有的还称妻子的父亲“丈人”“泰山”。

丈夫称妻子的兄弟　哥哥或弟弟，兄弟；大舅子、小舅子，统称“舅子”；内兄、内弟。

丈夫称妻子的姐妹　姐姐或妹妹；大姨子、小姨子，统称“姨子”；妻姐、妻妹。

丈夫称妻子兄弟的媳妇　嫂子或弟妹；大舅子媳妇、小舅子媳妇。

丈夫称妻子兄弟的子女　侄子或侄女；内侄或内侄女。

丈夫称妻子姐妹的丈夫　哥哥或兄弟；拉不平、两乔、连襟。

丈夫称妻子姐妹的子女　外甥或外甥闺女。

称女儿的丈夫　闺女女婿、客（kei）；常按其姓氏称“小李”“小王”等，亦有直呼其名，在外人面前也称“贤婿”。

称女儿的子女　外甥、外孙或外甥闺女。

称女儿的公婆、儿子的岳父母　互称“大哥”或“嫂子”，“亲家”“亲家公”或“亲家母”。也常按男方姓氏称对方“张大哥”“吴大嫂”等。

称姐妹的丈夫　大哥或兄弟，姐夫或妹夫。

称姐妹的公婆　大爷或大娘。

称母亲的父母　姥爷或姥娘，外祖父或外祖母。

称母亲的兄弟　舅或舅舅、舅父，常按排行称大舅、二舅、小舅等。

称母亲兄弟的妻子　妗子或舅妈。

称母亲的姐妹　姨、姨母，按排行称大姨、二姨、小姨等。

称母亲的姑姑、姑父　姑姥娘或姑老爷。

称父亲的姑姑、姑父　老姑或老姑父。

称父母的姨、姨夫　姨姥娘或姨老爷。

称父母的舅舅、舅妈　舅姥爷或妗姥娘。

称姑姑的丈夫　姑父，大爷或大叔。

称母亲姐妹的丈夫 姨父，大爷或大叔。

称姑、舅、姨的子女 按照年龄称表哥、表弟、表姐、表妹。

称表哥的妻子 表嫂、嫂子。

称表弟的妻子 表弟妹、弟妹

称表姐的丈夫 表姐夫、哥哥。

称表妹的丈夫 表妹夫、兄弟。

朋友

称朋友的父母 令尊或令堂。

称朋友的兄弟姐妹 令兄、令弟、令姊、令妹。

称朋友的子女 令郎或令爱。

朋友之间 仁兄、兄台。

乡邻

按辈分，对长辈冠以姓氏称“吴大爷”“毛大娘”等，比父亲小的男邻居称“大叔”，大的称“大爷”；比父亲小的女邻居称“婶子”，大的称“大娘”。同辈之间称兄弟、姐妹，同辈的男子之间互相尊称“老兄台”，年龄相仿、脾气相投的人互称“一把联子”，称别人家兄弟中排行老大的为“大掌柜的”。上了年纪且关系密切的女性互称“咱老姊妹们”、男性则互戏称“你这老行（航）子”。也有不按辈分，按照习惯形成的称谓；拐弯亲戚，按亲疏关系，就亲近的论称谓，有的各亲各叙。

礼貌用语

受中国几千年礼仪文化的影响，桃园居民在长期的生活中，形成许多敬称、谦称、颂辞、卑辞等礼貌用语。常用的主要有：

与人相见说“您好”

问别人的姓氏说“贵姓”
问别人的住址说“府上”
与不相识的人初次见面说“久仰”。
与对方好久不见，见面说“久违”。
回答别人的问候用“托福”。
没有认清别人用“眼拙”。
向人询问问题或事情说“请问”。
请求别人谅解说“包涵”。
请求别人批评说“指教”。
请求别人给予方便说“借光”。
请求别人协助说“费心”。
请求别人帮忙说“劳驾”。
请求别人让路说“两借”。
麻烦别人说“打扰”。
不知是否合适用“冒昧”。
看望别人用“拜访”。
宾客来访用“光临”。
迎接客人说“欢迎”
来访的客人称“贵宾”。
招待不周用“怠慢”。
朋友离开说“再见”“再来”。
让人勿送说“留步”。
陪伴朋友说“奉陪”。
中途先走不能陪客说“失陪”。
等候朋友用“恭候”。
没能按时迎接朋友称“失迎”。
请人收礼用“笑纳”。
感谢别人的馈赠用“心领”。
借人东西时说“不好意思”。

送还东西时说“耽误您使（用）了”。

读别人的文章时称“拜读”。

求人字画时说“求墨宝”。

发觉产生了误会时说“你看这是咋说地来”。

临近春节时见熟人时说“忙好了吗”。

春节见面说“过年好”“起得早吗”。

平时见面说“吃了吗”。

老人代孩子道歉时说：“俺那孩子不懂事，……”。

得到别人帮助说“谢谢”。

祝福别人健康说“保重”。

向别人祝贺说“恭喜”。

欢迎购买说“惠顾”。

希望得到照顾说“关照”。

称赞别人的见解说“高见”。

老人年龄说“高寿”。

不能满足别人的要求说“抱歉”。

民谣

小巴狗戴铃铛

小巴狗戴铃铛，夯啷夯啷到集上；
买菠菜卖白菜，夯啷夯啷再回来。
小巴狗带铃铛，夯啷夯啷到集上，
待吃桃，嫌有毛；
待吃杏，又嫌酸；
吃了个栗子面丹丹，待吃燕子上了天。

长尾巴郎

长尾巴郎脖子长，娶了媳妇忘了娘。
把娘背到山沟里，把媳妇背到炕头上。
擀油饼，下面汤，媳妇媳妇你先尝。
我上山沟背咱娘，咱娘变了只金凤凰。

小老鼠上灯台

小老鼠，上灯台，
偷油吃，下不来，
吱吱地叫奶奶，
奶奶没好气，
拖着尾巴拽下来。

老猫老猫

老猫老猫，上树偷桃，
偷了两筐给了老张，老张不要，
急得老猫喵呜喵呜直叫。
老猫老猫，上树偷桃，
听见狗叫，下树就跑，
跑到山上，掉了干粮，
跑到路上，掉了拐杖，
下去拾的，扎了一身蒺藜

小杌扎把骨碌

小杌扎把骨碌，开开楼门看媳妇。
谁来了？你姑父。
背的啥？小马虎。
咬人不？不咬人，啊呜！

姑姑大图

姑姑大图，
你来哪住，
我来山后，
山后吃啥，
摸摸就肉，
俺待吃点，
我还不够。

小白鸡

小白鸡，咯嗒嗒，
从小来俺姥娘家，
姥娘给俺好饭吃，
妗子给俺好粉搽，
大舅二舅给俺找个好婆家。
找到哪里，
找到城里的大官家。
也有骡子也有马，
也有大车拉庄稼。
也有轿车走娘家，
也有小车推娃娃。
大舅二舅去叫俺，
俺上厨房去做饭，
擀油饼，卡辣蒜，
大舅二舅你吃饭，
俺上绣房去打扮。
红绸子裤金镶边，
红缎子鞋弯一弯。
梳油头，挽大鬈，
问问婆婆到多咱。
天又短，路又远，
给你个日子待半年。

小白鸡拉粉子

小白鸡，拉粉子，
俺家娶了个花婶子。

嘴也巧，手也巧，
两把剪子对着铰。
左手铰的牡丹花，
右手铰的灵芝草。
灵芝草上一对鹅，
扑扇扑扇过黄河。
过去黄河是俺家，
铺下棉条打芝麻。
一碗芝麻一碗油，
我和婶婶平梳头。
婶婶梳的是莲花辫，
俺是梳的桂花楼。
桂花楼上红菁葵，
十字街上娶媳妇。
娶了去，
婆婆打，公公骂，
跳到黄河里死了罢。
（夫）唉，我的妻，
什么活路累着你。
针线活路娘家做，
推碾捣磨我替你。

天上有啥

天上有啥？
有星。
地上有啥？
有坑。
坑里有啥？

两个小孩拔蔓菁。

天上下雨地上滑

天上下雨地上滑，
自己跌倒自己爬，
亲戚朋友拉一把，
酒还酒来茶还茶。

小和尚　上庙会

小和尚，
上庙会，
张了个骨碌拾了个钱。
打了二两油，
称了二两盐，
又娶了媳妇过了年。

木牙豁子

木牙豁子，
去搬桌子，
搬了一后晌，
挣了一碗豆汤。
又待喝了，
又待供养，
呼啦捅了，
哭了一后晌。

小小的孩子

小小的孩子，
爬窗户台子，
偷他爹的大皮鞋，
爹打他，娘就骂，
奶奶说他偷酸楂，
偷了五个烂了仨，
还有一个虫眼疤。

12345

12345，
上山打老虎，
老虎没打到，
打到小松鼠。

你那头 像皮球

你那头，像皮球，
一踢踢到百货大楼，
百货大楼，有风扇，
一扇扇到火车站，
火车站有火车，
一压压成扁皮蛋。
咱两个好，
咱两个好，
咱两个上街买手表，
你戴戴，

我戴戴，
把你变成老太太

你大哥 拉破车

你大哥，
拉破车，
一直拉到老鼠窝，
老鼠给他一块糖，
他管老鼠叫大娘。

筛麦筛

筛，筛麦筛，
卖筛开花长石榴，
石榴皮我卖了，
石榴子我吃了，
叮当叮当反跟头。

拔蔓菁

拔蔓菁，拾嘎哒，
一拾拾了个大髈叉。
叫啥子？叫喇子，
穿着红裤绿褂子。

星期天的早晨雾茫茫

星期天的早晨雾茫茫，

拾破烂的老头排成行。
队长一指挥，冲上垃圾堆，
破鞋子破袜满天飞。
队长一使劲，放了一个屁，
一崩崩到意大利，
意大利的国王正在看戏，
他闻到这个屁，非常满意，
全体起立，一起放屁。

拉大锯 扯大锯

拉大锯，扯大锯。
锯木头，盖房子。
姥姥家，唱大戏。
接姑娘，请女婿。
小外甥，你也去。

耳朵谣

驴耳朵长，
马耳朵短，
猫耳朵尖，
鼠耳朵圆，
兔耳朵直，
狗耳朵弯，
鸡耳朵一点点，
猪耳朵大蒲扇。
聋子的耳朵光好看，
贼官的耳朵专听钱。

小黄盆

小黄盆，拌生菜，
两口子打仗待分开。
你分里，我分外，
分了枕头分铺盖，
分了杆草分麦秸。

小杌扎

小杌扎，一歪块，
黍秫面子包韭菜。
爹爹吃了赶集的，
娘娘吃了编席的。
奶奶吃了看孩子，
孩子吃了掇泥的。

勺子头

勺子头，弯弯把，
打小来俺姥娘家。
姥娘叫俺看黄瓜，
人家偷，俺就骂。
老鸹扭，俺就吓。
姥娘叫俺吃饭的，
啥饭？烂杂面，
谁擀的？老王三，
谁看锅？馋老婆，

谁烧火？秃老婆，
谁搭炭？王八蛋，
谁挑水？蚂蚱，
咋走？跳跶，
谁推磨？豆虫，
咋走？顾拥。

小杌扎

小杌扎，一拐快，
蜀黍面子包韭菜。
爹吃了，赶集的，
娘吃了，编席的，
小孩子吃了剜泥的。

买豆腐

棒棒棒，
买豆腐，
一直卖到山后头，
山后头，
一帮羊，
呼啦呼啦叫大娘，
大娘木听见，
呼啦拉风弦。

你打俺，俺不怕

你打俺，俺不怕，

俺上北京找老大，
老大给（ji）俺一把枪，
打滴你娘漏裤裆。

光明奶奶

光明奶奶，好吃韭菜，
打滚碰头，拉不起来。

打盹箩面

打盹箩面，
给俺媳妇送饭，
你一碗，我一碗，
气地他娘白瞪老眼。

老汉　老汉

老汉（hai）老汉，
上坡剜菜，
点火抽烟（yai），
烧了小辫（pia）。

扁豆花

扁豆花一噜嘟，
俺娘教俺织笼布，
一天织了二尺布，
两手端给娘来看，

娘说俺是个巧闺女。
两手端给俺爹看，
爹爹夸俺好手艺。
两手端给哥哥看，
哥哥夸俺好妹妹。
两手端给嫂嫂看，
嫂子嫌俺织得稀。
倒是城隍砸了机，
娘啊娘，
俺受不了，
包起那包袱送俺的。
爹娘送俺大门外，
哥哥送俺村西，
哥哥你回去吧，
有咱爹有咱娘，
来回路走得常，
没了咱爹和咱娘，
俺跑到坟上哭一场。

青青菜

青青菜，开红花，
从小养了你姊妹仨。
大姐会做鞋，
二姐会绣花，
剩下三妮不会啥，
关到屋里纺棉花。
拧啊拧，纺啊纺，
一天纺了十来两，

爹也夸，娘也夸，
直夸到婆家来娶她。
大花轿，吹喇叭，
吱啦吱啦娶到家。

老槐树

老槐树，粗又长，
槐树旁边扎戏台。
人家的闺女都来了，
俺那闺女还没来。
说着说着就到了，
绿裤褂，绣花鞋，
爹见了，接包袱，
娘见了，抱小孩，
嫂子见了一扭身。
嫂子嫂子你别扭，
不吃你的粮，
不喝你的酒，
看看爹娘俺就走。
哥哥送到大门外，
回过头来拜一拜，
爹爹送到大门西，
转过身来作个揖，
俺娘送到大路上，
娘俩抱头哭一场。
有爹有娘，多来几趟，
没了爹娘断了秧。
娘死了，烧金香，

爹死了，烧银香，
哥哥死了，烧黄香，
嫂子死了，插棒棒。
娘死了，烧金纸，
爹死了，烧银纸，
哥哥死了，烧黄纸，
嫂子死了燠狗屎。

婆婆丁

婆婆丁，紫缨缨，
娘老了说话不中听，
媳妇说话喜盈盈。
娘病了，想吃梨，
哪有闲钱补笊篱。
媳妇病了，想吃梨，
顶着雨，踏着泥，
跑东奔西赶大集，
窜到城里去买梨，
悄悄放在被窝里，
媳妇媳妇你偷着吃。

月麽麽纺棉花

月麽麽纺棉花，
挣了钱买甜瓜。
娘一口爷一口，
麽麽咬着孩的手。
孩啊孩，你别哭，

我给你买个货郎鼓。
货郎鼓上一对孩，
也会打光也会玩。

纺棉花

纺棉花，嗡嗡嗡，
闺女说话娘爱听。
奶奶疼的是孙子，
姥姥最疼小外甥。
疼孙子，攒金子，
疼外甥，使煞不挨哼。

盼年歌

腊八吃糕，
二十三辞灶。
眨眨眼，
新年就到。
孙女买花，
孙子买鞭炮，
媳妇身上新衣罩。
老娘老妈老一套。

一马三司令

一马三司令，
得了抗日病，
专打日本鬼，

保护老百姓。

扭啊扭啊扭啊扭

扭啊扭啊扭啊扭，
一扭扭到那十八九，
俺娘不给俺找婆家，
俺就跟着那八路走！
八路军呀独立营，
谁来参加谁光荣。

井里开花骨突长

井里开花骨突长，
俺打三岁没了娘。
俺爹雇上大花轿，
吹着喇叭娶后娘。
后娘生个胖娃娃，
起个名字叫玉郎。
俺吃窝头就咸菜，
玉郎吃馍就肉汤。
玉郎铺褥盖着被，
叫俺睡在光炕上。
伸缩腿，蜷蜷脚，
叫声亲娘谁知道。

上屋脊

勾勾勾，上屋脊，

姥娘不给外甥吃，
红粘粥，就瓜皮，
红的肚里怪洼曲。
娘啊娘啊咱家去，
骑上马，戴上花，
嘎达嘎达到了家，
不看俺姥娘这老疙瘩。

红姑娘

红姑娘，跳东墙，
为什么，躲爹娘，
怕他啥，家无饭吃，
把我卖给老货郎。
老货郎，不要脸，
俺十七，他五十三。
说爹来他是不是，
你说郎来他不沾边。
俺不去，俺不见，
逃走了，离家园。
不怨爹，不怨娘，
穷人的女儿都这样，
见不着爹，看不见娘，
死在外面回不了乡。
挂念二老哭断肠，
这可难为煞俺红姑娘。

难煞我

箩面面，蒸馍馍，
出门碰见娘家哥。
娘家的日子还好过？
家里的生活难煞我。
大锅大，盛水多，
柴禾湿，烧不着。
一家人，吃白馍，
俺吃的是菜窝窝。
公婆嫌俺吃的多。
一夜织了半匹布，
老婆婆还说俺不干活，
摸起柱棒就撵我。

十八的大姐

十八的大姐九岁的郎，
又当妻来又当娘，
叫声丈夫岁数小，
叫声儿来是俺的郎。
白天夜里都哄他，
晚上睡觉尿俺一胸膛。

十八的大姐九岁的郎

石榴树，叶儿黄，
十八的大姐九岁的郎。

要说郎来他又小，
要说儿来他又不叫娘。
晚上睡觉还得俺来抱，
还得给他脱衣裳。
头一晚上尿了一床红绫被，
第二晚上尿了绣花鞋一双。
尿了别的俺不怕，
尿了绣鞋俺疼得慌。
越思越想心好恼，
劈头给他两巴掌。
头一巴掌他叫姐，
第二巴掌他叫娘：
“叫声亲娘你饶了俺，
从今后，俺光吃干粮不喝汤。”

二十大姐十岁郎

二十大姐十岁郎，
天天睡觉抱上床。
不吃妈妈不睡觉，
深更半夜尿下炕。
说他夫来年太小，
说他儿来不叫娘。
等到郎大姐已老，
等到花开叶已黄。

方言

旮哈旯子——墙角

捏埝子——那个地方

捏——这

尔胡的——这样

知不道——不知道

捏湖啥——什么

做（zu）啥——干什么

不做（zu）声——不说话

吱歪——叫

俺待——我想

你待——你想

贫算——想

好么生的——突然

麻利利的——快速

猛急凌——猛然

遇摸——慢

夜来——昨天

后晌——晚上

露苏明——黎明

早尼霎——从前

年时——去年

年下——春节

饭时门——早饭时间

老时接——很久

小嗣——小男孩
胳膊搁子——胳膊肘
算盘珠子——脊椎骨
夹肢窝——腋窝
波拉盖——膝盖
脑瓜——头
牙花子——牙龈
活通眼子——咽喉
恶（wo）发——化脓
顶嘎渣——伤口愈合结痂
鼻嘎扎——鼻屎
耳碎——耳屎
湿汩浓——湿粘
倒瞥——倒着走
仰嘎游——仰卧
股得（gu dei）——蹲下
超下——躺下
张咕噜——绊倒、摔跤
股涌—慢慢爬
瞜候——悄悄看
趋拉——用脚轻轻踢
眉画（mi hua）——打手势
盰乎——看见
眯瞪——迷糊（浅睡）
每摸——估计
打破——拍打
扎裹——打扮
线秃露——垂散
饥困——饿

饭屋——厨房

饭食——饭菜

（饭）做终了——（饭）做熟了

就菜——佐饭的菜

蒜毫——蒜薹

变蛋——松花蛋

囊瓜——南瓜

啥哈（ha）——稀饭

地蛋——土豆

棒子——玉米

蜀黍——高粱

巴拉子——炒煎饼

孤渣——面疙瘩

嘘溜——（吃饭时）吸服

皮愣——（食物）不鲜脆

筷子叨——筷子夹

饲孬——食物变质

拉巴子湿——涩

胃口——食欲

撮饭饱——猛吃

胰子——肥皂

肴货——瓷器

摆海了——摆满了

醋浅子——小碟子

杌扎——板凳

诩诩化化——无病呻吟

唔唔呀呀——吵

熨贴——不舒服

烦烦气气——厌烦

刺挠——瘙痒

无理翻缠——不讲理 演

姿——耍弄

羊毛炸飞——调皮

翻皮打脸——跟长辈顶嘴

刺毛——讨厌

稀罕——喜欢

谈见——可怜

得（dei）为——故意

勤理——勤快

刚着好——非常好

葬隆——严重损坏

胡日马约——毫不在乎

熨阔——舒适宽绰

滋洇——滋润

正果——确实、真的

将就——勉强

驳——别

裹挠——碎草、碎叶

棘针——酸枣树刺

勃（bu）土——尘土

搭火——煤土水和成的煤泥

蛇虎溜子——壁虎

家辰子——麻雀

咬乖——雄蝈蝈

哑巴叫叫子——雌蝈蝈

稍老钱——蝉

呱呱子——鸭子

义羊——蚂蚁

航航——玩具

航子——东西

营生——-工作

扎果——修理

么点——很少

丁嘎啦点——很少

扎沙——分叉

杀势——狠

人家——别人

民谚

天文气象

八月十五下一阵，旱到来年五月份。

八月十五云遮月，正月十五雪打灯。

白云黑云对着跑，雹子一定小不了。

白云山上戴了帽，短工觅汉睡大觉。

不怕初一下，就怕初二阴。

辰在正南，起来过年。

初一初二不见面，初三初四一溜线，初五初六一大片。十七、十八，坐等一霎。初八、二十三，出没半夜天。二十正正，月出一更。二十八九，出来瞅瞅。

寸草遮丈风。

打了春甭欢气，还有四十天冷天气。

大卯出来二卯撵，三卯出来白瞪眼。

大雾不过三，过三十八天。

大雪不封地，不过三两日。小雪雪满天，来岁必丰年。

大雪不封冻，不过三两日。

倒照倒照，晒得猫叫。

地震有先兆：井开锅，蛤蟆叫，老鼠搬家，蛇过道。

东风不吃西风的气。

东虹风，西虹雨，北虹出来下涝雨，南虹出来卖儿女。

东虹云彩，西虹雨。

二八月乱穿衣。

二八月昼夜平。

风倒八遍，不用掐算。

该冷不冷，不成年景；该热不热，五谷不结。

旱了东北（风）不下雨，涝了东北（风）不晴天。

黑云带红边，定是雹子天。

九月打雷，遍地是贼。

坷垃云，下满盆。

涝了东风不晴天，旱了东风不下雨。

冷在三九，热在中伏。

亮一亮，下一丈。

淋了伏头，旱到伏尾。淋了伏王，一天一场。

淋了伏王，一天一场。

六月六，看谷秀。

蚂蚁搬家，蛇过道，大雨很快就来到。

麦子不倒，不离棉袄。

七阴八不晴，九日放光明。

七月半、八月半，蚊子嘴快的钻。

七月七，织女哭。

七月十五定旱涝，八月十五定太平。

秋不秋六月二十头。

热在三伏，冷在三九。

日没云来接，明天把工歇。

三月三过神仙。

十月初五九月九，神仙不敢河边走。

天上钩钩云，地上雨淋淋。

五月十三，淋破瓦罐。

五月五，家家贴艾虎。

午后起风，刮到掌灯，掌灯不刹，明天还刮。

下雨起铃铛，三天不停当。

夏至东南风，不用问先生。

夏至东南风，当天就搬兵。

先下雨毛雨不大，后下雨毛不晴天。

雪里灯盏，雨里秋千。

雁上南，衣裳棉；雁上北，衣裳拆。

燕来不过三月三，燕走不过九月九。

燕子低飞蛇过道，大雨不久就来到。

燕子低飞蛇过道，水缸穿裙山戴帽，大雨不久就来到。

燕子钻天，下满湾。

夜晚东风起，明日好晴天。

一场春雨一场暖，一场秋雨一场寒。

一九二九不出手，三九四九冻煞忙牛，五九六九顺河看柳，七九六十三，路上行人把衣单。八九七十二，耕牛遍地是。九九八十一，家里做饭坡里吃。

一九二九不出手，三九四九凌上走。五九六九沿河看柳。七九河开，八九燕来。九九加一九，耕牛遍地走。

一九有雪，九九不缺。

鱼鳞云，接满盆。

月亮带风圈，一连刮三天。

云彩上南水涟涟，云彩上东一阵风，云彩上西水没鸡，云彩上北一阵黑。

云里钻，热煞獾。

早晨刮风刮到掌灯，掌灯不刹明天还刮。

早晨烧，晚上浇。

早晨下雨一天晴。

早看东南，晚看西北。

早上彩霞不出门，晚上彩霞晒死人。

早蛙阴，晚蛙晴。

掌灯不煞风，明日风不停。

正月十五半拉月，春打寒食六十天。

农事

白露麦，不用粪。

白露早，寒露迟，秋分麦子正宜时。

蚕老一时，麦熟一晌。

锄头底下有水，锄头底下有火。

春耕深一寸，顶上一遍粪。

春雨贵如油，夏雨遍地流。

春争早，夏争时。

地无底肥不壮，马无夜草不肥。

伏里打破皮，强似秋后倒二犁。

伏里有雨好种田。

干锄一遍光，湿锄八遍荒。

干打豆子湿打谷，不干不湿打秫秫。

干种湿出，湿种干出。

谷雨花，大车拉。小满花，不归家。

谷雨前，好种棉；谷雨后，好种豆。

蛤蟆打哇哇，六十天吃饽饽。

旱天锄刃生水，涝天锄刃有火。

花见花，四十八。

花开谷熟刹芝麻。

今冬麦盖三层被，来年枕着馒头睡。

九月不刨葱，十月落场空。

立冬刨萝卜，小雪掰白菜。

立秋十八天寸草皆秀。

立夏不耩高田。

六月里豆，半边露。

六月六，看谷秀。

六月十五见幌花，七月十五见白花。

麦耩黄泉谷露糠，芝麻耩在地皮上。

麦上场，谷进仓，豆子扛在肩膀上。

麦子不怕草，就怕坷垃咬。

芒种三日见麦茬。

棉花立了秋，便把头来揪。

棉花入伏，一天一锄。

七宿麦子八宿谷，十天半月看秫秫（指农作物正常出苗的天数）。

七月半，八月半，蚊子的嘴快似钻。

七月核桃八月梨，九月柿子来赶集。

七月十五枣红肚，八月十五枣上屋。

千年万年，处暑见棉。

清明前后，种瓜种豆。

勤上坡，懒赶集，出门背着粪篮子。

秋耕没有早，春耕没有晚。

秋耕宜早，春耕宜晚。

秋天弯弯腰，强得冬天转一遭。

人哄地皮，地哄肚皮。

人误地一时，地误人一年。

入伏荚荚豆，十年九不收。

三月里清明菠菜小，二月里清明菠菜老。

三月十五没（mò）老鸹。

扫帚响，粪堆长。

收花不收花，单看正月二十八。

四月里芒种四月里吃，五月里芒种顶夏至。

桃三杏四梨五年，酸枣当年能卖钱。

头伏萝卜末伏菜。

夏至麦芒死。

一麦顶三秋。

一亩园，十亩田。

有钱买种，无钱买苗。

有钱难买五月旱，六月连阴吃饱饭。

枣芽发，种棉花。

正月二十八无风雪，家家户户备棉车。

种地不施粪，等于瞎胡混。

庄稼不收年年种。

常用俗语

拔出萝卜带出泥。

笨鸟先飞，瘸驴早奔。

兵熊熊一个，将熊熊一窝。

病来如山倒，病去如抽丝。

不怕不识货，就怕货比货。

不怕千招会，就怕一招熟。

不做亏心事，不怕鬼叫门。

馋老婆好说媒，懒汉子好赶集。

常思自己过，莫论他人非。

常在河边走，哪能不湿鞋。

车到山前必有路。

吃不穷，穿不穷，盘算不到就受穷。

吃饭穿衣量家当。

吃饭防噎，走路防跌。
吃饭先喝汤，不用开药方。
吃人家的嘴短，拿人家的手软。
吃药不忌口，瞎了大夫手。
春捂秋冻。
打人不打脸，骂人不揭短。
打鱼摸虾，误了庄稼。
大河无水小河干，大河有水小河满。
大人的脸，小孩的腚，冻不烂的咸菜瓮。
待要好，大敬小；小敬大，也不差。
单刀看手，双刀看走。
当地蝼蛄当地拱。
冬吃萝卜夏吃姜，强似大夫开药方。
冬练三九，夏练三伏。
端谁家碗，受谁家管。
儿不嫌娘丑，狗不嫌家贫。
儿大内向，女大外向。
儿大三分客。
耳听为虚，眼见为实。
饭后百步走，活到九十九。
干到老，学到老，人到八十还学巧。
胳膊扭不过大腿。
各人自扫门前雪，莫管他人瓦上霜。
工分工分，社员的命根，又分粮食，又分现金。
狗咬吕洞宾，不识好人心。
刮不下春风，下不了秋雨。
寡妇门前是非多。
光棍回头饿煞狗。
光说不练嘴把式，光练不说傻把式，说着练着真把式。

光阴如水流，一去不复回。

闺女娘，娘闺女，闺女钻到娘心里。

孩子看着自家的好，庄稼看着人家的好。

寒门出孝子，严师出高徒。

行下春风，才下秋雨。

好人无长寿，祸害一千年。

好事不出名，坏事传万家。

好心自有天加护，恶心自有天不容。

河里无鱼，市上看。

河是水冲出来的，路是人走出来的。

虎毒不食子。

画龙画虎难画骨，知人知面不知心。

话不能说死，事不能做绝。

火信虚，人信实。

饥不择食，寒不择衣。

饥了给一口，强的饱了给一斗。

家家有本难念的经。

家庭不和外人欺，夫妻不和人人欺。

家有千口，主事一人。

嫁出的闺女泼出去的水。

姜还是老的辣。

浇花浇根，交人交心。

脚正不怕鞋歪。

疖子去了头，力气大的牛。

精打细算，钱粮不断。细水常流，吃穿不愁。

酒逢知己千杯少，话不投机半句多。

酒要满，茶要浅（指待人礼节习惯）满堂的儿女，不如半路的夫妻。

刻刃的针，走扇的门，闯门子老婆气煞人。

浪子回头金不换。

老将出马，一个顶俩。

老婆枕头底的风，不听也得听。

老王婆卖瓜，自卖自夸。

老要张狂少要稳。

姥娘抱（bu）外甥，累煞不唉哼。

镰刀不磨生锈，大脑不用失灵。

良药苦口利于病，忠言逆耳利于行。

龙生龙，凤生凤，老鼠生儿会打洞。

笼里盛不住水，纸里包不住火。

路不平，有人踩。

露水夫妻不长久。

买卖不成仁义在。

没吃过猪羊肉，还没见过猪羊跑吗？

没有金刚钻，别揽瓷器活。

没做亏心事，不怕鬼叫门。

明枪好躲，暗箭难防。

奶奶看孙子，强的攒金子；姥娘看外甥，使煞不挨哼。

南京到北京，买的不如卖的精。

你敬我一尺，我敬你一丈。

年好过，春难挨。

年年防歉，夜夜防贼。

娘疼孩子路来长，孩子疼娘筷来长。

宁拆三座庙，不破一门亲。

宁吃鲜桃一口，不吃烂杏一筐。

宁跟要饭的娘，不跟做官的爹。

怕狼怕虎不在山上住。

朋友满天下，知己一二人。

平常不烧香，急来抱佛脚。

破屋漏锅病老婆（指家中烦心事）。

七十不保年，八十不保月。
七十不留宿，八十不留坐。
七十三,八十四，阎王不叫自己去。
七岁八岁狗还嫌。
千锤打锣，一锤定音。
千人千脾气，万人万模样。
千日长拳万日枪，大刀不过三后晌。
牵着不走，打着倒腎。
前不栽桑，后不栽柳，门前不栽呱嗒手。
前人栽树，后人乘凉。
枪扎一点，棍打一片。
强将手下无弱兵。
墙倒了砸不着人，舌头倒了砸煞人。
巧妇难做无米之炊。
亲戚有远近，朋友有厚薄。
勤借勤还，再借不难。
清官难断家务事。
请客不到，恼煞主人。
穷家富路。
穷没有根，富没有苗。
求学贵有恒，创业先强身。
曲不离口，拳不离手。
让人不算痴，日后得便宜。
人不可貌相，海水不可斗量。
人不说不知，木不钻不透，砂锅子不打一辈子不漏。
人犯王法身无主。
人逢喜事精神爽。
人过留名，雁过留声。
人敬我一尺，我敬人一丈。

人靠衣裳，马靠鞍。
人穷志短，马瘦毛长。
人是铁，饭是钢，一顿不吃饿得慌。
人受劝，佛受念。
人往高处走，水往洼处流。
人无千日好，花无百日红。
人要脸，树要皮。
人正事不歪，树直影不斜。
若要人不知，除非己莫为。没有不透风的墙。
三人一条心，黄土变成金。
上梁不正下梁歪。
上山容易，下山难。
省着省着，窟窿等着。
师傅领进门，修行在个人。
十个指头，咬咬哪个都疼。
十年河东，十年河西。
世上没有不透风的墙。
守着矬子不说短话。
树上喜鹊叫，客人准时到。
说书的嘴快，唱戏的腿快。
说者无心，听者有意。
死猪不怕开水烫。
随行就市，水涨船高。
贪多嚼不烂，心急喝不了热粘粥。
天黄有雨，人黄有痞。
天上下雨地上滑，哪里跌倒哪里爬。
天上下雨地上流，小两口打仗不记仇。
天下无难事，就怕有心人。
推车不怕慢，就怕断了袢。

脱了初一，脱不了十五。

外甥是狗，吃了就走。

无病不信神，有病乱求医。

夏置棉袄，冬置纱（指购反季服装便宜）。

闲里置下忙里用，一年不置半年闲。

小儿待要安、多受饥和寒。

笑一笑，十年少；愁一愁，白了头。

心静自然凉。

阳沟里翻不了船。

咬人的狗不叫，叫的狗不咬人。

一遍生，两遍熟，三遍不用问师傅。

一顿省一口，一年省一斗。

一个朋友一条路，一个冤家一堵墙。

一个荞麦三个棱，人人都有偏心病。

一母生百般，也有貔子也有獾。

一日夫妻百日恩，百日夫妻似海深。

有才不如有机会，好货不如好行市。

有毒的不吃，犯法的不做。

有儿不怕晚，就怕寿限短。

有粉抹在脸上。

有风就起浪，无风树不响。

有狠心的儿女，没有狠心的（爹）娘。

有钱难买早知道。

有枣没枣打一杆。

有志不在年高，无志空活百岁。

远亲不如近邻，近邻不如对门。

越吃越馋，越玩越懒。

早起三光，晚起三慌。

长木匠，短铁匠。

账目清，好弟兄。
争着不足，让着有余。
只要功夫深，铁杵磨成针。
至亲莫若父子，至近莫如夫妻。
捉贼拿赃，捉奸拿双。
子不嫌母丑，狗不嫌家贫。
嘴上没毛，办事不牢。

歇后语

鹌子窝那和尚——都来
八月里核桃——满人（仁）
八月十五糗糕——趁早（枣）
叭狗子吃月亮——不知道天高地厚
抱孩子走丈人家——显能
抱着孩子跳井——犹豫不定
背着粪筐上墓田——熏老的
奔倒树摸老鸹——玩老稳滴
笨狗子打场——狗转悠
变戏法的下跪——没了法了
裁缝掉剪子了——光吃（尺）了
苍蝇飞到牛眼里——吃累（泪）
茶壶里下包子——有口倒不出来
茶壶里煮饺子——有货倒不出
吃饱了没事干——撑滴
吃烧饼喝凉水——自家心里有数
吃条子拉笊篱——现编
穿着蒲袜子上树——欠撮
床底下放风筝——起不来

打破砂锅——问（纹）到底

大栏里的石头——又臭又硬

大水冲了龙王庙——自家人不认自家人

带着苇笠做嘴——差得远了

电线杆带帽子——脸长

豆包踩一脚——不是什么好饼

豆虫尾巴——自觉着

二百亩地——两请（顷）

二五子吹的号——离离达达

二月二拜年——胡扑

飞机上的暖瓶——高水平

赶集掉了爹——丢大人了

擀面杖吹火——窍不通

高塘人打仗——实打实（石打石）

隔着窗棂吹喇叭——名（鸣）声在外

狗吃糕——粘了牙

狗啃骨头——干咽沫

狗撵鸭子——呱呱叫

狗头上长角（方言，音夹）——装羊

狗掀帘子——全凭一张嘴

狗熊荡滴流——抓紧

狗咬吕洞宾——不识好人心

狗咬尿泡——空欢喜

呱呱子嘴伸那门挂鼻子里——张不开嘴

棺材里伸笊篱——捞尸（老师）

光腚穿裙子——围得好

光腚上吊——死不要脸

锅腰子靠墙——不一定（不依腚）

锅腰子趴屋脊上——担不着

锅腰子上山——钱（前）上紧
蛤蟆闹得子害头疼——浑身是病
蛤蟆甩子——不繁鱼
喝凉水拿筷子——个照晃
黑豆扒皮——黄种
黑瞎子掰棒子——丢三落四
黑瞎子坐轿——不识抬举
花椒粒子熬黏住——麻烦（饭）
滑溜子腌咸菜——一言（盐）难尽（进）
黄连树下弹琴——苦中取乐
黄鼠狼给鸡拜年——没安好心
黄鼠狼掀门帘——露一小手
家辰子托生夜猫子——一辈子不如一辈
姜太公钓鱼——愿者上钩
蒋介石打他儿——将打将
疥蛤蟆趴到脚面子上——不咬人蚵碜的慌
金漆桌子——欠骂（抹）
开了锅念咒——废（沸）话
扛着竹竿上天——戳星
腊月里生人——动（冻）手动（冻）脚
辣椒熟锅子——够呛
老鸹趴到猪腚上——光看见人家黑
老和尚钻磨眼——沭头
老侯婆子那粥——双锞子
老虎拉耩子——不听套
老虎屁股——摸不得
老黄瓜刷绿漆——装嫩
老黄历——看不得
老南瓜——兜（斗）面

老娘子吃柿子——专挑软和的摸
老茄子不摘——恣（紫）下来了
老鼠啃碟子——满嘴竟词（瓷）
老鼠扔砖头——龇毛（猫）
老鼠钻到风箱道里——两头吃气
老鼠钻书房里——咬文嚼字
老太太喝稀饭——无耻（无齿）、下流
老太太拧鼻涕——把里攥
老太太爬桑树——找蚕
老王婆子骂四邻——有势力不得不使
流氓掉井里了——老（捞）流氓
龙王爷掷色子——好大点
碌碡掉了脐——各顾各
绿豆蝇生孩子——小蛆（小气）
麻子不叫麻子——坑人
马虎进庙——吃和尚
马尾栓豆腐——提不得
蚂蚱头摆碟子——净嘴
买眼镜买了车穿——对了光
卖豆腐的翻了挑子——摸不着哪块是哪块
猫哭耗子——假慈悲
门缝里瞅人——把人看扁了
弥勒佛打飞脚——撑着胖架
磨道里的驴——听吆喝
磨道里截驴——没有跑
木牙豁子啃西瓜——竟道道
泥菩萨过河——自身难保
年五更打兔子——有它也过年没它也过年
尿憋子放在条山几上——不是盛酒的家伙

皮笊篱——不漏汤

骑着驴找驴——啥记性

墙上挂帘子——没门

秋后的蚂蚱——蹦跶不了几天了

肉包子打狗——有去无回

三根腿的蛤蟆——难（南）缠（蟾）

砂锅子掐蒜——一锤子买卖

山道神吃豆芽——小菜一碟

上坟烧报纸——糊弄鬼

绱鞋不用锥子——针(真)好

蛇虎溜子竖直立——腰软

生孩子不叫生孩子——下（吓）人

屎壳郎搬家——滚蛋

屎壳郎打喷嚏——满嘴喷粪

四十里地看蠓虫子，认出公母来——好眼力

蒜毫子炒藕——又眼子又光棍

蒜臼子抃碳——倒霉（捣煤）

孙猴子坐月子——一帮小妖

铁公鸡——一毛不拔

铁路警察——各管一段

铁嘴豆腐脚——光说不能行

头顶上长疮脚底下流脓——坏到底了

秃墓田——没数（树）

秃妮子戴花——不受扎裹

土地爷撵马虎——狼窜了神窜

土地爷爷钻鸡窝子——想妙（庙）

土豆子搬家——滚球

兔子尾巴——长不了

脱裤子放屁——充那仔细滴

脱了裤子放屁——多此一举
歪脖子黍黍——格（guo）子一种
外甥打灯笼——照旧（舅）
王二麻子那膏药——无病找病
武大郎攀杠子——上下不够头
武大郎玩夜猫子——啥人玩啥鸟
西北风夹凡巴拉子——连讽（风）带刺
瞎子点灯——白费蜡
下雪穿裙子——美丽动（冻）人
下雨不打伞——轮（淋）着
下葬的埋了刨坟的——自作自受
小葱拌豆腐——一青二白
兴隆街上西——下去了
兄弟媳妇嫁大伯——高升一级
秀才遇见兵——有理说不清
鸭子过河——随大流
哑巴吃黄连——苦说不出
烟筒里留灶肚——有意存鄢（烟）
羊屎蛋子钻天——能得和个豆似的
要饭的牵着只猴——玩心不退
夜猫子进宅——无事不来
一张纸画了个鼻子——好大的脸
阴天晒哈喇——张不张。
鱼龙湾拜的那祭——前头咋着后头咋着
扎腿带子拴到脖子上——记（系）差了
张店雇驴——马上（尚）
丈二和尚——摸不着头脑
账本子做裤腰——一旮旯子账
周村街小工——紧答应慢动弹

猪八戒啃猪蹄——自残
猪八戒照镜子——里外不是人
嘴上抹石灰——白说
坐车子腰疼——真（震）的
坐在坛子上放屁——想不开
做梦娶媳妇——想好事

桃园新貌

齐鲁名村志

QI LU MING CUN ZHI

桃园社区志

TAOYUANSHEQUZHI

艺文杂记

YIWENZAJI

诗文

桃园赋

王孔富

国之重镇，齐之商都，周村自古繁华。古之于陵，今之区治，参差十万人家。南仰泰沂，北俯河瀚，西倚长白，东临稷下。明前雨酥，暑中风细，秋尽阳和，数九雪压。禹治之水，澄湖万顷，五成菱藕，五成鲢鲤；舜耕之田，沃土千里，三分黍稻，七分桑麻。九衢通幽，四海可抵，六水并进，万邦可达。

故垒鳞次，存紫禁遗风；新筑栉比，夺金陵奇葩。燕翼堂前，一缕阳光，魁星殿后，几多紫霞。四门人潮，半为湖广远客；八隅车沸，多为山陕富甲。票号盈街，商铺林市，翠幌飘垂，笼灯高挂。安澜桥南，千家机杼，濯淦沿岸，万户丝纱。奇聚九场，珍塞百栋，时易千宗，日银万纳。七十二街昼飞虹，八十一巷夜流霞。今日无税丰碑直，御笔神题驰天下。

周村盛名，名在丝绸，甲辰开埠，缘于桑麻。张骞西使，万里征程万里绸，故城织造；昭君北嫁，千里风雪千里丝，三镇起驾。先秦盛典，锯枝兰鼓；汉唐岁贡，曳绮縠纱。千乘之马，辔绣鞍锦；万重台榭，缎围绫挂。金梭银梭，纬穿古今苍桑；金线银线，经连帝国罗马。沧海滔滔，长帆未落，千年不改其宗；大漠滚滚，驼铃声断，万载不易其辙。前赴而后继，泰然而潇洒。

治之怀抱，有桃园村者，繁领其治，美符其名。治若苍龙，其传睛神，治若北斗，其闪瑶光，治若金冠，其烁珠彩，治若牡丹，其泛蕊香。村风正，人心齐，庭除阔，仓廪实。拥广厦千间，无游手一副，路不拾遗。

老有所养，家重孝道，少有所教，庠倡立志。九品之位，不立私身，两委之任，不谋私利。丈夫胸襟，如范公之怀，先天下之忧而忧，后天下之乐而乐。儿女胆略，似王郎用兵，无向辽东浪死歌，惊天动地。民生、民意、民本、民族魂，大体、大局、大计、大手笔。白阳忠贞，鸿训大义，秋澄清廉，应统壮志，松龄精神，三马旗帜。昭然而推崇，笃行而承继。风韵风骚风范、风流人物，为国为家为民、为江山社稷。

乙未风清，霾消雾散，政通人和，天生瑞气。五洲携手，共绘蓝图，举国上下，同舟共济。桃园之魂，云舒云卷，桃园之路，重赋诗意。丝路源头，春潮涌动，四化进程，如虎添翼。历史将翻开崭新的一页，里面有桃园人的梦幻，桃园人的睿智，桃园人的情怀，桃园人的记忆。

（王孔富，男，周村区王村镇人，中国人民解放军总参谋部军官。）

桃园社区职工之家绪言

彭延遂

桃园村，古於陵邑之属地。米河源凤凰山之左，由南而北，穿村而行；“於陵文化”，一脉相传。河水潺潺，地灵人杰，沧海桑田，历越千百年。新时期，村之发展，日新月异，面貌焕然。此即“桃园”，亦新世之“桃源”，亦即社区之本也。

改革开放三十年，经济发展，文化繁荣。职工、居民、业主，生活稳定，安居为业；然精神文化需求，社会事务分解，亦为迫切。由之，服务职工，服务企业，服务发展，创建和谐社区，共创和谐社会——职工之家肩负着光荣之历史使命。

社区职工之家，创办伊始，坚持党的思想理论指导，贯彻落实工会方略，践行社会主义核心价值观；服务大局，服务职工，与时俱进，创新发展。集服务、维权、文化为一体，求真务实，健康发展。及至乙未中秋，职工之家已具规模，体系日臻完善。

文化会堂，职工学习之平台。党之方针政策，工会工作部署；弘扬优秀传统文化，普宣现代科技知识；指导理论需求，教化道德文明；提倡学习进步，表彰劳动光荣。

职工文化书院，形制别具，内涵丰富。职工书屋，党政书册，经典悉备；诗书礼易，一应俱全；科普文书，适时更新；文艺典籍，不断充实。书画展厅，琳琅满目，雅俗共赏，品鉴有益。法律咨询，维权服务；心理疏导，细雨和风。又琴棋书画之工备，具体而微，学而好艺者，可显神通。

茗醴斋一叙，洽谈经营之道，论辩国是民情；陶冶传统情操，默化时代正气。

职工之家，职工信赖之家，此为“一个目标”；服务中心、维权中心、文化中心，当为“三个平台”也。服务职工，不遗余力。家不在大，须为大家；名副其实，当为职工之家。想职工之所想，急群众之所急，解民众之所困；工作有定责，服务无成式，服务无止境；“使老有所终，壮有所用，幼有所长，矜寡孤独废疾者皆有所养”，悉在关心之中。

职工之家，胸怀莫大，此之境界何为大？——“窗含西岭千秋雪，门泊东吴万里船”，君可有悟。职工之家，党之领导，工会践行，以人为本，以凝神聚力，创设和谐，共同进步。又以“对内搞活，对外开放”，广交朋友，既服务社区，亦服务社会。此天经地义，高尚之职，何乐而不为也！

职工之家，“宜其室家”，践行核心价值观，承继创新，开拓进取，再接再厉。不负职工之望，共创职工之家、市民之家、文化之家、艺术之家、仁和之家、文明进步之家。

（彭延遂，男，周村区彭阳乡彭家庄人，中学高级教师，原周村职业中等专业学校校长。）

抗战胜利69周年随想

韩 华

（一）

山河破碎江河悲，
风雨萧萧战马催。
男女老少齐上阵，
军号声声战鼓擂。

（二）

浴血奋战洒疆场，
中间多少英雄泪。
团结一心护国土，
地雷地道显神威。

（三）

不见鬼子不挂弦，
魂不守舍丢头盔。
龟缩据点不敢出，

我军将士端炮垒。

（四）

地道机关真神妙，

引敌入洞长矛锥。

地上地下一齐打，

调头鼠窜屁滚尿。

（五）

铁道游击真英勇，

飞奔列军擒寇贼。

炸毁铁路截弹药，

吓得鬼子肝胆飞。

（六）

游击队用麻雀战，

民兵武装扯敌腿。

全民皆兵全参战，

日寇末日几日回。

（七）

八路军中武工队，

神出鬼没把敌追。

丧心病狂要围剿，

设伏入圈中包围。

（八）

正面战场大反攻，

军民合力把敌溃。

八年抗战奏凯歌，

缴械投降罪累累。

（九）

墓碑追忆奠先烈，

年年岁岁终无悔。

忠心赤胆跟党走，
枯苗难得报春晖。

（十）

前事不忘后事师，
强我中华梦追随。
励精图治复兴路，
大势所趋天下归。

（值此抗战胜利69周年之际，余墓碑抒怀，追忆英烈，感慨万千。吾辈当时时激励共勉之。）

郊　游

韩　华

踏　青

春风催人行，
蜂蝶戏鸟莺。
沿路万花开，
河岸柳树青。

观　景

喜欢万花艳，
且看草木丛。
冬去暖复来，
一岁一枯荣。

诗二首

韩　华

咏　菊

秋菊秋月开，
壮志寄情怀。

京城传喜讯，
好运天天来。

菊 伴

吾与汝结伴，
结伴到天明。
天明乃吉日，
吉日炳苍穹。

（中共十八届三中全会胜利召开，会议鼓舞人心，造福于民，发人深省。谨以此抒怀，为三中全会献礼）

（韩华，男，周村区桃园社区人，副主任中医师，淄博市基层名中医、山东省基层名中医。）

媒体报道

周村肴鸡门五香扒鸡

张安仁

我叫张安仁，今年 61 岁。我从 12 岁（1939 年）开始在周村肴鸡门德盛斋学习制作五香扒鸡。俺师傅名叫刘生富，是德盛斋的掌柜，1948 年俺师傅病故，我就离开了店铺。我在学徒时，师傅要求很严，只准做好不准做孬。后来，我自己制作经营时，特别注意质量和卫生，保持了刘氏五香扒鸡的声誉。

在周村，只要一提到肴鸡门这个地方，四五十岁的当地人都会联想到周村商埠名吃之一五香扒鸡。它的特点是：相距老远香味早已扑鼻，握住鸡腿一抖骨肉分离，金黄色的鸡皮光亮不滴油，干索索的白肉鲜嫩不腻口。人们称赞说：“南北驰名千里外，刘氏祖传德盛斋，欲食天下五香鸡，味美还是肴鸡门。”

周村肴鸡门的五香扒鸡闻名齐鲁，至今已有近百年的历史。创始人名叫刘绪楷，幼年家境贫寒，为谋生计到博山县颜神镇拜伊慧勤为师，学习制作肴鸡，因他学习刻苦又肯钻研，手脚勤快干活利索，深得师傅的赏识，学到了一些真本事。满徒后返回周村，在他老家油坊街十字胡同，立灶开张制作五香扒鸡。不久迁至芙蓉街北首大梢门东旁（淦河与泔沟河汇合处）立足德盛斋，专制五香扒鸡。由于刘老师傅独具匠心，做工精细，他做出的肴鸡很快就博得了广大顾客的赞赏。在旧社会同行似冤家，所以很快引起了同行们的嫉恨，他们想方设法与其质量交锋，但仍然是唯其独厚。民国18年前后，是周村商业的兴盛时期，也是刘氏五香扒鸡的兴盛时期，周村各大商号、大丝店、银楼、货栈等，多数都是刘氏五香扒鸡的常年顾主，旺季每天能销售300只左右，一般都是太阳老高就卖净了。外地来周村经商者 都慕名而至，品尝后无不翘起大拇指点头称好。有一次，一位北京商人从青岛返回北京，在周村下火车专程来店里买五香扒鸡，事不凑巧，店内仅剩一只了，满足不了这位商人欲购30只的要求，商人急于坐下一趟火车走，只好买着一只边走边连声叹道“可惜”。

刘绪楷老师傅的两个儿子刘生财和刘生富，跟随父亲学艺多年，都是做肴鸡的行家里手。1928年，刘绪楷病故后，大掌柜的刘生财在兴隆街西头义衢门里新开了肴鸡铺，立号异香斋，俺师傅刘生富仍在旧址沿用德盛斋老号，兄弟二人的两个肴鸡铺距离很近，都紧挨着芙蓉街北头的大梢门，日久天长，人们逐渐把这里称作肴鸡门了，于是肴鸡门也就成了人们对刘氏五香扒鸡的雅称。

刘氏五香扒鸡的制作方法并没有特殊之处，同样是经过宰杀、褪毛、开膛取内脏、盥鸡、盘鸡、涮洗、过油、煮熟八道工序。主要佐料有丁香、白芷、草合角、小茴香5种，外加葱姜和一种么么面。关键在于加料要适量，掌握火候要适当，火候的掌握，一般是半斤以上的鸡，开锅后再煮40分钟以上，鸡越大需火越大，煮的时间越长。柴鸡子不吃火，不吃火的鸡煮出来不好吃，因为煮的时间短了 喂不透佐料，肉也发腻，煮好了的鸡捞出来，撕开以后肉干索索的，浓香白嫩，咋吃咋香喷喷的不腻口，不像有的做出鸡来，在盘子里放了多时，撕开以后鸡汤滴滴答答，越吃越腻口。

（此文原载《百年商埠》梁兴俊 朱湄生整理）

成立合作社，村民变“股民”，共享集体收益“大蛋糕”——

桃园社区：股改之后利渐红

《今日周村》记者　李栋

4 月初的一天，桃园社区的吴振声主动打电话到社区经济股份合作社，询问社区分红的有关问题。接过电话，在与记者的交谈过程中，吴振声高兴地说：“每股能领 600 块钱，光俺这一家 5 口，一个月就能领 3000 元，还是这样得实惠啊。”

自 2016 年 5 月，桃园社区启动集体资产股份制改革，历时 7 个月，到当年 12 月底就已完成。“桃园社区是全区第二个顺利完成股改工作的村居，而且完成股改后，次月即开始分红，让村民真正享受到农村股改红利释放出来的甜头。”青年路街道副主任周兆军告诉记者，桃园社区的股改之路不仅为辖区其他村居提供了可复制、可推广、可借鉴的模式，更对其他村居形成了强大的带动和吸引作用。

股份 + 合作，明确产权主体

集体资产股份制改革，谁参与、谁受益，蛋糕如何切？成员界定成为股改的第一道难题。在深入摸排、实地调研的基础上，社区根据实际情况，确立了《桃园社区享受股权人员资格界定办法》，依此界定出享受股权的 750 名股民，并经由全体村民签字认可。

难题攻克，社区顺势展开集体资产清产核资，对评估的全部资产总额 121061511 元经村民代表会议通过后进行公示。在成员界定和清产核资的基础上，社区又将集体资产折股量化，并确定了集体股和个人股分别占可量化资产的 38% 和 62% 的比例。“以前社区集体资产同样属于集体所有，但是对个人来说，看不见、摸不着，总觉得跟自己关系不大。现在通过股改，村集体资产所有权量化到个人，这种确权到人的集体产权制度，给村民带来了稳定的收入来源。”社区党总支书记、居委会主任毛执民告诉记者，社区专门成立了淄博周村桃园社区经济股份合作社，按照市场化运作实现资产的有效管理经营和收益分配。

公平 + 效率，确保红利提升

集体资产股份制改革是件为民利民的实事好事，但实事办好、好事办实还要征得广大村民的认可同意，公平问题就成为股改工作能否顺利展开的关键。取信于民、确保公平，成为桃园社区股改工作开展以来的最宝贵经验。社区对于股改过程中的每一个步骤都会深入调研、实地摸排，召开党员会、村民代表会，了解村民呼声，体现百姓心声。每一个程序还要经过村民代表大会表决通过，然后再对外公示。“咱社区股改的每个环节都严格按程序来，都用村民代表大会表决的形式通过，有反对意见的可以当场提，这么公平公正的事，咱老百姓都很满意、很支持。”55岁的王立平对此颇有感慨。

公平优先，更要兼顾效率。今年1月份是股改完成后的第一个月，股东即分到了每股300元的红利。接下来的分红事宜让百姓对于股改更是大喜过望，2月份每股分红500元，到3月份上升至每股分红600元。“我们的目标就是想方设法保证股民权益，股改启动之初，我们就喊出‘分不了红，村两委工作人员不发工资’的口号。”毛执民告诉记者，“股改完成后，村里不仅实现了次月分红的小目标，更要努力让股民红利持续上涨。”

“油门+刹车”，积极稳健发展

集体资产股份制改革以后，桃园社区的集体资产产权更为明晰，内生动力也充分激发。记者了解到，为实现集体资产的保值增值和积极稳健发展，合作社采取了“油门+刹车”的经营模式。

“一脚踩油门”，盘活集体资产，保障集体经济增收渠道，并努力实现持续增收。毛执民告诉记者，现在合作社的主要任务是实现社区幼儿园、老年公寓、26号综合楼和沿街营业房等资产保值，为社区集体经济提供持续稳定的收入来源。今后，社区还要积极配合合作社拓展收入渠道和途径，在给集体经济带来持续收入的同时，更要努力实现收入的持续增加，扩大改革红利惠及成果。“随时踩刹车”，加强对集体资产和收益分配的监督。合作社成立专门的理事会和监事会，理事会对合作社的重大事项进行集体决定；监事会严格履行章程中明确的监督义务，对合作社的正常经营行为进行监控，确保合作社能严守“底线”、不触“红线”，真正保证集体资产姓“公”。

“桃园社区股改后，居委会负责村务管理，合作社负责集体资产经营，社区收支管理更加规范，村民利益更有保障，人心更畅更齐了。”周兆军告诉记者，下一步街道将继续帮助有条件的村居适时推动股改工作，真正在资产盘活、效益增大的基础上，让更多群众分享股改红利。

（本文原载2017年4月17日《今日周村》第二版）

桃园社区：谋发展惠民生 打造和谐新家园

《今日周村》记者　李栋

旧村道路全面硬化　环境优雅的阳光家园

桃园社区位于周村区正阳路与机场路交叉路口，地理位置优越。2013年，桃园社区坚持以人为本，积极转变工作作风、改进工作方法，努力做到对群众负责，为人民服务，突出为民办实事、做好事，以活动为载体，拉近与群众的距离。今年以来，居民的生活环境和生活质量不断提升，社区圆满完成了年初制定的各项工作任务。

旧村改造圆满完成　社区人居环境再上新台阶

作为青年路街道“两区三村”改造的重点项目之一，桃园社区旧村改造项目共占地145亩，总投资4.3亿元，建筑面积14.5万平方米。该工程自2010年开始拆迁建设，目前8栋居民安置楼的内外装修已基本完工，并已根据实际条件分批交付使用。结合旧村改造实施的银座商城桃园店项目于2010年11月开工建设，总投资7000万元，现已进入正常营业阶段，商场共分为地上7350余平方米和地下4780余平方米的两大设计格局，现已成为我区一家集购物、休闲、餐饮、娱乐等为一体的大型综合商业设施。

桃园社区旧村改造项目的顺利完工，根本改变了居民的生活居住环境，使居民从低矮破旧的平房搬进了环境优美、管理规范、配套齐全的高档生活小区，社区的集体经济得到了发展，社区组织建设得到了进一步加强。通过实施旧村改造，不仅改善了民生，提高了居民生活水平，锻炼了干部，进一步提升了社区班子的凝聚力、战斗力和群众公信力，还为完善城市功能和配套设施建设，提升城区形象起到了积极的示范带动作用。

关注民生民需　各项保障落实处

今年以来，桃园社区继续坚持把工作重心放在保障和改善民生上，进一步加快改善民生的步伐。

不断提高发放养老金标准。桃园社区现有老年人109名，60岁以上80岁以下的老人每人每月放养老金发放标准由400元涨至500元，80周岁以上老人每人每月的发放标准由450元涨至600元。今年仅养老金一项社区就支付资金高达66万余元。并对残疾人和老干部根据不同程度发放补助金。

逐步提高福利待遇。每年三八、五一、中秋、国庆节、重阳节、春节等重要节日都会为居民发钱分物，并在60岁以上老人生日时送去蛋糕和100元现金，每年社区福利待遇费就达95万多元。

积极开展"献爱心"活动，关心弱势群体。在社区两委的领导下积极开展各类关爱活动。春节期间上门慰问社区困难党员、困难群众，平时对生活困难和年老及体弱多病的党员进行慰问。

开展党建工作　充分发挥党组织作用

桃园社区党总支按照"把党总支建设、精神文明建设与社区品牌建设紧密结合起来，与时俱进、创新发展，着力打造和谐社区"的工作思路，坚持领导班子坚强有力、党员教育管理制度健全、各项工作协调机制完善、基础设施齐全网络畅通、精神文明建设效果显著五个方面的建设，从抓班子入手，用党建带社建，加强党支部的战斗堡垒作用，有效提高了班子的凝聚力、战斗力，形成强有力的领导核心。

在全区上下集中学习贯彻党的十八届三中全会精神、推进党的建设科学发展的大背景下，社区积极组织党员对党的十八届三中全会公报进行学习，坚定理想信念，时刻与党的步调保持一致，努力为社区和谐、稳定、发展贡献力量。同时，桃园社区还结合全区"区直机关在职党员进社区"工作的开展，努力推进社区党组织与在职党员党支部的联动，积极为在职党员搭建服务平台，把在职党员的积极性调动起来，把创造性激发出来，努力把智慧整合起来，使在职党员和社区党员共同携手，共驻共建，增强社区党组织的合力。

为民办实事　不断完善配套设施

桃园社区"阳光家园"老年公寓，总投资1100万元，建筑面积达6000余平方米，拥有200多张床位，可分套房、单间、双人间和多人间等几个不同档次的房间设置，拥有各种完善的配套设施，现已进入招入阶段。社区的正阳幼儿园现在运行良好。

同时，桃园社区为了更好提升居民的居住环境和居住品质，结合迎接国家卫生城市复审的有利时机，对旧村范围内的杂草、垃圾进行了集中整治，并对机场路以南的1700余米，约10000平方米的旧村道路进行了硬化，深受广大居民的欢迎和拥护。

（本文原载2013年12月27日《今日周村》专版）

4月1日，阳光家园老年公寓试运行，300余名老人可同时居住，足不出户享受完备的医疗服务，健身娱乐室丰富精神文化生活——

“阳光”照进老人心

《今日周村》记者　李　栋

温暖和煦的春光里，几位老人正安详惬意地坐在楼下说说笑笑，晒着太阳，边上几位护理师正在陪着他们聊天，一切都显得和顺融达。这是近日记者在桃园阳光家园老年公寓见到的一幕。“我们在这里住得好，吃得好，照顾的也好，可舒心了。选这个地儿养老真是没有选错啊。”一位老人乐呵呵地向记者介绍起自己的新家。

桃园阳光家园老年公寓位于银座商城桃园店以北，西邻正阳路幼儿园，这里不仅拥有便捷的交通和优越的区位条件，更有着完善的配套设施，是一家集休闲疗养、文化娱乐于一体的专业养老生活园区。整栋公寓建筑面积达7000平方米，硬件设施按照星级宾馆的标准建设而成，上下7层的设计格局共建有100多个房间，可同时容纳300余名老人在此居住。这里不仅拥有众多的房间，更有着可供老人选择的多种房间类型，从单人间、双人间、多人间，到夫妻套间，不同标准的住宿条件为不同需求的老人提供了差异化选择和针对性服务。

对来此居住的老年人而言，阳光家园最大的吸引优势就在于其优越的综合环境。为保障老年人的身体健康，公寓从老年人的年龄、身体和生活特点出发，进行了精心规划设计。从无甲醛内饰涂料的选用，到纯实木家具的选购，公寓处处彰显着浓郁的人性关怀和人文情怀。公寓内不仅设有大型医疗室，而且老人们可以在此刷医保卡，并能对慢性病报销，老人们足不出户即可享受完备的医疗服务。此外，公寓会定期邀请全国知名的中医药营养师、理疗按摩师、心理咨询师来做讲座，为老年人提供专门咨询和建议。

让老人住得放心，更要让老人舒心。公寓专门聘请了20多名有着多年丰富护理经验的护理工，由他们负责照顾老人们的饮食起居和日常生活，能为老人提供更为贴心、及时、周到的服务。为丰富和满足老年人的精神文化生活，公寓还配备了2个健身娱乐室，内设麻将桌、各种棋类、按摩椅、按摩床、运动单车等娱乐设施，让老人们能够老有所居、居有所乐，在此真正体会到家的温暖和温馨。

在做好硬件设施和人性化服务的同时，公寓还下大气力着重打造公寓的主题文化。步入公寓一楼大厅，臻善至诚的企业使命与愿景在此已初见一斑。行至二楼，二十四孝的布置设计，更让人深深浸润在“孝”的浓郁文化氛围中；三楼文化则注重突出“德”，重点弘扬中华民族的传统美德与懿行；四楼则展现“义”，五楼六楼则着重宣传健康常识。“我们的目标和愿景就是要把这里打造成老年人心理上的家，而不是一个传统意义上的‘养老院’，或是简单的住宿公寓，我们要让老人们在此留得下，住得乐，过得好，真正找到家的归属感。”经理马洪宝向记者谈起自己的经营理念和发展愿景，“既然是家，就必须要有浓郁的‘家风’和良好的文化底蕴。”

正是这“硬功夫”和“软实力”两方面的突出优势才吸引了众多老年人的青睐。85 岁的张秀英老人是来此报名的第一人，“我 2 月份的时候就来报名了。那时候只是想来看看这里的条件咋样，结果来了一看我就相中了。”老人笑着告诉记者，“不光是这里的硬件条件好，最主要的是这里的服务太周到了。”自 4 月 1 日公寓试运营以来，每天都有十数人来此了解情况或打电话咨询，公寓得到越来越多市民的支持和认可。

谈及公寓今后的发展走向，经理马洪宝向记者谈论起自己的愿景：“我们的目标是把公寓打造成淄博市第一流的养老服务中心，以最人性化的关怀服务为发展动力，力争在未来几年时间里把公寓做成连锁模式，实现市内甚至省内的连锁加盟。”

（本文原载 2014 年 5 月 7 日《今日周村》第三版）

桃园社区：和陋习说“拜拜”

《今日周村》实习记者　吕鑫鑫

6 月 15 日，记者来到青年路街道桃园社区采访，映入眼帘的是宽阔洁净的街道和道路两旁茁壮成长的绿植，一路上不见了杂草和垃圾。小区内几名保洁人员正在给小树苗浇水，一旁的儿童游乐园里，几个小孩玩得不亦乐乎。

如今的桃园社区，俨然已经成了孩子们的小乐园、社区居民的新家园。提起今年社区的改变，居民王立平自豪地对记者说：“现在晚上一家人出来散散步、聊聊天，就像走在公园里一样，社区现在变得这么漂亮，亲戚朋友来做客我们脸上都有光。”王立平还告诉记者，以前大家卫生意识差，出门垃圾随手丢，现在陋习一点点不见了。“原先社区里垃圾袋到处都是，现在保洁员每天都来清理，社区还给配上了宣传栏和温馨提示，大家都不好意思乱扔了。”王立平说，“有时看见地上有垃圾都自觉地捡起来丢进垃圾箱，以前的陋习都逐渐消失了。”

据桃园社区党总支书记、居委会主任毛执民介绍，为了搞好城乡环卫一体化工作，今年5月份，社区专门组织去青州参观学习，借鉴先进经验，将各项工作落到实处。“回来以后，我们集体研究制定工作方案，从清理积存多年的垃圾开始，陆续开展整治工作。”在谈及下一步的工作计划时，毛执民告诉记者，社区计划投资40余万元实现绿化全覆盖。“我们会加快工作进度，努力做好旧房拆迁和建筑垃圾清理工作，争取让社区居民的生活环境越来越美。”毛执民信心十足。

（本文原载2015年6月17日《今日周村》第一版）

齐鲁名村志
QI LU MING CUN ZHI

桃园社区志

TAOYUANSHEQUZHI

桃园名人

TAOYUANMINGREN

桃园村自建村以来，民风淳朴，在发展农工商经济的同时，也注重文化教育，随着村民生活的富足、文化知识的提高，许多村民走出村庄，走南闯北，或经商、或为官、或行医，更有热血青年投身革命保家卫国，在不同的时期、不同的行业为桃园的发展贡献着自己的力量。

历史名人

毛世榕

毛世榕（1860—1926）

自幼爱武习艺，臂力过人，擅长用大刀、剑、千斤石练武。身高2米，体重300余斤。习武时常耍80斤、120斤重大刀，饭量极大，一顿能吃四五十斤。光绪二十年（1894）参加甲午科武殿试，列第三甲赐同武进士出身。第八十六名。此次殿试山东取中十名，均著以营（卫）守备用。其被派故宫玄武门（神武门）行走。据传，在校场考试舞大刀时，失手落刀，其在马上，一个海底捞月将刀捡起。因其在家中排序第四，人称毛四进士。农历1926年10月在家中病逝。

吴贯一（1893—1950）

自幼聪慧好学，虽文化程度不高，但勤于钻研，熟练掌握染色技术，在周村大街开办印染厂，其善于辞令，擅长应酬，经常外出联系业务，在多年的跑外业务中，接触多种类的机器和染色方法。1929年青岛大华染厂创立，1932年左右其被大华染厂聘为掌柜，全面负责染厂的生产经营。青岛沦陷后，日本占领者千方百计威逼利诱其实行日华合办；日商曾十多次与大华染厂协商合办事宜，皆被其断然拒绝，日军百般刁难，导致此后大华染厂的生产时续时断，艰难坎坷地度过了日本侵华岁月。抗战胜利后，染厂复工，但因苛捐杂税太多，染厂生存艰难。1950 年 12 月 30 日（农历）病逝于青岛。

毛文彬

毛文彬（1894—1975）

字质臣、自丰，毛世榕之七子。少读私塾，后读齐鲁大学，曾留学德国，又读青岛德文学校，熟悉德文，毕业后在山东羊角沟、烟台盐务局任见习生、司磅员。1935 年左右，经牛氏学友举荐任江西吉安盐务稽查局局长，稽查盐务走私事宜，在江西期间与蒋经国结为朋友。1945 年日本投降后解职回乡。1975 年病逝。

毛文英（1912—1973）

字春圃，毛世榕之十子。抗日战争期间，其 2 岁的小女儿患急病，因晚上周村城门关闭，不能进城请大夫看病，眼看小女不治而亡。自此，下决心自学针灸，给百姓治病，技术精湛。新中国成立初，被收编入张坊区西马全科卫生室，1958 年并入南阎乡医院。1966 年，被下放回村，在劳动之余，坚持为乡亲免费治病，直到 1973 年去世。

毛文英

王锡侯

王锡侯（生卒年月不详）

光绪年间（1875—1908）监生，光绪二十一年至光绪二十八年间（1895—1902），曾两次任河南鄢陵县知县。据传，在第二次任职期间，体恤民情、关爱百姓，百姓赠送“万民伞”。回乡后，在村东修建庄园一处，名为王家大院。新中国成立后被政府收缴，改为国家粮库；1952年，淄博市中医院建立，改为医院用房；后为周村区农机局用房。

革命烈士

禹连正（1914—1944）

男，1914年3月出生，1944年11月参军，八路军邹平县五七区二中队战士，1944年12月在邹平县莲花池战斗中牺牲。

禹连正

聂启富

聂启富（1915—1943）

男，1915 年 3 月出生，1938 年 10 月参加八路军，1943 年加入中国共产党，任商河县委警卫班班长，1943 年在商河县城战斗中牺牲。

聂启贵（1918—1946）

男，聂启富之弟，1918 年 4 月出生，1944 年 8 月参军，中国人民解放军东北野战军二师司令部战士，1946 年 4 月在吉林省长春战斗中牺牲。

聂启贵

韩启富

韩其富（1925—1944）

男，1925 年 11 月出生，1944 年 8 月参军，八路军渤海军区第四军分区基干团战士，1944 年 11 月在博兴县曲家庄战斗中牺牲。

齐鲁名村志

QI LU MING CUN ZHI

桃园社区志

TAOYUANSHEQUZHI

大事记

DASHIJI

清光绪二十年（1894）

是年 毛世榕考取武进士。

清光绪二十二年（1896）

是年 王锡侯通过捐钱获取监生，任河南鄢陵县知县。

1943 年

是年 聂启富在商河县城战斗中牺牲。

1944 年

11 月 韩其富在博兴县曲家庄战斗中牺牲。

12 月 禹连正在邹平县莲花池战斗中牺牲。

1946 年

4 月 聂启贵在吉林省长春战斗中牺牲。

1947 年

是年 成立桃园村妇救会。

1949 年

2 月 李成修加入中国共产党，成为桃园村第一位党员。

1950 年

春 桃园村建起村级组织。

1954 年

春 成立初级农业生产合作社。

1956 年

春 初级社转为高级农业生产合作社。

是年 成立中国共产主义青年团桃园村支部委员会。

1958 年

11 月 桃园村随南阎乡由邹平县划归周村区。

是年 桃园大队安装全村第一部手摇磁石式电话机。

是年 桃园高级农业生产合作社转入人民公社，称南阎人民公社桃园大队。

1960 年

是年 桃园村建立党支部，称中共周村区南阎公社桃园村支部委员会。

是年 张安义任村党支部书记，王贻水任大队长。

1962 年

是年 购买 12 马力手扶拖拉机 1 台。

1964 年

是年 全村通电，结束用豆油和煤油灯照明的历史。

1966 年

是年“文化大革命”开始后，建立大队革命委员会。

是年 掀起农业学大寨高潮。

1973 年

是年 张安义任村党支部书记。

1976 年

是年 恢复大队管理委员会。

1977 年

11 月 张文禄任党支部书记。

1978 年

是年 按照上级要求对村庄进行整体规划。

是年 吴成水任大队长。

1981 年

12 月 韩福祥任党支部书记。

1982 年

8 月 王贻水任党支部书记。

1983 年

是年 村企业实行承包制，把村企业承包给个人。

1984 年

5 月 政社分开，党组织改称中共南阎乡桃园村支部委员会；设村民委员会，实行选举制。

1985 年

是年 对村庄整体规划进行调整。

9 月 村小学合并到西马小学，将小学旧址改建为村幼儿园和敬老院。

1986 年

是年 村里自行安装自来水管道并通水。

1987 年

8 月 毛执平任党支部书记，吴振南任村主任。

1989 年

9 月 党组织改称中共南阎镇桃园村支部委员会。

1992 年

是年 周村区检察院征用桃园村土地建 5 层住宅楼 1 幢共 40 户；周村区司法局征用桃园村土地建 6 层住宅楼 1 幢共 48 户，5 层附属楼 1 座共 10 户。

1993 年

是年 第二次修订村庄建设规划。

1995 年

是年 在机场路以南建设二层楼房 68 幢，当年搬迁入住。

1998 年

是年 村企业实行改制，村委将企业转为民营。

1999 年

7 月 郭思忠任村主任。

8 月 4 日 周村区划调整，桃园村由南阎镇划归青年路街道办事处。

2000 年

是年 周村区农机局征用桃园村土地建 5 层住宅楼 2 幢、4 层住宅楼 1 幢。

2001 年

1 月 毛执民当选村党支部副书记。

11 月 10 日 开展“三个代表”重要思想学习教育活动，至 2002 年 2 月结束。

是年 村“两委”租用正阳路西桃园社区 1—17 号为办公场所。

2003 年

是年 实行村改居，桃园村改为桃园社区，党组织改称中共青年路街道办事处桃园社区支部委员会，建立桃园社区居民委员会。

2005 年

4 月 毛执民任党总支书记、村委会主任。

12 月 开始开展保持共产党员先进性教育活动，到 2006 年 7 月结束。

是年 社区党支部改建为桃园社区党总支，下设 3 个党支部。

是年 开始谋划旧村改造。

2006 年

5 月 投资 715 万元开工建设正阳幼儿园，2007 年 5 月竣工。

11 月 经市区医保部门考察、审核，社区第二卫生室被批准为全市医保刷卡定点门诊。

2007 年

10 月 社区全面推进城镇医保工作，年满 18 周岁以上的社区居民每年由社区出资，全部加入城镇居民医疗保险。

是年 吕春铜获“全国无偿献血奉献铜奖”。

是年 建立农家书屋。

2008 年

3 月 社区被周村区妇联评为“巾帼示范”社区，吴振南家庭被授予“文明和谐家庭”称号。

11 月 桃园花卉科技生态园一期工程完工，2010 年二期工程完工。

是年 桃园社区获青年路街道工作先进单位称号。

2009 年

3 月 参加周村区第二批深入学习实践科学发展观活动。至 8 月结束。

3 月 9 日 成立社区学习实践科学发展观活动领导小组，毛执民任组长，成员为吴振南、郭法亮、田茂利、张文革、耿庆春、田辉。

5 月 11 日 召开第二次旧村改造拆迁安置动员大会。

5 月 12 日 社区获周村区“‘亿万农民健康促进行动’示范社区”称号。

5 月 25 日 召开居民代表大会，征求居民对桃园小区规划意见。

8 月 12 日 周村区委书记、区人大常委会主任王树武到桃园花卉科技生态园视察指导。

10 月 15 日 周村交警大队桃园社区交通管理服务站正式设立。

是年 旧村改造一期建设项目获周村区政府批准。

是年 社区党支部由 3 个调整为 5 个。

是年 社区获青年路街道目标管理考核先进单位。

2010 年

3 月 9 日，正阳幼儿园获山东省第十批示范幼儿园称号。

3 月 22 日 桃园社区旧村改造被列入 2010 年全区城建重点建设项目。

4 月 围绕迎接中国共产党成立 90 周年开展创先争优活动，到 2012 年 7 月结束。

7 月 毛执民、吴振南、耿庆春、田茂利、张文革、郭法亮、张秀华、李执美、田辉被青年路街道党工委表彰为优秀党员，第二党支部被表彰为街道先进基层党组织。

10 月 16 日 桃园小区开工奠基。2011 年 12 月 5 日居民回迁楼选房工作结束。2012 年 6 月居民陆续入住桃园小区，共安置居民 336 户。

是年 社区获青年路街道目标管理考核先进单位称号。

2011 年

1 月 13 日 淄博市委副书记陈家金到社区调研。

6 月 16 日 成立桃园社区抗洪抢险小组，毛执民任组长，田茂利、耿庆春任副组长，张文革、王立平、张东明、毛其华、孙美仁、李克义、毛雷、毛兵、马杰、毛玉成为成员。

9 月 29 日 中共淄博市委常委、政法委书记岳华东到社区调研工作。

10 月 14 日 淄博市人大常委会副主任尚秋云，市人大常委会原副主任、关工委原副主任关玛莉视察正阳幼儿园。

是年 社区为 1949 年以后出生的男性居民，1952 年以后出生的女性居民适龄的中年人共 370 人全部加入社会养老保险。社区为每人一次性缴纳 10 年的养老保险金 25100 元，由个人自交 5 年。

是年 社区对超龄的没有加入社保的居民发放养老金。老干部也根据不同程度发放老干部补助金，残疾人根据残疾程度不同分别按 380 元、120 元、60 元标准发放补助金。

是年 投资 420 万元建设桃园社区公共体育健身活动场所并投入使用。

是年 社区获青年路街道目标管理考核一等奖。

2012 年

3 月 5 日 社区与驻周村航校飞行大队互学互帮互促活动正式启动。

3 月 15 日 成立桃园社区“关爱乐园”，毛执民任组长，吴振南为副组长，成员有耿庆春、田茂利、张秀花、毛玉怀、牛如山。

10 月 10 日　周村区政协主席康仲新，副主席王翔宇、李玉清、黄永志、胡军、张红蕾，秘书长崔亦凤等调研桃园社区旧村改造项目。

10 月 13 日　成立区直机关在职党员桃园社区党支部。共青团周村区委书记曹培娜为支部书记，周村区农机局主任科员吕允平、周村区公安分局主任科员梁军、周村区教体局校管办主任韩伟、《今日周村》社会部主任王娟为支部委员。

10 月 18 日　淄博市委书记周清利、市长徐景颜带领全市区县域科学发展现场观摩点评会与会人员到社区观摩点评。

11 月 9 日　周村区人大常委会副主任马鸿基调研桃园社区旧村改造项目。

12 月　协调公交公司，对 106 路公交线路的走向进行调整，增设世纪康城站、桃园社区站、银座商城桃园店站三个站点，同时，238 路公交线路增设桃园社区站点。

是年　为 60 岁以上 80 岁以下的每人每月养老金 400 元，80 周岁以上的每人每月发 450 元。全年社区支付养老金、老干部补助金、残疾人补助金 50 多万元。

是年　成立以社区党总支书记、主任毛执民为主任，副书记吴振南为常务主任，张文革、耿庆春、田茂利、张秀花为成员的关心下一代工作委员会。

是年　社区第二卫生室被市医保部门审定为全市慢性病联网报销定点单位。

是年　开展“基层组织建设年”活动。

是年　社区获周村区经济二十强村（居）称号。

是年　社区获青年路街道目标管理优秀单位称号。

是年　社区决定推行村民事务代办制度。

是年　成立“乡村文明行动”活动工作领导小组，毛执民任组长，吴振南任副组长，张文革、田茂利、耿庆春为成员

是年　开展“四德工程”建设。

2013 年

1 月 9 日　正阳幼儿园获 2012 年度山东省十佳幼儿园称号。

1 月 27 日　银座购物广场周村桃园店正式营业。

4 月　开展“关爱他人、关爱社会、关爱自然”学雷锋志愿服务活动，6 月结束。

7 月 14 日　周村齐纳国际影城开业。

7 月 26 日　淄博圣海置业有限公司向社区捐赠 10 万元助力迎接卫生城市复审

工作。

10 月 28 日　周村区委书记韩昆山、区长陈思林带领参加区委理论学习中心组读书会暨全区科学发展现场观摩点评会的领导考察社区旧村改造暨阳光家园老年公寓。

12 月　田辉、毛兵当选为共青团周村区第十一次代表大会代表。

是年　韩华经山东省卫生厅、省中医学管理局考察审核，被批准为山东省五级中医学师承教育项目第二批指导老师。

是年　社区获青年路街道目标管理考核优秀单位称号。

是年　社区全面实施网格化管理。

是年　组织开展市级生态居创建活动。

是年　在社区全面开展关爱帮扶困难家庭、流动人口家庭未成年子女活动。

是年　社区 60 岁以上 80 岁以下的老人每人每月养老金由 400 元涨至 500 元，80 周岁以上老人每人每月的发放标准由 450 元涨至 600 元。全年支付养老金、老干部补助金、残疾人补助金 66 万余元。

2014 年

2 月　85 岁的张秀英老人第一个报名入住阳光家园老年公寓。

3 月　参加周村区第二批党的群众路线教育实践活动，9 月结束。

3 月 2 日　经村民代表大会表决同意，将圣海开发的 23 号楼一楼西单元 2 套网店 400 余平方米作为社区办公用房。7 月 12 日　社区办公机构正式迁入新址办公。

4 月 1 日　阳光家园老年公寓试营业，6 月 18 日正式营业。

8 月 26 日　周村区委书记、区人大常委会主任韩昆山，区人大常委会第一副主任李作霖、副主任马鸿基，区人大常委会办公室主任张秋华到社区调研“双联”工作开展情况。

9 月 25 日　周村区人大常委会第一副主任李作霖，副主任李军生、马鸿基及部分人大常委会委员、人大代表在副区长王星、民政局局长樊传度陪同下到桃园阳光家园老年公寓调研社区贯彻落实《中华人民共和国老年人权益保障法》情况。

10 月 29 日　社区党总支进行换届选举，选举毛执民为社区党总支书记，吴振南为副书记，耿庆春、张文革、张秀花为委员。

11 月 29 日　社区举行第十一届村民委员会选举大会，全体居民以无记名投票的方式选举毛执民为社区居委会主任，张文革、耿庆春、孙淑霞为委员。

2015 年

3 月 28 日 社区召开“平安家庭”创建工作推进会。

8 月 成立桃园社区工会联合会。

8 月 14 日 韩华被淄博市卫生和计划生育委员会、淄博市人力资源和社会保障局、淄博市中医药管理局授予“淄博市基层名中医”称号。

12 月 1 日 周村区委常委、组织部部长曲明，区人大常委会副主任、区总工会主席韩桂芳带领参加区“1+3”职工之家创建活动现场推进会与会人员现场观摩社区“1+3”职工之家创建工作。

12 月 10 日 淄博市人大常委会副主任王法亮带领驻周村的市人大代表视察周村银座桃园店及桃园村旧村改造项目。

是年 在农家书屋基础上建立桃园社区图书馆。

是年 社区获青年路街道目标管理二等奖。

2016 年

1 月 28 日 周村区领导李作霖、苏振华、李新业、胡军到阳光家园老年公寓走访慰问老人。

2 月 4 日 周村区委副书记、区长陈思林，区委常委、宣传部部长耿玉河，副区长王星在有关部门负责人陪同下，到银座商城桃园店检查安全生产工作。

3 月 29 日 周村区永安街道组织领导班子、各社区、村干部 50 余人到社区考察学习。

5 月 启动社区集体资产股份制改革，历时 7 个月，到 12 月底完成，成立桃园社区经济股份合作社。

12 月 18 日 社区居民李志红捐献眼角膜，为周村区第七例角膜捐献者。

是年 投资 400 余万元建成桃园社区职工之家。

是年 社区被淄博市精神文明建设委员会办公室命名为淄博市“文明社区”。

是年 社区获青年路街道目标管理一等奖。

齐鲁名村志
QI LU MING CUN ZHI

桃园社区志

TAOYUANSHEQUZHI

附录

FULU

我国东部地区新型城镇化建设报告
——以山东省淄博市周村区桃园村为例

乡村新型城镇化道路专题调研组

党的十八大报告提出了建设“新四化”即新型工业化、信息化、城镇化、农业现代化的要求，并倡导和要求我国东部地区有条件的镇村应该率先实现新型城镇化，2012年以来，我们组成乡村新型城镇化道路专题调研组，重点对山东省淄博市周村区的城中村——桃园村就乡村发展进行调研、解析。乡村新型城镇化道路专题调研组由中国社会科学院研究员李传章牵头，吸收了部分理论工作者和实际工作者。调研组成员由山东省淄博师范高等专科学校张群教授、王松江教授、刘建波副教授，淄博市人民政府办公厅黄蒙，中国社会科学院社会科学成果开发中心张筱等组成。

2012年3月3日，李传章、张群、黄蒙等调研组成员到桃园社区，与社区党总支书记、主任毛执民、副书记吴振南等社区“两委”成员进行座谈讨论，达成共识。三年多来，双方进行多次对接，2015年10月形成研究成果《新型城镇化——桃园之路》。该成果综合反映了桃园村新型城镇化和小康建设发展道路的史实，采用写实的方法，从周村在全国的历史地位、重大事件影响和城市化发展的背景出发，以桃园村历史发展和经济社会发展现状为主线，从六个部分介绍了桃园村城镇化发展和小康建设之路。麻雀虽小，五脏俱全。目前，对一个村居新型城镇化道路进行类似的分析、总结在还不多见。该书适应了信息化时代的特点，采用的是“事项＋图片＋文字”的写作和编排方法，使每个事项既有图片支撑，又有文字和理论的概括总结。该书在事项安排、篇章布局、图片取舍和文字处理等方面既突出了党和政府的政策引导，更突出了桃园老百姓的亲力亲为，以此证明老百姓的奋斗才是桃园之路成功的关键和动力，我们由此概括了桃园村开放、进取、实干、包容的村庄精神。

在调研过程中，我们对桃园村新型城镇化道路进行了分析和总结，主要内容如下：

一、天下第一村——周村经济社会发展特征

桃园村（桃园社区）位于山东省淄博市周村区，要了解桃园新型城镇化和小康建设之路首先就要熟悉周村的历史发展与现实。

周村号称“天下第一村”，是乾隆南巡时所御赐。周村在我国历史和近现代史上具有重要的地位。周村春秋战国时期属齐国於陵邑，坐落于有丰富文化积淀的白云山东麓。周村是我国北方民族资本主义的发祥地之一，是我国古丝绸之路的北方源头之一，是清政府主动开埠的重要城市之一，是我国北方金融、贸易中心之一，是我国北方军事重镇之一，是我国北方宗教文化中心之一。

今天的周村，是国家卫生城市、国家园林城市和全省首批生态建设示范区。周村秉承了工商业发展的历史文化积淀，正在按照党的十八大报告提出的“新四化”（即新型工业化、信息化、城镇化、农业现代化）的要求，主动适应经济发展新常态，牢牢把握“改革创新、提质增效”工作总要求，大力发展科技型工业、服务型经济“两型经济”，加快建设“富而强、精而美”的幸福周村。2015 年，周村实现生产总值 309.08 元；三次产业构成比例调整为 3.0∶46.5∶50.5，公共财政预算收入完成 16.16 亿元，规模以上固定资产投资完成 271.06 亿元，城镇居民人均可支配收入和农民人均纯收入分别达到 31072 元、16565 元。2016 年以来，周村区委、区政府认真按照市委“一个定位、三个着力”和“六个干”的总体要求，紧紧围绕推进落实“十个新突破”，持续用力加大民生投入力度，扎实推进各类民生重点项目建设，城市功能形象、群众生活环境、基础设施建设等各方面都取得了显著改善，周村人民正在向建成小康社会的道路上积极迈进。而桃园的今昔、新型城镇化建设和小康建设等就是周村发展变化的缩影。

蒲松龄老先生是周村地区家喻户晓的历史名人，他从小聪慧过人，过目成诵，33 岁时，他从蒲家庄来到长白山南麓王村镇西铺村，被退职官僚毕际有聘为私塾先生。毕际有敬重他的文才，待若上宾。蒲松龄一呆就是 30 多年，西埔村村南是宝山（古称豹山），村东不远是奂山（现淄博师专北），村北是拔地而起的白云山峰（即长白山），蒲松龄抒写周边三山的诗篇近百首，著名的有奂山山市和描写长白山的诗句“青峰不穷弥望尽，白云无数荡胸来。”

2013 年 9 月和 10 月，国家主席习近平分别提出建设“新丝绸之路经济带”和“21 世纪海上丝绸之路”的倡议，简称“一带一路”倡议，2015 年 3 月，李克强总理在政府工作报告中把“一带一路”构想上升为国家的三个重要支撑带（另两个是京津冀一体化和长江经济带）之一，“新丝绸之路经济带”即陆上丝绸之路，山东、周村应该继续弘扬参与古丝绸之路的开放精神，积极实施走出去战略，搭上新丝绸之路经济带发展的快车，鼓励企业参与境外基础设施建设和产能合作等。

2015年3月的国务院政府工作报告提出要推动大众创业、万众创新，政府要实行“负面清单”的管理办法，即从市场准入的角度，实行负面清单，法无禁止即可为，给市场更大的自由度和空间。周村早年“今日无税”的做法和当前“负面清单”的做法精神实质是一样的。

自有商品经济以来，金融和经济发展密不可分，当年周村繁盛的金融业刺激和支撑了其产业和贸易的发展。当今，在中国的经济发展战略中，金融更是支撑整个经济增长的重要基础。李克强总理说，实体经济是肌体，金融是血液，但光有肌体，没有血液，经济活不了，金融和实体经济应该互为依托、相互促进、相辅相成。所以，当下的中国要把金融这篇文章做好。

宗教文化与社会生活和经济发展有一定关联，当年，周村的宗教文化对当地和周边地区经济社会文化发展有一定的影响。党的十八大报告提出，要“全面贯彻党的宗教工作基本方针，发挥宗教界人士和信教群众在促进经济社会发展中的积极作用”。宗教要秉承爱国爱教的原则，将各宗教基本教义同现代文明，尤其是科技文明相结合，让宗教的正能量释放到社会上。

二、桃园历史发展与新时期村庄精神

桃园村现坐落于周村区城区东部，属于城中村。据掌握到的资料，桃园村在明朝立村，高姓最早定居，取名高家庄。桃园村600多年的变迁与周村、山东和我国的历史发展是相连的。

明朝初年，发生了“燕王扫北”战争，两军会战于山东境内，老百姓死于战乱者巨多。战乱引发大疫，又加上有些地区连年水灾、蝗灾，使战后城市乡村人烟稀少，土地荒芜，民不聊生。为此，明政府下旨迁民，强迫大量回、汉群众由江南一带向北、山西一带向东迁徙。“问我祖先在何处，山西洪洞大槐树。祖先故居叫什么？大槐树下老鹳窝。”据文献记载，从明洪武三年至永乐十五年（1370—1417）山西洪洞槐树下发生大规模官方移民18次，覆盖山东109个县市，迁徙长达50年之久，涉及812个姓氏。山东移民还有相当一部分来自河北枣强，分布较密集的地区是明朝济南府、青州府等地，当时的章丘、邹平、长山、周村等地是比较集中的地区之一。山东地区、鲁中地区许多村庄在明朝初期立村，开始安居乐业，订立家谱，现在许多姓氏都在20至30世之间，40世以上的姓氏不太多。

桃园村在600年的发展中，产生了许多历史名人和革命烈士，说明桃园村老百姓秉承了中国传统文化重视教育和爱国的精神，也说明了村民重视家庭建设，形成了良好的家风家教家规；从流传和村民回忆的部分遗迹来看，说明桃园村的建筑文化、经商文化和乡村文化等较为厚重；从居民姓氏分布（89个姓氏）和变化来看，说明桃园村具有融合性较强的特点。

桃园村之所以在新型城镇化和小康建设上取得良好的发展成就，与村民长期以来形成的开放、进取、实干、包容的村庄精神有很大关系，这种精神使他们人丁兴旺，薪火相传。

三、桃园新型城镇化发展道路特点

党的十八大报告提出，坚持走中国特色新型工业化、信息化、城镇化、农业现代化道路，促进“新四化”同步发展。2013年中央1号文件提出，有序推进农业转移人口市民化，努力实现城镇基本公共服务常住人口全覆盖。2016年2月，国务院印发了《关于深入推进新型城镇化建设的若干意见》，指出：发展新型城镇化是现代化的必由之路，需要积极推进城镇基本公共服务常住人口全覆盖，组织实施农民工职业技能提升计划。随后，中共中央总书记、国家主席、中央军委主席习近平对深入推进新型城镇化建设作出重要指示，强调：城镇化是现代化的必由之路。……要坚持以创新、协调、绿色、开放、共享的发展理念为引领，以人的城镇化为核心，更加注重提高户籍人口城镇化率，更加注重城乡基本公共服务均等化，更加注重环境宜居和历史文脉传承，更加注重提升人民群众获得感和幸福感。

城镇化是指人口向城镇集中的过程，新型城镇化则是以城乡统筹、城乡一体、产城互动、节约集约、生态宜居、和谐发展为基本特征的城镇化。“新”就是以提升城市的文化、公共服务等内涵为中心，真正使城镇成为具有较高品质的适宜人居之所。推进城镇化，核心是人的城镇化，目的是造福百姓和富裕农民。

在周村区委区政府的领导下，桃园走新型城镇化道路具有这样几个特点：一是规划起点和建设标准较高。要科学规划，合理布局，注重建设质量。二是聚集效益较好。旧村改造建设规划体现了聚集功能和规模效益。三是公共服务设施（道路、通信、商场、供水供电供气等）和教育文化设施（幼儿园、敬老院等）配套较齐全，服务保障比较到位，有利于促进社会公平和共同富裕。四是村民参与意识强，村“两委”顺应民意，科学决策，实干兴村。毛泽东同志讲，我们应当相信群众，我们应当相信党，这是两条根本的原理。这也是桃园发展的经验。

四、桃园经济发展支撑

2013年的中央城镇化工作会议提出，城镇化与工业化一道，是现代化的两大引擎。走中国特色、科学发展的新型城镇化道路，核心是以人为本，关键是提升质量，与工业化、信息化、农业现代化同步推进。国家主席习近平提出，推进以人为核心的城镇化，提高城镇人口素质和居民生活质量，把促进有能力在城镇稳定就业和生活的常住人口有序实现市民化作为首要任务。新型城镇化和经济发展、产业发展密切关联，前者是后者的结果，后者是前者的基础，二者相互联系、相互促进。因此，城镇化必须有产业发展相支撑。

近年来，我国部分地区在城镇化过程中出现了“农民上楼致贫”的问题，主要原因就是产业对于城镇化的支撑不到位，新型城镇化变成城镇空心化。一些新兴市场国家的城区，产业支撑和经济支撑都不足，但城市化率很高，结果导致就业、教育、公共服务等各个方面遇到了问题。

桃园的城镇化发展和经济发展是并行的。桃园有发展工商业和农业的传统，新中国成立前，村中大户毛姓、吴姓在相隔不远的周村城里都有很大的产业，其土地多雇佣周边村庄的村民来耕种，本村村民大多从事丝绸纺织或为丝绸纺织服务的机械加工。近年来，社区“两委”在实施城镇化过程中，确定了“以社区改造为突破，以产业发展为支撑，以人文关怀为纽带，以文明建设为保证”的原则，桃园工商业，尤其是服务业发展比较迅速，省内大型超市落后于此，个体工商户和民营企业近70家，居民就业得到一定保障，集体经济也有了较大发展。

五、桃园小康建设成就

党的十八大以来，以习近平为总书记的新一届中央领导集体，带领全党全国各族人民以创新、协调、绿色、开放、共享“五大发展”理念为引领，大力推进国家治理体系和治理能力现代化建设，凝聚起实现中华民族伟大复兴中国梦的强大力量，开启了实现“全面建成小康社会、全面深化改革、全面推进依法治国、全面从严治党”总体战略布局的新征程。

每个人、每个家庭都有自己的梦想，桃园把自己的梦想与建设小康社会紧密结合起来。桃园小康社会建设第一个特点是突出民生。重点把老百姓的就业以及生老病死等保障好，在学有所教、劳有所得、病有所医、老有所养、居有所乐等方面取得较大成就。

第二个特点是突出社会主义核心价值观的培养。开展军民共建、互助互爱，道德讲堂、弘扬美德，评选善行义举等活动，形成了若干管理制度和长效机制。富强、民主、文明、和谐是社会主义核心价值观的最高层次，自由、平等、公正、法治是对美好社会的生动表述，爱国、敬业、诚信、友善是公民基本道德规范的凝练。桃园的小康之路践行了社会主义核心价值观，促进了社会和谐稳定。

特点之三是协调、创新、开放、包容。桃园社区继承了周村城市形成过程中积淀下的开放包容的传统，积极协调社区发展与城市发展、社区与居民、社区与周边单位之间的关系，创新管理思路，广纳公私企业到社区发展，融合居民与市民和谐相处，在合作中共同发展，社区建设日新月异。

六、桃园基层组织建设与服务保障

中国共产党自1921年成立以来，为了加强党的基层组织建设，就有“支部建在连上”的传统。习近平总书记最近多次提出加强基层组织建设的重要性。他的一句名言就是，基础不牢，地动山摇，党的基层组织是党的全部工作和战斗力的基础。习近平长期在基层工作，担任过7年的村级党支部书记，2014年3月，他在兰考县与基层党员座谈时说：“乡村处在贯彻执行党的路线方针政策的末端，是我们党执政大厦的地基，在座的各位就是这个地基中的钢筋，位子不高但责任很大。”“越是基层，就越应该构建党的基层组织。根深才能叶茂”。

党的十八大作出了创新基层党建工作，确立了“建设学习型、服务型、创新型的马克思主义执政党”的目标，他提出，党的基层组织要落实这一目标就要大力推进“三型”党组织建设。越是基层越要把三者有机结合起来统筹推进，努力提高基层党组织建设科学化水平。2015年4月30日，习近平在中共中央政治局第二十二次集体学习时，就健全城乡发展一体化体制机制强调，要高度重视农村社会治理，加强基层党的建设和政权建设，增强集体经济组织服务功能，提高基层组织凝聚力和带动力，让广大农民共享改革发展成果。他多次讲，党的基层组织更要发扬“钉钉子精神”，真抓实干，“空谈误国，实干兴邦”，等等。

桃园有重视基层组织建设的传统，党支部和后来的党总支发挥了党的基层组织的战斗堡垒作用。尤其是村改居以来，社区“两委”牢固树立政治意识、大局意识、核心意识、看齐意识，在社区工作中，坚定不移地维护党中央的权威和党中央的集中统一领导，积极抓住发展机遇，确立了“与时俱进、创新发展，着力打造和谐社区”的工作思路，基层组织建设突出了服务型、创新型等特点；制定和建立村民事物代办站等相关服务保障制度和机制；强化民主管理和更多的关注民生；建立党员积分制管理办法，安排无职务党员设岗定责，发挥每个党员的带头作用；把运用信息化、网络化手段管理村居，实施科学管理，提高效率；发扬“钉钉子精神”，真抓实干，2012 年，成为周村区 20 强村居。现在的桃园社区基层组织健全，管理机制有序，便民利民措施得当，服务贴近百姓，群众业余生活丰富，社会和谐稳定，居民安居乐业。

党的十八届五中全会提出发展是党执政兴国的第一要务，各级党委必须深化对发展规律的认识，完善党领导经济社会发展工作体制机制，加强党的各级组织建设，强化基层党组织整体功能。党的十八届六中全会制定了新形势下党内政治生活若干准则，号召全党同志紧密团结在以习近平同志为核心的党中央周围，继续推进全面从严治党，共同营造风清气正的政治生态。如何把中央要求和桃园实际相结合加以贯彻，是摆在桃园社区两委的重要任务。相信桃园社区党组织会继续发挥其整体功能，有能力带领老百姓走向“富而强、精而美”的幸福桃园之路。

七、党的领导和政策在桃园新型城镇化道路中的引领作用

山东省、淄博市、周村区等各级党委和政府历来都非常重视新型城镇化建设。早在 1986 年，时任淄博市政府副市长王裕民参加了由上海、武汉等十几个大城市市长组成的中国代表团（时任上海市市长江泽民为团长、武汉市市长吴官正为副团长），到西班牙出席了由联合国组织召开的世界大城市发展有关会议，“组群式城市——淄博”的概念第一次出现在世界舞台上。20 世纪 80 年代末至 90 年代初，山东友谊出版社出版了《组群式城市——淄博》（李新泰、李传章等编）一书，较系统地对淄博这个组群式城市的特点进行了概括。当时，针对张店、淄川、博山、周村和临淄五个城区相对比较分散的现状，官民较为一致的说法是，五朵金花一起开，张店开的大一点。改革开放 30 多年来，淄博市的工业化进程和城镇化进程同步加快，2013 年淄博市城镇化率达到 65.31%，排在全省第 3 位（青岛 67.72%、济南 66%）。

2013 年 12 月在党中央召开全国城镇化工作会议并出台相关文件以后，各级党委、政府相应出台了若干意见和办法。2014 年 6 月，淄博市印发《中共淄博市委、淄博市人民政府关于推进新型城镇化发展的意见》，提出要加快新型城镇化建设，推进济南淄博一体化，确定到2020年，全市城区常住人口达到300万以上，全市常住人口城镇化率达到70%以上，建设成为具有较强辐射带动能力的区域中心城市。特别提到，要加快城中村改造，围绕村庄改造、村企分离、村改居、村民市民化等问题，积极开展城中村改造试点，破除城市二元结构。《意见》还延续和继承几十年来淄博市组群式城市的发展规律和经验，指出今后淄博市要按照“中心凸显、十字展开、组团发展”的总体布局，进一步优化主城区、次城区（县城）、中心镇、中心村四个层级发展规划，以做大做强主城区、加快发展次城区（县城）为重点，建设城乡一体的新型城镇体系。周村城区成为淄博市主城区的重要组成部分。

2012年1月召开的中共周村区第11次党代会报告提出了建设“富而强、精而美”幸福周村的目标，在城镇化建设上提出要坚持城乡统筹、一体化发展，实施全域城镇化战略，加快构建周村张店“同城化”的城市发展新格局。2015年1月，中共周村区11届7次全会提出“把必须更加积极地推进新型城镇化建设”作为全区五大工作重点之一。

桃园新型城镇化建设和小康发展之路，就是在中央、省市、周村区各级党委政府的引领下大踏步进行的，这是一种大势和规律。

桃园之路成为我国东部地区村居新型城镇化建设的方式之一。

桃园社区红白理事会章程

为破除婚丧嫁娶中铺张浪费、愚昧落后的习惯，做到婚事新办、丧事简办，提倡文明、健康、科学的生活方式，大力弘扬厚养薄葬、节俭养德的传统美德，促进全社区精神文明建设，构建文明和谐社区。在广泛征求社区居民意见的基础上，经社区“两委”提议、社区居民代表大会通过，制定本章程，由红白理事会负责实施。

第一章　总　则

第一条　进一步健全社区红白理事会组织，全权负责社区深化婚丧习俗改革，促进移风易俗工作的具体实施。红白理事会在社区党总支、居委会领导下开展工作，认真贯彻执行国家和上级有关政策、法令和规定，积极宣传和引导社区破旧俗、树新风。

第二条 本章程的宗旨是教育群众在婚丧嫁娶中，移风易俗，文明理事，破除陈规陋习，狠刹婚丧事大操大办之风；倡导喜事新办、婚事从简的婚嫁理念，倡导丧事简办、厚养薄葬的丧葬习俗。

第三条 红白理事会每季度至少召开一次会议，研究工作，不断总结经验，不断完善规章制度，不断提高服务质量。并经常向社区党总支、居委会汇报工作，自觉将自己置于全社区的监督之下。

第二章 组织机构

第四条 红白理事会长及成员由社区两委会商讨和社区小组长推荐，按照有关规定程序产生。

第五条 红白理事会实行会长负责制，全权负责全社区红白事的管理和监督。

第三章 红白理事会工作流程及职责

第六条 只要在本社区办理红白事的居民，需事前告知社区及红白理事会。红白理事会依照本章程协助居民操办公事。

第七条 红白理事会至少安排两人第一时间携带明白纸（本章程）到居民家中介入对接，并全程参与，主动做好服务，为群众排忧解难。

第八条 操办过程中，红白理事会成员要引导事主严格按照本章程有关规定操办婚丧事宜，确保做到节俭办事、文明理事。要积极宣传《婚姻法》，制止无证结婚、早婚、逼婚、包办婚姻；积极宣传厚养薄葬，制止封建迷信活动。

第九条 婚丧事操办完毕，红白理事会要认真填写红白事办理情况登记表，事主、经办人、会长签字。各户按照本章程办理红白事，作为文明户、信用户、好媳妇好婆婆等评选活动的先决条件。对社区内每次红白事的承办做好资料记录，并且定期召开季度工作会议，研究工作，总结经验以便更好地为居民服务。

第四章 操办原则

第十条 红事办理（以婚嫁为主）

1. 宴请仅限于亲戚，待客桌数控制在 20 桌以内。本社区乡亲不坐席，助忙人员一律吃大锅菜。

2. 本社区乡亲随礼最高不超过 50 元，对困难家庭实施资助的通过其他形式体现。

3. 鼓乐队等庆典队伍尽量避免大操大办。只搭建一个简易彩门，以烘托气氛。严禁过度燃放鞭炮。

4. 迎亲车队不得使用豪华车辆，禁止使用公车，车辆总数控制在 8 辆以内。

5. 婚礼装箱子、回门等所有仪式须当天办完。

6. 坚决反对和摒弃不文明“闹婚”行为，倡导文明新风。婚礼是一个神圣的仪式，在举办婚礼之时，要坚决反对不文明“闹婚”行为，倡导文明新风。广大.居民要自觉做到语言文明，行为文明；不参与制作闹剧，不丑化新人、不做有安全隐患的事；不搞迷信、粗野、庸俗的打闹；祝贺词，切忌污秽低级的语言；讲仪表，不妖艳怪态；接亲途中不乱扔乱倒，避免铺天盖地的烟雾和纸屑造成环境的污染。

7. 其他如老人生日、升学当兵、上梁乔迁、小孩满月等喜事好事禁止下通知、发请帖、请客操办。对确需举办者，一般限制在直系亲戚小范围内，原则宴请桌数不得超过 3 桌。

第十一条 白事办理（以丧葬为主）

1. 原则上不设宴席、不待客。如果确实需要，招待仅限外地亲戚，招待用餐为八菜两汤，不上烟酒，提倡吃饱吃健康。丧事期间，本社区助忙人员一律吃大锅菜。

2. 不准在社区内街道搭建奠门，不准燃放鞭炮。

3. 提倡文明祭奠，严禁披麻穿白裱鞋，取消摔瓦、白幡、指路、添罐子、坐祭、路祭、谢客、送浆水、送盘缠、长辈去世后辈见人磕头等陈规旧习，不得做道法、封建迷信色彩活动，不准搭台唱戏铺张浪费。

4. 提倡戴孝章、白花，提倡由红白理事会协助举办简单庄重的告别仪式。如果事主需到殡仪馆组织告别活动，由社区居委会帮忙协调优惠场地费用。

5. 在医院中去世的老人，不再把遗体运回家中，直接送到殡仪馆。在家中去世的老人也应在去世后尽快把遗体送往殡仪馆。红白理事会负责联系与家人协商葬礼的相关事宜，并为亲友前往殡仪馆参加遗体告别仪式联系交通车辆和办理火化手续（费用自理）。

6. 火化后，骨灰要深埋自家责任田，来年复垦还耕，禁止立碑建大坟头。

7. 丧事办理原则上当日 10 点结束，最长不得超过一天半，即次日中午 10 点。

所有程序包括圆坟、五七、百日坟须一次性办理完毕。禁止焚烧纸扎实物等封建迷信殡葬用品。

第五章　红白理事会纪律

第十二条　红白理事会成员不收受婚丧事主赠送的钱物。不在婚丧事主家大吃大喝。

第十三条　不得借帮助婚丧事主办理公事之机，联系采购物品事宜，吃回扣、拿提成。

第十四条　对婚丧事主一视同仁，不搞优亲厚友。

第十五条　年底，经社区居委会考核合格和群众评议满意，对红白理事会成员给予物质奖励。

第十六条　本规定自 2016 年 6 月 1 日起执行。

红白理事会章程纳入社区居民公约之中，要求广大社区居民从我做起，自觉遵守，互相监督，共同努力，倡树文明节俭光荣、铺张浪费可耻的良好风气。党员干部和居民代表要率先垂范、带头执行，在社区营造节俭养德、民俗文明的良好风气。

社区红白理事会组成人员名单

会　长：王立平

成　员：毛玉成　毛　兵　张东明

桃园新貌

编纂始末

2012年7月，为总结桃园社区新型城镇化和小康建设发展道路的经验，中国社会科学院中国社会科学评价研究院党委书记、研究员李传章牵头成立了“乡村新型城镇化道路专题调研组”，对桃园社区展开调研。调研活动历时3年，数易其稿，于2015年底形成调研报告《新型城镇化—桃园之路》。在活动即将结束之时，中国名村志、齐鲁名村志文化工程陆续启动，2017年4月经课题组建议、桃园社区“两委”研究，决定成立《齐鲁名村·桃园社区志》编写工作领导小组，以原课题组人员为基础，以乡村新型城镇化道路专题调研报告为蓝本申报编撰《齐鲁名村·桃园社区志》。从拟定篇目、补充资料到定稿送审，历时6个月。

《齐鲁名村·桃园社区志》的编写遵循突出亮点、不面面俱到的原则，以桃园社区历史发展和经济社会发展现状为主线，突出记述桃园社区城镇化发展和小康建设之路。结构灵活，图文并茂，可读性强。

桃园社区先后隶属于原长山县、邹平县、周村区，编修过程中编写人员坚持实事求是的原则，对把握不准、史料不请、记载模糊的，尽最大努力进行调查了解和考证。为此，先后到中国社会科学院图书馆、山东省图书馆、淄博市档案馆、淄博市图书馆、周村区档案馆、周村区史志办公室等单位查找资料，为编写志书奠定了基础。

在编写过程中，桃园社区“两委”高度重视，几次开会专门研究，并指派专人协助专题调研组开展工作。社区领导毛执民、吴振南等多次参与调研、座谈，退休教师聂启武提供了许多历史实物和史料回忆，社区工作人员毛兵、张凤云、田辉、张秀花、王瑾在资料搜集、调查走访中提供了很多帮助。淄博市地方史志办公室主任毕建国给予了大力支持，副主任徐杰在篇目设计、志稿撰写及修改完善等方面给予了很大的帮助和指导，史志科科长郭延志对志稿修改给予了指导；青岛市地方史志办公室副主任任银睦对志稿修改提出了宝贵意见。本志编纂工作得到方志出版社、山东省地方史志办公室、淄博市地方史志办公室、周村区史志办公室以及青年路街道办事处党委、政府领导的关怀和支持。在此一并表示感谢。

由于涉及内容广、时间跨度大、资料相对不足，加之编写人员学识能力水平所限，难免有错讹疏漏之处，敬请各位专家和社会各界批评指正。

编 者

2017年10月